유아교사론

유아교사론

김희수 · 김용기 공저

dm 동문사

序文

학부모들이 유아교육기관에 유아를 맡길 때는 많은 고심을 한다. 그 고심 중의 하나가 유아교사의 전문성과 자질의 문제가 아닐까 생각해 본다. 이를테면, '학부모가 희망하는 유아교사상은 어떤 모습이어야 할까?', '좋은 유아교사가 되려면 어떤 조건을 충족해야 할까?' 등이다.

이 書는 유아교사를 양성하는 교원양성기관에서 유아교사의 전문성과 자질을 길러줄 내용이 무엇일까를 고민하면서 집필하였다. 유아교사 관련 교직과정을 이수하고 있는 예비 유아교사가 갖추어야 할 자질과 역할에 대한 일종의 나침반 역할을 할 것으로 기대한다.

필자는 그동안 여러 대학에서 유아교사 양성과정의 예비 유아교사들을 대상으로 강의와 지도를 해왔다. 또 산업체 직무연수 등을 통해 유아교육기관에서 실무경험을 축적해 왔다. 이런저런 경험을 종합해 볼 때, 유아교육 현장에서 가장 요구되는 유아교사의 덕목은 무엇일까 고민해 봤다. 결론은 유아교사의 전문성과 자질을 꼽을 수 있을 것 같다. 이 書는 유아교사의 전문성 신장, 자질 함양과 관련한 내용들을 중심으로 실천적 관점에서 기술하려고 노력했다.

하지만 막상 책을 집필하려니 책의 목차 구성부터 내용에 이르기까지 그리 쉽지만은 않았다. 그럼에도 불구하고, 원고작업을 잘 마칠 수 있었던 것은 선·후배·동료 교수님과 현장 원장님들의 좋은 정보와 조언이 큰 힘이 되었다. 바라건대, 이 책이 예비 유아교사들의 전문성과 자질을 함양하는 데

조금이나마 도움이 되었으면 하는 바람이다.

이 책은 총 10개 장으로 구성되어 있다. 1장은 유아교사의 자질과 역할을, 2장은 유아교사의 교직과 교직윤리의 중요성을, 3장은 유아교사의 권리와 의무의 실천적 개념을, 4장은 유아교사의 교원양성과정에 관한 각종 규정과 지침을, 5장은 유아교사의 자격, 임용, 연수와 관련한 구체적인 내용을, 6장은 유아교사의 발달과 성장 관련 학자들의 이론적 개념을, 7장은 유아교사의 실천적 교수-학습 활동을, 8장은 유아교사의 인간관계 형성과 그 중요성을, 9장은 유아교사의 기초적 생활지도와 상담 관련 내용을, 10장은 유아교사의 교직 입문과정의 다양한 정보를 담고 있다.

이 책은 유아교사의 전문성과 자질 함양의 개론서이면서도 현장 실무지식과 사례를 충실히 담은 현장 적용 관점의 書라고 할 수 있다. 이에 예비 유아교사들이 교직을 공부하고 이해하는 데 많은 도움이 되리라 본다.

끝으로, 이 책이 세상에 빛을 볼 수 있도록 도움을 주신 동료, 선·후배 교수님, 유치원 원장님과 교사 여러분에게 깊이 감사드린다. 특히, 부족한 원고를 잘 마무리하도록 마지막까지 기다려 주고, 출판을 흔쾌히 허락해 주신 동문사 이중수 대표님과 유재영 상무님, 편집위원님과 편집위원, 그리고 관계자 여러분에게 감사드린다. 동문사의 무궁한 발전을 기원한다.

2025년 2월

저자 대표 김희수

차례

Chapter 01

유아교사의 의미, 자질과 역할

학습개요

유아교사는 누구이며 어떠한 자격을 갖추어야 할까? 유아의 연령에 따라 교사의 역할은 어떻게 달라지며 또, 사회적으로 요구되는 자질은 무엇일까? 유아교사에 대한 탐색은 여러 방면에서 가능하다. 가르치는 사람, 인성이 풍부하여 타의 모범이 되는 사람, 유아들을 양육하는 사람 등의 역할에 따라, 자격이나 자질에 따라, 사회적인 기대에 따라 정의해 볼 수 있다. 유아교사란 무엇을 하며, 어떤 사람이 교사가 되어야 하며, 교사가 이 사회에서 차지하는 중요성이 어느 정도인지에 대해 하나씩 탐색해 볼 필요성이 있다. 이 장에서는 유아교사의 개념, 능력과 자질, 자격, 그리고 멘터로서 유아교사의 역할을 살펴보고자 한다.

학습목표

1. 유아교사와 영유아의 개념을 설명할 수 있다.
2. 유아교사의 개인적 자질과 전문적 자질을 비교 · 설명할 수 있다.
3. 멘터로서 유아교사의 역할 8가지를 구분할 수 있다.

1. 유아교사의 의미

일반적으로 교사를 가르치는 사람이라고 말한다. 교사에 대한 개념을 살펴보면, 교사는 형식적 조건과 자질적 측면을 모두 포함한다. 교사는 교육을 담당하는 사람이므로 교육을 무엇으로 바라보느냐의 관점에 따라 교사의 개념과 역할은 달라질 수 있다.

우선, 교사란 특정 직업인을 일컫는 말(안창선 외, 1999)로서 교육을 업(業)으로 삼고 있는 자, 즉 인간 행동을 계획적으로 변화시키는 데 전념함으로써 보수를 받고 그것으로 생계를 유지해 나가는 사람이라고 정의한다. 이를테면, 교사란 특정 직업인으로서 교사 자격증을 소지하고 정규학교에서 교육활동을 수행하는 사람을 말한다. 그러므로 교사는 학교 교육기관에서 가르치는 직업을 가진 사람으로서 교사의 형식적 조건에 무게를 더 두는 관점이 강하다.

다음으로, 교사의 인성과 품성, 그리고 인격적인 성숙으로 다른 사람을 교화시킬 수 있는 능력을 지닌 사람으로 교사를 정의한다. 교사는 자격과 자질을 두루 갖춘 사람으로 학생들의 행동을 변화시키기 위해 전력을 다하는 사람임을 의미한다. 그러므로 유아교사는 취학 전 유아를 대상으로 유아교육기관에서 유아들의 성장과 발달, 그리고 교육을 위해 체계적인 노력을 기울이는 사람들로 보는 관점으로 자질적 측면을 강조한다.

마지막으로, 유아교사는 이 같은 일반적인 교사의 관점을 초월하여 정의하기도 한다. 교사의 개념을 법적 · 사회적 관점에서, 성장 · 발달하는 존재의 관점에서, 유아와의 관계적 관점에서, 그리고 교육적 가치관과 철학을 가진 존재의 관점에서 바라본다. 이들 내용을 구체적으로 제시하면 다음과 같다.

첫째, 유아교사를 법적 · 사회적 측면에서 바라보는 관점이다. 유아교사란 유아를 대상으로 교육하는 사람으로서 소정의 교원양성 교육과정을 이수하고 자격을 취득한 자라고 본다. 하지만 우리나라의 유아교육은 초·중등학교 교사와 달리 유아교사가 이원화되어 있다. 보건복지가족부에서 자격증을 발급하는 보육교사와 교육부에서 자격증을 발급하는 유치원 교사가 최근 교육부로 행정은 일원화되었지만, 자격 체계는 현재까지 유아교사와 보육교사로 일원화되지 않고 유치원 교사와 보육교사로 이원화되어 있다. 교육과 자격 체계 개선을 통해 자격증을 하나로 일원화할 필요성이 있다. 현재의 자격 체계에서 유아교육은 보호와 교육을 이분화하는 유아 교육제도의 문제점으로 지적된다. 유아교육은 보호와 교육이라는 동시성을 갖는다. 그러므로 분리가 아닌 통합의 개념으로 인식해야 진정한 유아교육이 될 것이다. 유아교사란 유아의 출생부터 취학 전 아동까지를 대상으로 보호와 교육의 역할을 담당하는 자이며, 유치원 교사와 보육교사 모두를 총괄하는 개념이라고 볼 수 있다.

둘째, 유아교사를 성장·발달하는 존재로서 바라보는 관점이다. 유아교사는 태어나는 게 아니라 만들어진다는 개념이다. 최근에 유아교사들은 교사에게 발달적 관점을 적용해야 한다는 주장을 펼치고 있다. 이는 유아들과 마찬가지로 유아교사도 교직 생활을 통해 끊임없이 성장과 변화의 과정을 거친다는 관점으로서, 전통적인 능력과 자질 중심의 유아교사 개념이 아닌 유아교사의 개인차를 인정하여 개인적 성장을 도와야 한다는 것이다. 교원양성기관을 졸업하고 유아교사로 입문하는 초임교사와 5년, 10년 등의 경력을 갖춘 유아교사는 유아를 바라보는 아동관과 교육관에 있어 적지 않은 차이를 경험하고 변화·성장하게 된다. 그러므로 이상적이고 훌륭한 유아교사의 의미보다는 계속적으로 성장하고 발전해가는 개인으로서의 유아교사에 중점을 두고 유아교사 양성과정에 관심을 기울여야 한다.

셋째, 유아교사를 유아와의 관계적 측면을 강조하는 관점이다. 유아교사는 유아에게 영향을 줄 뿐만 아니라 유아로부터 영향을 받는 상호작용적 존재이다. 만 3세 유아를 맡은 교사와 만 5세 유아를 맡은 교사에게 요구되는 유아교사의 역할도 다르며, 유아교사의 행동에 대한 유아의 반응도 다르다. 그러므로 유아교사는 유아들의 수준과 요구에 맞추어서 적응을 해나가야 하며 유아교사로서 성장을 거듭해야 한다. 유아교사가 일방적으로 유아들에게 영향을 미치고 이끌어가는 관점에서 유아들로부터 영향을 받고 그에 따라 교직을 수행해가는 과정으로서 많은 변화를 경험하는 존재인 것이다.

넷째, 유아교사를 교육적 가치관과 철학을 가진 존재로 바라보는 관점이다. 유아교사는 교실 상황에서 하루에도 수백 번의 의사결정을 내리며, 무엇이 유아들에게 올바른 선택이며 교육적인 행동인가에 대한 깊은 고민을 하며 융통성 있게 학급을 이끌어가야 한다. 예컨대, 식생활 지도에 있어서 음식을 남기지 않고 먹게 하는 것의 덕목과 유아의 개별적인 음식 기호로 인한 거부 반응 사이의 가치 혼란에 직면함을 가정해보자. 유아교사는 '무엇이 옳고 무엇을 지금 상황에서 고려해야 할 것인가?'를 판단해야 한다. 이때 필요한 것은 유아교사의 철학과 가치관이 어떻게 작용하는가의 문제를 발생시킨다. 유아교사가 교육철학이나 교육적 가치관을 분명하게 가지고 있을 경우와 그렇지 않을 경우, 유아교사는 학급 운영과 유아와의 상호작용 측면에서 차이를 나타내 보일 것이다. 그러므로 유아교사는 자신이 갖는 교육 철학과 가치관을 우선 확립하는 것이 요구되고, 이에 못지않게 지속적인 자기성찰을 통해서 시대와 환경에 적합한 교육을 실현하는 존재로 거듭나야 하겠다.

1) 유아의 개념

영유아는 영아와 유아를 결합한 합성 용어이다. 현재 영유아 교육기관에서 일반적으로 사용하며 법령에 따른 영유아의 연령에 대한 개념을 제시하면 표

1.1과 같다.

표 1.1 영유아 연령에 대한 개념

구분	개념
영아	영아는 출생부터 만 2세까지의 아동을 말한다(영유아보육법 시행규칙 제28조 제1호). 출생 직후의 신생아기를 포함한다.
유아	유아는 만 3세부터 초등학교 취학 전까지의 아동을 말한다(유아교육법 제2조 제1호). 영아기 이후부터 초등학교 취학 전까지를 말한다.
영유아	영유아는 6세 미만의 취학 전 아동을 말한다(영유아보육법 제2조 제1호). 출생 직후의 신생아기부터 취학 이전까지의 아동 범위를 포함한다.

2) 유아교사의 개념

유아교사는 영아와 유아, 그리고 영유아 교사라는 세 가지 측면의 의미를 동시에 갖는 개념이다. 3가지의 개념을 구분하여 제시하면 표 1.2와 같다.

표 1.2 유아교사(유치원 교사, 보육교사, 영유아 교사)의 개념

구분	정의
유치원교사	교육부의 법령에 따라 대학에서 교직과목과 전공 관련 교과목을 이수하고, 교육부 장관으로부터 교사 자격증을 부여받아 공립 또는 사립유치원에서 근무하는 교사를 말한다. 특히, 원장이나 원감과 같은 관리자의 보직을 갖지 않은 채 학급 운영을 전적으로 책임지는 교사를 말한다.
보육교사	보건복지부의 법령에 따라 보육 관련 교과목과 보육실습을 이수하고, 보건복지부 장관으로부터 보육교사 자격증을 부여받아 보건복지부의 감독을 받는 다양한 형태의 어린이집에 근무하는 교사를 말한다. 유치원과 마찬가지로 학급을 직접 담당하는 교사를 지칭한다. 과거에는 어린이집 교사에게는 교사라는 호칭 대신 '보육시설 종사자'라고 하였으나, 현재는 '보육 교직원'이라는 법적 용어가 사용된다.
영유아교사	2년제 이상의 대학이나 교육 훈련시설을 졸업하고 국가에서 발급하는 교사 자격증을 취득하여 영유아 교육기관에서 근무하는 교사를 총칭하여 '영유아 교사'라고 말한다. 즉, 유치원 교사와 보육교사 모두를 포함한다.

2. 유아교사의 개인적 · 전문적 자질

유아교사의 자질이란 유아교사의 역할을 원활하게 수행하기 위해 갖추어야 할 개인적인 특성, 즉 교직에 대한 태도 등을 의미한다. 유아교사의 자질에 대한 관점도 사회 · 문화적 변천과 함께 꾸준히 변화되어왔다. 유아교사의 자질을 논할 때 전통적으로는 교사가 지닌 인성적 특성을 강조했던 반면, 최근에는 인성은 물론 전문적 자질을 중요하게 인식하는 경향성이 있다. 유아교사의 자질에 대한 학자들의 주요 견해를 살펴보자.

우선, 유아교사의 자질에 대한 국외 학자들의 주요 견해를 살펴보면 다음과 같다.

첫째, 시펠트(Seefeldt, 1980)는 유아교사란 유아를 근원적으로 좋아하고, 유아에 대한 감정이입과 현재 수준을 수용할 수 있는 능력을 충분히 갖추어야 하고, 융통성이 있고, 선입견(또는 편견)을 갖지 말아야 함을 유아교사의 자질로 제시한다. 이에 추가하여 지적 호기심, 실제 경험을 수반한 수업 실행 능력, 유아와 부모에 대한 이해와 사랑, 교사로서의 자기성장 능력 등을 포함한다.

둘째, 알미(Almy, 1975)는 유아교사란 사랑과 온정, 인내심, 활동력, 열린 마음, 포용력, 인간관계에 대한 관심, 융통성, 유머 감각 등을 갖춰야 함을 유아교사의 자질로 제시한다.

셋째, 하마첵(Hamachek, 1992)은 유아교사란 유머 감각, 공정성, 감정이입, 민주적 성향, 그룹이나 일대일 측면에서 유아와 상호작용할 수 있는 능력 등을 갖춰야 함을 유아교사의 자질로 제시한다.

넷째, 마차도와 보트나래스큐(Machado & Botnarescue, 2001)는 유아교사란 자신의 바람직한 교수 성향을 강화하고, 그렇지 않은 성향은 약화시키는 노력을 기울임으로써 좋은 교사의 자질을 갖춰야 한다고 제시한다. 또 그들은 유아교사가 노력을 통해서 다음과 같은 교사 성향을 강화해야 한다고 언급하였다.

① 학급에서 일어나고 있는 일과 경험에 대한 호기심과 경이로움
② 가르치는 행위에 대한 열정
③ 유아의 요구와 관심을 관찰하고 발견하려는 적극적인 태도
④ 자신이 계속적으로 배울 수 있고, 발전할 수 있으며, 교수 기술과 능력을 정교화할 수 있다는 사실에 대한 긍정적 인식
⑤ 유아의 신뢰와 자신감을 얻기 위한, 그리고 개별 유아의 자기실현을 증진시키기 위한 태도

다음으로, 유아교사 자질에 대한 국내 학자들의 주요 견해를 살펴보면 다음과 같다.

첫째, 배소연(1993)은 유아교사의 자질을 개인적 자질과 전문적 자질로 구분하였다. 개인적 자질에는 건강, 안정된 정서, 유아에 대한 사랑과 존중, 융통성과 유머 감각, 창의성 등을, 전문적 자질에는 교육활동의 계획과 실행 능력, 교육환경구성 능력, 부모들에게 필요한 정보를 제공하고 도움을 줄 수 있는 능력, 유아들의 건강과 영향을 보살필 능력을 제시하고 있다.

둘째, 이상금(1993)은 유아교사란 기본적으로 유아를 좋아하고 사랑하며 모성애를 가진 사람, 신체 · 정신적으로 건강하고 안정된 사람, 교직 의식이 투철하고 사명감이 있는 사람, 유아의 발달과 심리를 잘 이해하고 전문적인 소양을 갖춘 사람, 문제의식을 통해 계속 노력하는 사람이어야 함을 제시하였다.

셋째, 이은화, 배소연과 조부경(1995)은 유아교사란 개인적 · 전문적 자질을 동시에 갖춰야 함을 제시하였으며, 다음의 표 1.3과 같이 세분화하고 있다.

표 1.3 유아교사의 개인적 · 전문적 자질

개인적 자질		전문적 자질		
인성	건강	지식	교수기술	교육관
① 영유아에 대한 사랑 ② 인간에 대한 사랑 ③ 성실성 ④ 봉사성 ⑤ 사려성 ⑥ 자발성 ⑦ 도덕성 ⑧ 원만한 인간관계	① 신체적 건강 ② 정신적 건강: 긍정적 자아관, 타인에 대한 긍정적 사고, 건전한 인생관, 정서적 안정	① 일반 교양 지식 ② 유치원교육과정과 보육과정에 대한 지식 ③ 교수방법 및 평가에 대한 지식 ④ 영유아에 대한 지식	① 교육과정 구성 기술 ② 프로그램 실천 및 평가기술 ③ 의사소통기술 ④ 부모 및 전문가 참여기술 ⑤ 창의성 ⑥ 융통성 ⑦ 교재 · 교구의 제작 및 활용 기술	① 교육에 대한 소명감 ② 직업윤리 ③ 전문성 함양

출처: 이은화, 배소연, 조부경(1995).

넷째, 조경자(2007)는 예비 유아교사들을 대상으로 좋은 교사의 특성을 조사하고, 그 조사 결과를 바탕으로 좋은 유아교사의 자질의 범위와 내용을 표 1.4와 같이 제시하고 있다.

표 1.4 좋은 유아교사 자질의 범위와 내용

자질	내용
인성	사랑, 이해, 모범, 존중, 도덕성, 인내, 너그러움, 모성, 엄격, 일관성, 긍정적 사고, 활발함, 성실성, 원만한 대인관계, 세심함, 믿음직함 등의 인성적 특성
건강	신체적 건강, 정신적 건강
지식	영유아에 대한 지식, 전공지식, 교양
교수능력	영유아 교육과정 구성 능력, 영유아 교육과정 실천 능력, 발달 조장능력, 학부모 관계 능력, 다재다능함, 환경 구성 능력, 반성적 사고능력, 관찰력, 순발력, 민감성, 창의성, 융통성 등 교수활동과 관련된 능력과 특성
교육관	영유아 교육 철학 및 신념, 교육에의 열정, 자부심, 책임감 및 소명감, 공평함, 전문성 향상 노력 등 교직 태도 및 직업윤리와 관련된 특성

출처: 조경자(2007).

이상에서처럼, 유아교사에게는 개인적인 자질과 전문적 자질이 모두 필요함을 알 수 있다. 유아교사의 자질은 일차적으로 직전 교육을 통해서 형성되지만 그것만으로 완성되었다고는 볼 수 없다. 현직에서의 경험과 그 경험에 대한 자기성찰을 통하여 계속적으로 변화되고 발전해 나간다. 그러므로 유아교사로서의 자질을 갖추고 향상시키기 위해서는 예비 유아교사나 현직교사 모두 바람직한 인성을 스스로 형성해 나가도록 노력해야 할 것이다. 또 교원양성과정과 현직 연수교육을 통해 유아교사에게 요구되는 기초적 지식과 전문적 지식을 꾸준히 습득하고 발전시켜 나가려는 노력을 게을리해서도 안 된다.

3. 멘터로서의 유아교사 역할

멘터는 지혜와 신뢰로 다른 사람의 인생을 이끌어 주는 지도자라는 의미로 사용되나, 오늘날 멘터의 의미는 복합적인 의미를 지니고 있다. 멘터를 가이드, 스승, 후원, 좋은 아버지와 좋은 스승의 혼합 인물로 정의하고, 멘터의 요건으로 멘티와 반 세대 정도의 차이가 있는 사람이 적합하다는 점을 강조한다(Leninson et al., 1987). 멘터는 비교적 경험이나 연륜이 많은 사람으로 상대방의 잠재력을 들여다보고, 이상과 비전을 실현할 수 있도록 격려도 하고 도움을 줄 수 있다. 그래서 멘터는 코치(coach), 스폰서(sponsor), 양육자(nurturer), 옹호자(advocate), 리더(leader), 가이드(guider) 등의 다양한 용어로 쓰인다. 이를테면, 멘터는 지혜로 가르치는 스승이며, 그러한 멘터는 학습자인 멘티에게 인생의 선험자요, 지혜의 선각자인 것이다. 멘터의 어원에 기초한 멘터의 본질적인 특성을 종합해보면 지혜와 교육적 감화력을 갖춘 자가 좋은 유아교사의 특성이라고 볼 수 있다. 멘터로서 유아교사의 역할과 특성을 제시하면 다음과 같다(김희수, 2011).

멘터로서의 유아교사 역할 (8가지)

- 휴머니스트로서의 멘터
- 지혜로운 교수자로서의 멘터
- 철학자로서의 멘터
- 사랑의 실천가로서의 멘터
- 사범으로서의 멘터
- 예언자로서의 멘터
- 고매한 인격자로서의 멘터
- 심리학자로서의 멘터

1) 휴머니스트로서의 멘터

휴머니스트로서 멘터의 인간관계 기술은 가장 인간적인 특성들을 고루 갖춘 유아교사의 인격자적 자질을 의미한다. 휴머니스트로서 멘터의 친절하고 상냥하고 참을성 있는 모습은 유아들에게 친밀감을 주고, 유아와 인간적 관계 형성을 높이는 계기가 되며, 열정적이고 감정이입을 할 수 있는 관심과 사랑 표현의 정서적 특성인 것이다. 동시에 정직하고 자신감 있는 모습은 유아들에게 인간적인 신뢰를 줄 수 있는 심리적 장점이라고 본다. 유아교사가 인간다워야 함은 무엇보다 속마음에 꾸밈과 가식이 있어서는 안 됨을 강조하기도 한다.

일찍이 맹자는 공손추(公孫丑) 편에서 인간적이다는 말로 사람이 마땅히 갖추어야 할 4가지 덕목인 인의예지(仁義禮智)를 강조하였다. 그 예로 첫째, 인(仁)은 측은지심(惻隱之心)으로 타인의 마음을 보고 동정하는 사랑의 마음을 둘째, 의(義)는 수오지심(羞惡之心)으로 부끄러움을 알고 악을 미워하는 마음을 셋째, 예(禮)는 사양지심(辭讓之心)으로 서로 양보하고 겸손한 마음을 넷째, 지(智)는 시비지심(是非之心)으로 옳고 그름을 판단하는 지혜를 말한다. 맹자는 이 4가지 덕목이 인간적이냐 아니면 그렇지 않느냐를 판가름하는 기준이라고 하였다. 최근에는 여기에 신(信)을 추가하려는 경향이 있다. 곧 신은 광명지심(光名之心)으로 마음의 중심을 잡고 항상 치우침 없이 바르게 위치해 믿음을 주는 마음을 말한다.

2) 지혜로운 교수자로서의 멘터

지혜로운 교수자로서의 멘터는 살아 있는 지혜를 가르치는 유아교사를 의미한다. 지혜로운 교수자로서의 멘터는 선각자이며 선험자의 개념을 담고 있어 지식의 상대적인 가치와 지혜의 절대적인 가치를 충분히 인식한다고 본다. 이미 삶의 의미와 관련된 지혜를 충분히 터득했으며, 단순한 지식에 비해 가치 있는 것임을 의미한다. 단순히 지식의 전달자인 사람과 지혜로운 교수자로서의 멘터를 구분하면 후자는 삶의 의미와 관련한 가치를 스스로 깨닫고, 이를 가르침의 가장 중요한 덕목으로 여긴다는 점이다. 유아교사는 유아에게 단순한 지식과 기술을 전달하는 사람이 아닌 지혜를 가르치는 사람임을 한시라도 잊어서는 안 된다. 예컨대, 유아교육 사상가 중 코메니우스는 지혜로운 교육을 실천하는 사람으로, 단순히 지식을 전달하는 게 아닌 유아가 배운 내용에 대하여 첫째, 전체 내용을 맥락적으로 파악해 보게 하는 활동을 둘째, 관련 지식을 어디에 적용할지 생각해 보게 하는 활동을 셋째, 다른 무엇과 관련짓게 하는 활동을 넷째, 관련 지식과 관련한 문제 해결 활동을 통해 지혜로운 인간을 기르는 데 일생 동안 힘썼다.

3) 철학자로서의 멘터

철학자로서의 멘터는 삶의 선각자로서 삶에 대한 방향을 제시하고 이를 위한 경험을 돕고, 지도하고, 가르치고, 영감을 부어 주고, 도전정신을 심어 주고, 교정해 주며 모범이 되는 경험 있는 사람을 의미한다. 철학자로서의 멘터는 멘티인 유아에게 끊임없이 삶에 대한 새로운 방향과 도전 의식을 제시하는 조타수와도 같은 것이다. 가르치는 자는 무엇을 위해 살아야 하는가를 분명히 제시하는 삶의 방향에 대한 가치판단의 철학자이어야 함을 강조한다. 예컨대, 영국의 방직공장 사장이었던 오웬(Owen)은 유아기의 인성교육이 지식보다 중요함을 공장 근로자들의 근무태도를 지켜보면서 인식하게 되었고, 그는 공장 내에 유아 인성학원을 세워 유아기의 인성교육을 펼치는 데 힘썼다. 또 게젤은 인간의 개성 및 개인차를 중요하게 생각하여 획일적인 교육보다는 개인차와 성숙도를 고려한 교육을 펼쳤다. 유아교사는 올바른 신념을 담은 교육을 펼치기 위해서는 교육철학이 전제되어야 한다. 유아들을 오랜 시간 관찰하고 분석하고 평가하려는 교사의 태도도 가져야 한다. 유아교육은 단순히 이뤄지는 것이 아닌 유아교사가 어떤 교육철학을 갖느냐에 따라 유아의 교육도 그 성패가 달려있기 때문이다.

4) 사랑의 실천가로서의 멘터

사랑의 실천가로서의 멘터는 교육 현장의 모든 것을 융화시키고 하나로 결집시키는 힘을 의미한다. 사랑은 무엇이든 담을 수 있는 큰 그릇과 같다. 사랑의 실천가로서의 멘터는 지혜의 가르침을 사랑이라는 그릇에 담아 전달하는 사랑의 전달자이며 사랑의 실천가이다. 가르침의 도구적 기제를 바로 사랑으로 바라본 것이다.

가르침은 형식과 결과가 중요한 게 아닌 내용과 과정이 중요하다. 형식과 결과를 위해서는 가르쳐야 할 지식을 열심히 유아들에게 전달하면 된다. 하지만 가르친다는 것에 대한 진정한 의미는 유아에게 삶의 지혜를 깨닫게 함을 의미한다. 지혜에 내용을 담는 그릇이 사랑이다. 유아를 아끼고 바르게 지도하고 싶은 마음, 교사의 철학과 사상, 인생관, 유아에게 꼭 해주고 싶은 이야기는 형식에 담기는 내용물들이다. 이러한 내용물들은 사랑이라는 그릇에 담지 않으면 유아에게 전달되기 전에 다 잊히거나 전달되더라도 금세 사라지고 만다. 사랑이라는 그릇은 멀리 있는 게 아니다. 훌륭한 유아교사는 이미 열정적인 사랑을 가진 자이다. 가르침에 대한 열망과 유아에 대한 사랑은 샘물과 같다. 퍼내면 퍼낼수록, 주면 줄수록 더욱 맑고 깨끗한 사랑의 샘이 된다.

유아교사는 사랑을 나누는 실천가이다. 사랑은 가르침을 위한 큰 에너지이며 가르침이 전달되는 통로이고, 그 가르침을 간직할 수 있는 그릇이다. 결과적으로, 사랑을 통해 진정한 가르침이 태동한다. 가르침은 변화를 위한 것이기에 사랑을 통하지 않고는 지혜의 가르침으로 연결되지 못한다. 예컨대, 페스탈로치는 버려진 아이들을 데려다가 사랑으로 가르침을 실천한 위대한 교육자이었다.

5) 사범으로서의 멘터

사범으로서의 멘터는 가르침이 단순한 언어를 통한 말로만 이루어지는 게 아님을 강조한다. 아무리 말을 청산유수처럼 잘하는 교사라도 지식 전달 자체가 인격적이고 교육적인 감화력을 가져다줄지는 의문이다. 유아교사가 유아에게 성실하게 살아야 함을 말로써 논리정연하게 설명하고 설득할 수 있다. 하지만 성실하게 살라고 논리적 설명을 하는 유아교사가 불성실한 삶을 사는 사람이면 가르침에 있어서 감동과 설득력을 상실한다. 진정한 가르침을 먼저 보여주고 행함으로써 가능한 일이다.

사범으로서의 위대한 멘터는 행함의 가르침을 극명하게 보여 준 사람들이었다. 예컨대, 소크라테스는 자신의 목숨을 버리면서까지 행함으로써의 가르침을 잘 보여 주었다. 만약 소크라테스가 죽음의 독배 앞에서 죽음을 선택하지 않고 도망을 갔더라면 소크라테스의 가르침은 허사가 되었을 것이다. 예수(Jesus)도 일생의 삶과 죽음을 기꺼이 받아들임으로써의 가르침을 가장 완벽하게 보여 주었다. 예수는 평소에 가르쳐 왔던 사랑을 죽음의 순간에도 실천함으로써 인류의 스승이 되었다고 볼 수 있다. 그는 부활한 후에도 행함의 가르침을 통해 베드로를 설득하고 가르치는 데 성공했음을 보여 준다. 사람은 말로써 가르치는 게 아닌 행함으로써 가르칠 수 있는 것이다. 유아교사는 가르치지 않고 행함으로써 보여 주는 사범이다. 사범으로서의 멘터는 언행일치(言行一致)가 우선이고, 말이 아닌 행동으로 나타내 보이는 실천가이다. 그래서 사범으로서의 멘터인 교사는 논어(論語) 15편 위령공(衛靈公) 23장의 문구를 되새겨볼 필요성이 있다. '기소불욕(己所不慾) 물시어인(勿施於人)', 즉 자신이 원하지 않는 것을 남에게 시켜서는 안 된다는 점을 기억해야 한다.

6) 예언자로서의 멘터

예언자로서의 멘터는 가르침의 현장에서 자기충족적 예언(self-fulfilling prophecy)이 갖는 효과를 의미한다. 유아교사가 유아에게 어느 정도의 예언자적 신뢰를 주느냐에 따라 그 차이가 있다. 이를테면, 긍정적 예언과 부정적 예언의 효과는 예언자의 선택에 따라 정반대의 효과가 나타날 수 있다. 훌륭한 유아교사는 유아의 장점을 찾아내기 위해 노력하고 유아의 재능을 긍정적으로 예언하는 사람이다. 자기충족적 예언은 유아의 지혜로운 가르침의 방법 중에 하나다. 유아교사는 유아에게 희망, 용기, 그리고 인생의 길을 인도하는 선구자며 안내자이다. 유아교사에게는 작은 정성의 일일지라도 유아들의 입장에서는 매 순간이 감동일 수 있다. 유아교사의 예언에 따라 유아의 숨겨진 재능이 빛날 수 있지만 역으로 재능이 사장(死藏)되고 절망과 좌절의 시궁창으로 빠트릴 수도 있다. 예컨대, '검은 고양이'를 쓴 대작가인 애드거 알렌 포(Edgar Allan Poe)는 초등학교 시절에 담임교사가 글쓰기 과제물로 내준 평가에서 '참 잘했어요'라고 써준 문구가 오늘의 자신을 만들어 주었다고 말했다.

또 어떤 교사는 '안 돼! 하지 마!'라며 유아들에게 금지 언어를 사용하기보다는 만족지연의 효과 나 터널효과 등을 적용하여 고진감래(苦盡甘來)의 경험을 주고 있다. 예언자로서의 멘터는 어떤 상황에서도 유아에게 '할 수 있다.'라는 희망을 주는 교사이어야 한다.

7) 고매한 인격자로서의 멘터

고매한 인격자로서의 멘터는 유아교사가 지닌 독특한 인격적 향기를 의미한다. 교사의 개성과 성품에 따라 그 인격적 냄새와 색깔은 차이가 있다. 유아교사의 바르고 건강한 삶, 원만한 성품, 밝고 유머가 있는 태도, 뛰어난 학식, 고상한 취미 등이 아름답게 어우러져 만들어낸다. 고매한 인격적 향기는 유아에게 신선한 자극과 유익한 본보기가 된다. 가르치는 자의 향기는 숨길 수가 없고 저마다의 인격 수준에 따라 그 질을 달리한다. 고매한 인격은 그 향기만으로도 배우는 자를 감동시키기도 한다. 인격의 향기를 품은 유아교사는 진정한 가르침을 실천하는 실천가이다. 유아교사의 고매한 인격적 향기는 상품화된 지식을 파는 싸구려 향기도 아니고 겉모습만 번듯한 그런 것도 아님을 말한다.

유아교사는 유아가 어려운 상황에 놓일 때 숨지 않고 유아를 돕는다. 또 절제된 언행과 지혜로움, 단정하고 깨끗한 용모로 매사에 경거망동(輕擧妄動)을 지양하고 일체유심조(一切唯心造)를 이루는 데 노력한다. 그것이 고매한 인격자로서의 멘터 역할이다.

8) 심리학자로서의 멘터

심리학자로서의 멘터는 유아의 의도와 생각을 이해하고 가르치는 것을 의미한다. 가르칠 상대를 잘 이해하는 것은 심리학적 이해를 의미한다. 상대의 편에서 생각하면 상대의 의도와 행동이 이해된다. 심리학자로서의 유아교사는 유아의 의도와 행동을 이해하는 심리학자이어야 한다. 학습 과정에서는 심리학적 보상의 법칙만을 이해해서는 안 되며, 이를 실행하는 과정이 중요하다. 유아의 잘한 점을 찾아서 칭찬을 아끼지 않는 유아교사는 유아의 긍정적 자아를 일깨워주고 실패에 대한 용기와 희망을 심어주는 심리치료사와 같다. 하지만 의미 없이 던지는 작은 칭찬의 열 마디보다 의미 있는 구체적 칭찬 한마디가 더 큰 감동을 줄 것이다. 평생 잊지 못할 칭찬과 지지를 통하여 인생의 결정적인 계기를 만들어주거나, 큰 교훈을 가져다주는 유아교사는 뛰어난 심리학자인 셈이다. 유아교사는 유아들을 공감하려는 마음이 선행되어야 하며, 오래 관찰하고 무엇을 도와줄 것인지를 잘 파악하고 접근하려는 능동적인 자세를 견지해야 하겠다.

이처럼 멘터로서 유아교사의 8가지 역할은 위대한 스승의 표본이다. 유아교사는 유아에게 지식을 가르치는 자가 아니라, 교육적 감화로 삶을 인도하는 안내자이기 때문이다. 유아교사의 교육적 감화력은 지식의 전달체계에 관한 문제가 아니다. 유아교사의 지혜로운 삶의 방식에 관한 문제이기에 유아교사의 삶과 직접 관련되어 있다. 지혜롭고 인간적이며, 철학적이고 심리학적이며, 사랑의 실천적 사범인 유아교사가 유아의 삶을 구원할 본질적인 대안이 될 수 있기 때문이다. 훌륭한 유아교사가 훌륭한 유아를 길러냄을 인식하여 유아교사는 위대한 멘터의 능력을 갖추기 위해 부단히 노력해야 하겠다.

4. 유아교사의 평가 기준

교육부에서 제시하고 있는 현직 유아교사의 능력을 평가하는 기준(16개 평가 지표 39문항)을 제시하면 표 1.5와 같다.

표 1.5 교사능력 개발평가의 평가지표 및 평가문항

연번	평가지표	평가문항	평가척도				
			매우 우수	우수	보통	미흡	매우 미흡
1	유치원 교육과정의 이해 및 교수–학습 방법 개선 노력	현행 교육과정을 잘 이해하고 이를 반영하여 교수–학습 방법을 개선하며 지도한다.					
2		교육과정 분석을 통하여 활동 특성에 맞는 수업을 설계한다.					
3		교수–학습 방법 개선을 위해 연구하고 이를 적용하기 위해 노력한다.					
4	유아의 발달 및 개별 유아의 특성에 대한 이해	유아의 발달 특성을 고려하여 교수–학습을 계획한다.					
5		유아의 수준과 발달 특성을 고려한 수업과 관련된 교재 및 활동 내용 연구를 한다.					
6	교수–학습 전략 수립	수업목표가 활동 내용과 일치하고 구체적이다.					
7		유아의 이해 수준과 학습 발전 정도를 확인할 수 있는 평가계획이 수립되어 있다.					
8	수업의 도입	유아가 학습에 대한 흥미나 호기심을 갖도록 동기를 유발한다.					
9		학습 주제에 적합한 수업 방법과 자료 계획이 수립되어 있다.					
10	교사의 발문	수업 내용을 분명한 어조와 발음으로 전달한다.					
11		유아가 다양하게 생각하여 대답할 수 있도록 질문한다.					
12	교사의 태도	교수–학습 활동에 열의를 갖고 있다.					
13		유아의 질문에 허용적 태도를 보인다.					
14		교사의 태도가 안정되고 자신감이 있다.					
15	교사–유아 상호작용	교수–학습 활동에서 수시로 칭찬과 격려를 통해 유아에게 자신감을 준다.					
16		유아와 교사의 의사소통이 원활하다.					
17		유아의 반응에 적절히 대처한다.					
18	학습자료의 활용	유아가 학습 내용을 잘 이해할 수 있도록 적절한 학습자료를 활용한다.					
19		수업에 필요한 교수–학습 활동 자료를 능숙하게 활용한다.					
20	수업의 진행	유아의 학습 흥미를 지속적으로 유지하면서 수업을 진행한다.					
21		칭찬과 격려가 적시에 이루어진다.					
22	학습정리	학습 내용에 대한 유아들의 이해 정도를 확인한다.					

23		다음 수업에 대한 정보를 제공하는 등 학습정리 활동이 이루어진다.					
24	평가 내용 및 방법	유아들 수준에 맞는 평가 문항이나 도구를 활용하여 평가한다.					
25		평가 내용이 학습 목표를 반영하고 있다.					
26		적절한 평가 내용과 방법으로 학습 목표의 도달 여부를 확인한다.					
27	평가 결과의 활용	유아의 수준에 맞는 지도를 위해 평가 결과를 활용한다.					
28		평가 결과를 정리하여 기록하고 분석한다.					
29		평가 결과를 분석하여 자신의 수업 개선을 위해 활용한다.					
30	개인 문제의 파악 및 창의 · 인성지도	유아의 문제 파악을 위해 지속적인 관찰과 상담을 한다.					
31		유아 개개인의 문제를 파악하여 지도한다.					
32		유아가 창의적이고 긍정적인 인성을 갖도록 지속적으로 지도한다.					
33	가정연계지도	유아의 유치원 생활에 대한 정보를 가정과 공유하여 효과적인 지도를 한다.					
34		유아의 유치원 생활을 부모와 공유할 수 있도록 부모에게 참여의 기회를 준다.					
35	기본생활습관 지도	유아의 기본생활습관 형성을 위하여 지속적으로 지도한다.					
36		기본생활습관 형성을 위한 실천 사항을 유아의 발달 특성에 맞게 지도한다.					
37	유치원 생활 적응지도	유아가 유치원 생활에 잘 적응할 수 있도록 지도한다.					
38		유치원 생활 규칙을 준수하도록 지도한다.					
39		유치원에서 발생할 수 있는 문제를 파악하고 예방하기 위한 조치를 한다.					

선생님의 우수한 점

선생님이 개선해야 할 점

학습정리

1. 교직에서 말하는 교사는 학교 기관에서 행동을 계획적으로 변화시키는 데 전념함으로써 보수를 받고 그것으로 생계를 유지해 나가는 사람들이다.

2. 유아교사는 소정의 교원양성 교육과정을 이수하고 자격을 취득한 자가 성장·발달하는 존재로서 유아와 영향을 주고받는 상호작용적 존재이다. 또한 교육적 가치관과 철학을 가진 존재로서 주체적 활동가이기도 하다.

3. 영아와 유아의 개념으로 영아는 출생부터 만 2세까지를 말하고(영유아보육법 시행규칙 제28조 제1호), 유아는 만 3세부터 초등학교 취학 전까지의 아동은 말한다(유아교육법 제2조 제1호).

4. 유아교사의 자질은 다양하게 정의될 수 있으나 개인적 자질(인성, 건강 등)이나 전문적 자질(지식, 교수 기술, 교육관 등)로 구분한다.

5. 멘터로서 유아교사의 역할은 휴머니스트로서의 멘터, 지혜로운 교수자로서의 멘터, 철학자로서의 멘터, 사랑을 나누는 실천가로서의 멘터, 사범으로서의 멘터, 예언자로서의 멘터, 인격자로서의 멘터, 심리학자로서의 멘터이다.

생각의 나무

1. 유아교사와 유아의 개념이 무엇인지를 설명해 봅시다.
2. 유아교사의 개인적 자질과 전문적 자질을 비교 · 설명해 봅시다.
3. 멘터로서 유아교사의 역할 중에서 어떤 역할이 가장 중요한지를 각자의 입장에서 생각해 봅시다.

Chapter 02

유아교사의 교직과 교직윤리

학습개요

교직은 정신적 노동으로서 고도의 창의력과 고등정신 기능을 요구하는 직업에 해당하며, 어느 직업보다도 긴 준비 기간을 필요로 한다. 교직은 교육활동을 수행하는 직업으로 교직만이 가지고 있는 특성이 있다. 유아교사란 단편 지식이나 기술만을 가르치는 게 아닌 유아가 전인적 인간으로 성장 · 발달할 수 있도록 돕고 삶의 지혜를 갖도록 안내해야 한다. 이런 연유에서, 사람들은 유아교사를 인간다운 인간으로 길러내는 종합예술가라고 말한다. 그만큼 교직은 아름답고 가치 있는 직업인 셈이다. 이 장에서는 유아교사의 교직 특성, 교직관과 교직윤리 등에 대하여 살펴보고자 한다.

학습목표

1. 유아 교직의 특성에 대하여 설명할 수 있다.
2. 교직관의 4가지 개념을 구분 · 설명할 수 있다.
3. 유치원 교사 헌장 및 강령, 어린이집 윤리강령의 개념을 구분할 수 있다.

1. 교직의 의미와 특성

1) 교직의 특성

인간은 누구나 원활한 생활을 영위하기 위하여 활동하게 되며, 그 활동을 통해 생활의 기본 문제인 의식주의 문제를 해결한다. 인간의 활동에서 일차적인 의식주의 문제를 해결하기 위해 종사하는 주업(主業)을 흔히 직업이라고 말한다. 직업은 본인은 물론 가족과 그가 속한 사회 집단의 유지 · 존속을 위한 수단이 된다. 이처럼 직업이란 어떤 종류의 것이든지 간에 인간의 기본욕구를 충족시키는 데 필요한 기제이며, 사회의 유지 · 존속에도 귀중한 원천이 된다.

사회에는 직업의 종류가 수없이 많다. 예컨대, 육체노동을 요구하는 직업이 있는가 하면 정신력을 요구하는 직업도 있다. 또 매일 기계적으로 단조롭게 반복하는 노무직이 있는가 하면, 고도의 창의력이나 고등정신 기능을 요구하거나 장기간의 교육과 훈련이 요구되는 직업도 있다. 교직은 정신적 노동으로서 고도의 창의력과 고등정신 기능을 요구하는 직업에 해당하며, 어느 직업보다도 장기간의 준비기간이 필요하다. 교직은 다른 일반적인 직업과 공통되는 점도 있지만 교직만의 고유한 특징이 있다. 몇 가지 교직의 특징을 제시하면 다음과 같다(김희수, 2011).

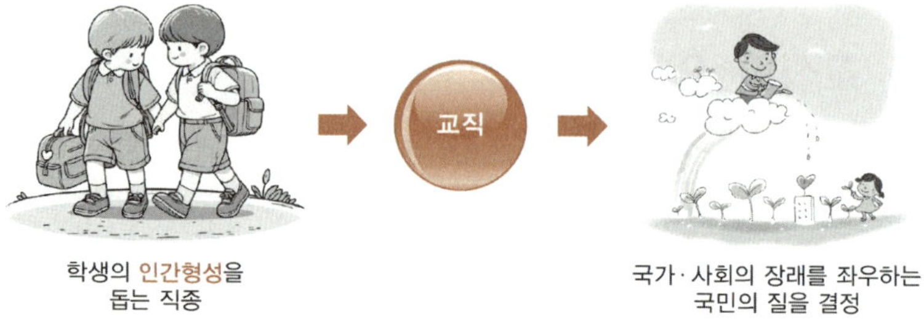

그림 2.1 **교직의 특징**

- **교직은 사람을 상대로 하는 직업이다.** 사람을 상대로 하는 직업은 물건 다루듯이 할 수 없다. 감정이 있고 느낌이 있으므로 의사소통을 우선시 한다. 그러기 위해서는 상대를 이해하기 위한 자세와 따뜻하게 대하는 마음가짐이 선행되어야 한다.
- **교직은 사람의 정신생활을 대상으로 하는 직업이다.** 정신세계는 눈에 보이지 않지만 그 잠재력은 어마어마하다. 우리가 유아를 가르칠 경우 유아들이 어떻게 받아들이는지, 유아의 머릿속에서 무슨 일이 일어나는지, 어떤 변화가 나타나는지를 모두 알 수는 없다. 하지만 최선을 다해서 그 가능성을 이해하고 정신세계에 자양분을 줄 수 있는 좋은 경험을 제공할 수 있어야 한다.
- **교직은 주로 미성숙자를 대상으로 하는 직업이다.** 교사는 아직 성숙되지 않은 유아들을 상대로 하여 훌륭한 인간상을 갖추어가도록 돕는 행위를 한다. 유아들은 나무와 같은 존재이다. 아직은 작아서 눈에 띄지 않지만 미래에 쓰임이 많은 나무를 기르는 직업이다. 그러므로 유아가 잘 자랄 수 있도록 도와야 한다. 유아에게 미숙(未熟)은 듀이(Dewey)가 언급한 바와 같이 부족함이나 미숙함을 뜻한다기보다는 가소성으로서의 가능성을 나타낸다. 유아기는 가소성이 크므로 무한한 가능성을 가진 한 인간으로 인정하고 성숙한 인격을 가진 이상적인 인간으로 성장하도록 도와야 한다.

- **교직은 봉사직이다.** 유아교사는 전문직이기 때문에 물질적 보수에 목적이 있는 것이 아닌 사회봉사의 정신을 갖고 일하는 데 있다. 그러므로 다른 사람을 위해 봉사하는 경험이 필요하다. 교직이 봉사직이므로 다른 사람을 배려하는 마음을 가져야 한다.
- **교직은 국가나 민족에 지대한 영향을 주는 공적 사업이다.** 현대교육은 유아의 요구에 알맞은 교육을 바라기도 하지만 국가와 사회의 요구에 알맞은 교육을 바라기도 한다.
- **교직은 사회 진보에 중대한 역할을 맡고 있는 직업이다.** 교육 자체가 현 사회를 유지 · 재생산하는 기능과 함께 새로운 방향으로 이끌어가는 구동력을 갖는다. 그러므로 인류가 이룩해 놓은 문화유산을 다음 세대에 전달해야 하는 임무를 지닌 동시에 살기 좋은 사회를 건설하는 과업에 선구자적 역할을 해야 한다.
- **교직은 끊임없이 자기 갱신을 통해 자기 향상을 도모하는 데 유리한 직업이다.** 유아를 지도하는 과정은 교사 자신의 창의와 노력이 필요하므로 동시에 자기 수양과 자기 발전의 계기로 삼아야 한다.
- **교직은 인류 공영에 기여하는 직업이다.** 교육의 중요한 기능은 인류가 쌓아온 문화유산을 보존하고 계승하여 새로운 문화를 창출하는 것이다. 그러므로 교육을 담당하는 교사는 인류가 축적해 온 문화유산을 다음 세대에 전달하는 동시에 현재를 출발점으로 하여 현재보다 더 나은 문화를 창조하고 희망찬 미래를 건설하는 주역이어야 한다.

이를 종합해볼 때, 교직은 미성숙자를 대상으로 하여 바람직한 이상적 인간의 성장 · 발달을 조장하고 국가와 민족의 번영을 꾀하는 직업이다. 또한 인류 사회의 진보와 발달을 이룩할 수 있는 전문적이고 봉사적이다. 한편으로는 자기 갱신을 도모하고 윤리성이 요구되는 공적 직업이기도 하다.

2) 유아 교직의 특성

카츠와 고핀(Katz & Goffin, 1990)이 제시하고 있는 유아 교직의 특성을 살펴보면 다음과 같다.

- 유아교사는 유아의 다양한 정서적, 사회적, 신체적, 인지적 요구와 발달과업을 충족시켜야 한다. 그러므로 유아교사가 수행해야 할 역할은 광범위하면서도 역할의 경계선이 불명확하다.
- 유아교육기관은 교육의 목적이나 목표가 다른 다양한 유아 교육프로그램을 운영한다. 그러므로 유아교사의 임무와 교육 이념도 실시하는 프로그램의 목적이나 목표에 따라 달라져야 한다.
- 유아가 어릴수록 신체적 · 정서적 · 사회적으로 유아교사에 대한 의존도가 높다. 그러므로 유아기는 대인적 관계와 물리적 환경에 잠재되어 있을 위험에 취약하다. 이에 유아들의 전인적 경험을 제공할 수 있는 환경을 조성하고 보호할 수 있는 자질을 갖춘 유아교사이어야 한다.
- 유아는 생애 처음으로 공적 집단의 일원이 되어 단체 생활에 적응해 나가야 한다. 유아교사는 유아들이 분리 불안을 극복하는 것을 돕고 유아교육기관 생활의 일상적인 일과에 적응하는 것을 도와야 한다. 또 가정에서 유아교육기관으로의 전환을 용이하게 하도록 노력을 기울여야 한다.
- 유아교사는 유아의 전인 발달을 비롯한 여러 광범위한 쟁점에 대하여 부모와 직접적으로 정서적 관계를 맺으며 상호 협력해야 한다.
- 유아들은 교사에 대한 의존도가 높으므로 유아교사는 내면화된 윤리강령에 의해 행동해야 한다.

- 유아교육과정은 통합 운영되어야 하므로 유아의 발달과 흥미를 고려해서 개발해야 한다.

이 같은 유아교사의 직업적 특성은 유아교사들에게 어려움을 갖게 하기도 하지만 보람 있는 일로 만들어 주기도 한다. 가르치는 대상이 어리면 어릴수록 교사에게 요구되는 직업적 특성은 달라질 수밖에 없다. 유아교사가 갖추어야 할 직업적 특성을 제시하면 다음과 같다.

- 유아 교직은 사랑에서 시작되어야 하는 직업이다. 교육은 사람과 사람이 만나는 관계에서부터 출발한다고 가정했을 때, 사랑이라는 요소는 무엇보다도 중요하고 어떤 것보다도 우선시하여야 한다. 특히, 유아기는 교사와의 개별적인 관계인 라포(rapport) 형성이 중요하다. 유아교사와 유아의 바람직한 관계 형성이 교육의 성패를 좌우한다고 해도 과언이 아니다. 이러한 관계의 형성에서 기본이 되는 것은 바로 사랑이다. 그러므로 유아를 가르치는 유아교사가 꼭 갖추어야 할 요소가 사랑인 셈이다. 하지만 사랑이라는 개념을 공적 측면보다 사적 측면으로 오인하여 전문직업을 가진 사람에게는 적합하지 않은 요소로 간주하기도 한다. 이 같은 맥락에서 유아교사에게 요구되는 사랑을 사적인 관점으로 조망하여 부모의 사랑과 같은 개념으로 오인하기도 한다. 유아교사의 사랑은 모성적인 그런 사랑과는 구별된다. 모성적인 사랑처럼 처음부터 있었던 천부적 사랑이 아닌 유아와의 개별적인 관계성에 의해 발생한 사랑이다. 특히, 모성적인 사랑은 영원한 것이지만 교사와 유아의 사랑은 1년을 단위로 새롭게 형성된다. 뿐만 아니라, 교사의 사랑은 모성적 사랑과 감정을 포함하지만 동시에 교육의 실행자로의 요소를 포함한다 (Goldstein, 1997). 이에 유아교사는 부모의 사랑과는 다르다고 볼 수 있다.

- 유아 교직은 가르치는 일과 돌보는 일을 조화롭게 유지해야 하는 직업이다. 유아들에게 교육과 보육은 동시에 존재해야 한다. 보육과 교육의 중점을 연령에 따라 탄력적으로 운영해야 하며 유아들을 관찰함으로써 교사가 적절하게 교육과 보육의 비중을 구성해야 한다. 교육과 보육은 분명히 경계를 정하기 어려운 특성이 있다. 잘 보살피는 것이 잘 교육하는 것이 되기도 한다. 하지만 교사의 의도를 가지고 무언가 교육적 기대를 갖고 접근한다면 그 순간에 교육이 되는 것이다. 그러므로 유아교사는 돌보는 일과 가르치는 일의 경계를 잘 넘나들면서 유아들에게 필요한 것이 무엇인지를 결정해야 한다.
- 유아 교직은 눈에 보이지 않는 상호작용에 민감해야 하는 직업이다. 유아들은 언어로 자신의 의견이나 감정을 표현하는 일이 매우 서툴다. 그러므로 초·중등학교 학생들처럼 언어를 통한 의사소통에 의존한다면 유아교사와 유아 사이에 적절한 교감이 이루어지지 못하고 서로가 부적절함을 느끼게 된다. 가르치는 일은 배우는 사람과의 교감이 중요하다. 이를 위해서 유아교사는 유아의 얼굴표정, 행동적 특징, 눈빛 등의 비언어적인 신호에 민감해야 한다. 그러므로 언어를 통한 의사소통이기보다는 보이지 않는 비언어적인 여러 신호에 민감해야 하는 직업이다.

3) 교직관

교직관(敎職觀)은 교직이라는 직업의 본질을 어떻게 바라보느냐의 관점이며, 교직이라는 직업 또는 교원이라는 직무의 기본 성격을 어떻게 파악하느냐와 관련한 개념이다. 교직관은 교직에 대한 지각을 의미하나 인지적 측면만이 아닌 교직에 대한 태도와 가치관도 함께 수반하는 개념이다.

현대 사회의 급속한 산업화와 이에 따른 사회의 다원화 상황에서 교직에 대한 관념이나 사회적 지위도 고정되어 있지 않고, 시대와 사회적 상황에 따라 변천되어왔다. 그러므로 교직관의 변천은 일반적으로 제2차 세계대전을 분기점으로 하여 그 이전까지의 교직관을 전통적 교직관이라고 하고, 그 이후를 현대적 교직관이라고 구분한다. 이 같은 시대의 변천 과정에서 교직관은 일반적으로 ①성직관, ②노동직관, ③전문직관으로 구분하고 있다. 이 장에서는 유아교사의 교직관인 점을 고려하여 ④생명인관을 추가하여 4가지의 관점으로 설명하였다.

전통적 교직관에서는 교육이 인간의 출생과 관련하여 개개인 자신의 귀속적 신분에 의해 특권층의 전유물이었으므로, 이 시기에 있어서 교직은 다른 직업과는 달리 한 사회에서 신성시되었고 존경의 대상이었으며 일반 대중의 사표(師表)였다. 현대 교직관에서는 교직이 어떤 특권층에게만 한정된 전유물은 아니다. 교육 대상과 교육 기회의 확대 측면에서 사회의 변화에 따른 교직도 여러 직업 가운데 하나의 직능적 직업으로 보는 경향성이 강하다. 그러므로 교직관도 이제는 중간혼합유형(中間混合類型)의 관점에서 바라볼 필요성이 있어 보인다. 교직관의 4가지 유형을 살펴보면 다음과 같다.

(1) 성직관

성직관은 교직을 일반적으로 성직자상(聖職者像)처럼 세속적인 다른 직업과 구분하여 신성의 개념으로 바라보는 관점이다. 교직은 주로 인간의 인격 형성을 돕는 일을 담당하며 단순한 지식과 기술보다 참다운 사람을 만들어야 한다는 생각이 지배적이었다. 교직은 고도의 정신적 봉사활동으로서의 세속적인 것들(돈, 명예, 권력 등)과는 거리가 먼 직업이 되어야 한다는 것이다. 오늘날의 황금만능주의 사조 속에서 물질의 세계보다는 정신적 세계에 많은 주위와 관심을 집중시켜야 한다고 본다. 또한 교사는 그 활동이 주로 미래지향적이어야 한다고 전제하기에 현실사회보다는 다가오는 이상 사회를, 그리고 그 실현을 위한 학생들의 심신을 갈고 닦도록 이끌어야 하는 정신적 세계를 강조한다. 이러한 관점에서 교직은 하나의 성스러운 정신적 활동으로 바라보는 관점이다.

(2) 노동직관

노동직관은 앞서 언급한 성직관과는 대조적인 입장을 취한다. 교직도 하나의 노동직이며 본질적으로 다른 직업과 차이가 없다는 것이다. 그것이 비록 정신적 노동을 위주로 한다 해도 정신적 노동과 물질적 노동을 구분함은 오히려 불평등으로부터 출발을 강요받는다고 보는 관점이다. 이 같은 견해에 동조하는 사람들은 노동의 대가로서 보수를 받고 근무조건의 개선을 위하여 노동조합을 결성한다거나 단체행동권까지를 포함하여 집단적으로 투쟁하는 것을 당연시한다. 이를테면, 교직자도 노동에 대한 반대급부로서 처우개선이나 근무조건 등의 향상을 위하여 노동 3권인 ①단체결성권, ②단체교섭권, ③단체행동권을 갖춘 노동조합을 결성하고 조합을 통한 정부나 고용주인 경영자와 맞서 투쟁할 수 있다고 본다.

(3) 전문직관

전문직관은 현대교육에서는 일반적으로 널리 받아들여지고 있는 관점이다. 교사가 지식과 자질 등에서 고도의 전문성을 갖춰야 한다는 점이다. 전문직으로서의 교사상은 다음과 같은 특징을 갖는다(김종철 외, 1996).

- 교원은 그 전문성을 확보하기 위하여 장기간에 걸친 교육과 훈련을 받을 뿐만 아니라 지식과 기술의 폭발적 증대와 사회 변화에 대비하여 계

속 연구해야 한다.

- 교원에게는 엄격한 자격 기준이 적용되어야 하며, 부적격한 자는 교직에서 배제시켜야 한다.
- 교원은 고도의 자율성과 더불어 사회의 책임성을 지녀야 하며, 이를 위하여 교직윤리의 정립 및 교권 확립이 전제되어야 한다.
- 교원은 전문직 단체를 통하여 자질의 향상, 지위의 향상 및 교육 정책에 대한 참여를 보장받아야 한다.

이같이 전문직으로서의 교직은 특별한 교육과 자격을 소유하게 되는 데 자율성과 더불어 책임을 갖게 되며, 이에 상응하는 사회적 · 경제적 지위를 법적으로 보장받는다.

(4) 생명인관

생명인관은 자연인으로서 유아와 더불어 삶을 나누는 생명인으로 보는 관점이다. 생명인으로서 유아교사는 단지 유아의 인지적 능력뿐만 아니라 몸, 마음, 영혼을 돌보며 함께 살아가는 교육공동체의 일원으로 본다. 그러므로 교사는 자연, 유아, 사회적 환경과의 관계 속에서 생명인으로서의 자기관리 및 관계 맺기를 해나가게 된다. 이러한 생명인으로서의 교직관은 어머니나 농부의 마음으로 생명을 섬기고, 관계를 돌보며, 삶을 보듬는 과정을 내포하는 교사상을 지니게 된다.

2. 교직 윤리강령

1) 우리나라 교직 윤리의 의미와 성격

(1) 교직 윤리의 의미

교직 윤리는 바른(right) 것 중에서도 가장 좋은(best) 것을 기준으로 하고, 이 기준에 따라 반드시 행해야 하는(ought to) 것을 말하며, 이때 '무엇이 바람직한 가치인가? 그리고 무엇을 행해야 하는가?'에 대한 접근방법이 결합됨으로써 교직을 수행하는 데 필요한 질문이자 기준이 된다. 교직 윤리는 교육활동을 수행하는 교사가 지켜야 할 공식적 · 비공식적 규범이요, 교직 행동에 대한 포괄적 지침이요, 교육의 질 내지 교육의 수월성을 제고하기 위한 교사 행동의 지향점이라고 할 수 있다. 그러므로 교직은 유치원, 초 · 중등, 고등교육 대상과 학부모, 그리고 국민 전체에게 봉사하는 전문직으로서 높은 수준의 행동 윤리를 가져야 하며, 민주 이념 수호에 헌신이 요구된다. 아울러, 민주적 생활 질서를 유지 · 발전시키고 공익을 추구해야 하며, 업무수행에서도 창의성과 적극성을 가질 것을 요청받는다(김명수 외, 2010).

(2) 교직 윤리의 성격

우리나라 교직 윤리의 성격을 제시하면 다음과 같다(윤종건, 전하찬, 1996).

- **교직 윤리는 비공식적 실천 규범이다.** 가르치는 것은 공식적인 규율보다 비공식적인 인간관계의 영향을 더 많이 받는다. 그러므로 교사는 법이

정하고 있는 공식적인 규율도 지켜야 하지만 비공식적인 규율, 즉 교직의 윤리를 더욱 중요시해야 한다.

- **교직 윤리는 교원의 모든 행위와 관련된다.** 교직 윤리는 교육의 목적이나 내용뿐만 아니라 교수과정, 학생 및 학부모와의 관계 등과 깊은 관련이 있다.
- **교직 윤리는 교육의 질을 좌우한다.** 현대국가는 교육의 질이 바로 국력이라 해도 과언이 아니다. 우수 인재와 풍부한 자질과 탁월한 능력을 갖춘 국민의 육성이 바로 교육이기 때문이다. 그러므로 교원의 윤리관을 확립하는 것이 새로운 과제로 부각되고 있다. 교직 윤리의 확립 없이는 양질의 교육을 보장할 수 없기 때문이다.

교원의 실천 영역과 교직 윤리와의 관계를 제시하면 표 2.1과 같다.

표 2.1 교원의 실천 영역과 교직윤리와의 관계

지도 영역	교원의 실천 영역	교직윤리의 내용
학생지도	• 지도내용의 선정	• 지도내용의 객관성
	• 실제 지도의 과정	• 최선의 방법 적용, 성실한 지도
	• 평가의 관리	• 공정성, 객관성, 합리성
인간관계	• 학생과의 관계	• 교육애, 인격 존중, 정확한 이해
	• 동료와의 관계	• 상호 존중, 상호 신뢰
	• 지역사회와의 관계	• 교육홍보 및 의견수렴
공직생활	• 전문성 관리	• 연구, 근면, 성실
	• 준법생활	• 질서 존중, 솔선수범
	• 공공생활	• 청렴, 봉사, 중립성

출처: 윤종건 · 전하찬(1996).

2) 교직윤리규정

우리나라의 교직윤리규정은 그동안 3회에 걸쳐 제정되었다. 첫 번째는 1958년 9월 19일이며 제1장 학생, 제2장 가정, 제3장 사회, 제4장 교양으로 구성된 '교원윤리강령'이다. 두 번째는 1982년 5월 15일 스승의 날에 대한교육연합에서 '사도헌장과 전문, 제1장 스승과 제자, 제2장 스승의 자질, 제3장 스승의 책임, 제4장 교육자와 단체, 제5장 스승과 사회로 구성된' 사도강령을 공포하였다. 세 번째는 2005년 5월 15일 스승의 날에 발표된 '교직윤리헌장'으로, '사도헌장'과 '사도강령'을 대신하기 위한 것이었다. 사도헌장과 사도강령, 교직윤리헌장을 제시하면 다음과 같다.

(1) 사도헌장

사도헌장

오늘의 교육은 개인의 성장과 사회의 발전과 내일의 국운을 좌우한다. 우리는 국민 교육의 수임자로서 존경받는 스승이요, 신뢰받는 선도자임을 자각한다. 이에 긍지와 사명을 새로이 명심하고 스승의 길을 밝힌다.

- 우리는 제자를 사랑하고 개성을 존중하며 한마음 한뜻으로 명랑한 학풍을 조성한다.
- 우리는 폭넓은 교양과 부단한 연찬으로 교직의 전문성을 높여 국민의 사표가 된다.
- 우리는 원대하고 치밀한 교육계획의 수립과 성실한 실천으로 맡은 바 책임을 완수한다.
- 우리는 서로 협동하여 교육의 자주 혁신과 교육자의 지위 향상에 적극 노력한다.
- 우리는 가정교육, 사회교육과 유대를 강화하여 복지국가 건설에 공헌한다.

(2) 사도강령

사도강령	전 문
• 대한교육연합회에서 1982년 5월 15일 채택 · 공포함	제1장 스승과 제자 제2장 스승과 자질 제3장 스승의 책임 제4장 교육자와 단체 제5장 스승과 사회

사도강령

민주국가의 주인은 국민이므로 나라의 주인을 주인답게 길러내는 교육은 가장 중대한 국가적 과업이다. 우리 겨레가 오랜 역사와 찬란한 문화를 계승 · 발전시키며, 선진국과 어깨를 나란히 하여 인류 복지증진에 주도적으로 기여하려면 무엇보다도 문화국민으로서의 의식개혁과 미래 사회에 대비한 창의적이고 자주적인 인간 육성에 온 힘을 기울여야 한다. 그러기 위하여 우리 교육자는 국가 발전과 민족중흥의 선도자로서의 사명과 긍지를 지니고 교육을 통하여 국민 다양한 능력을 최대한으로 계발하여 개인의 자아실현과 국력의 신장, 그리고 민족의 번영에 열과 성을 다하여야 한다. 또한 교육자의 품성과 언행이 학생의 성장 발달을 좌우할 뿐만 아니라 국민 윤리 재건의 관건이 된다는 사실을 명심하고 사랑과 봉사, 정직과 성실, 청렴과 품위, 준법과 질서에 바탕을 둔 사도 확립에 우리 스스로 헌신하여야 한다. 이러한 우리의 뜻은 교직에 종사하는 모든 교육자가 공동체 의식을 가지고 노력하여야만 이루어질 수 있다는 것을 인식하고, 사도헌장 제정에 때맞추어 우리의 행동지표인 현행 교원윤리강령으로 개정하여 이를 실천함으로써 국민의 사표가 될 것을 다짐한다.

제1장 스승과 제자

스승의 주된 임무는 제자로 하여금 고매한 인격과 자주정신을 가지고 국가가 사회에 봉사할 수 있는 유능한 국민을 육성하는 데 있다. 그러므로,

① 우리는 제자를 사랑하고 인격을 존중한다.
② 우리는 제자의 심신 발달이나 가정의 환경에 따라 차별을 두지 아니하고 공정하게 지도한다.
③ 우리는 제자의 개성을 존중하며, 그들의 개인차와 욕구에 맞도록 지도한다.
④ 우리는 제자에게 직업의 존귀함을 깨닫게 하고, 그들의 능력에 알맞은 직업을 선택하도록 지도한다.
⑤ 우리는 제자 스스로가 원대한 이상을 세우고, 그 실현을 위하여 정진하도록 사제동행한다.

제2장 스승의 자질

스승은 스승다워야 하며 제자의 거울이 되고 국민의 사표가 되어야 한다. 그러므로,

① 우리는 확고한 교육관과 긍지를 가지고 교직에 종사한다.
② 우리는 언행이 건전하고 생활이 청렴하여 제자와 사회의 존경을 받도록 한다.
③ 우리는 단란한 가정을 이룩하여 국법을 준수하여 사회의 모범이 된다.
④ 우리는 학부모의 경제적, 사회적 지위를 이용하지 아니하며 이에 좌우되지 아니한다.
⑤ 우리는 자기 향상을 위하여 전문적인 지식과 전문화된 기술을 계속 연마하는 데 주력한다.

제3장 스승의 책임

스승은 제자교육에 열과 성을 다하며 맡은 바 책임을 다하여야 한다. 그러므로,

① 우리는 사회의 일원으로서 모든 책임과 의무를 다한다.
② 우리는 교재연구와 교육자료 개발에 만전을 기하여 수업에 최선을 다한다.
③ 우리는 생활지도의 중요성을 인식하여 제자들이 올바를 사람이 될 수 있도록 지도에 철저를 기한다.
④ 우리는 교육의 성과를 공정하게 평가하고 이를 교육에 충분히 활용한다.
⑤ 우리는 제자와 성인들을 위한 정규교과의 활동에 적극 참여한다.

제4장 교육자와 단체

교육자는 지위의 향상과 복지의 증진을 위하여 교직단체를 조직하고 적극 참여함으로써 단결된 힘을 발휘할 수 있다. 그러므로,

① 우리는 교직단체의 활동을 통하여 교육자의 처우와 근로조건의 개선을 꾸준히 추진한다.
② 우리는 교직단체의 활동을 통하여 교육자의 자질 향상과 교권의 확립에 박차를 가한다.
③ 우리는 단편적, 편파적인 활동에 참가하지 아니하고 교육을 그 방편으로 삼지 아니한다.
④ 교직단체는 국가의 주요 교육 결정에 참여하고 교육자의 여망과 주장에 충분히 반영시킨다.
⑤ 교직단체는 교육의 혁신과 국가의 발전을 위하여 다른 직능단체나 사회단체와 연대 협동한다.

제5장 스승과 사회

스승은 제자의 성장 발달을 돕기 위하여 학부모와 협력하며 학교와 사회의 상호작용 원동력이 되고 국가 발전의 지도자가 된다. 그러므로,

① 우리는 학교의 방침과 제자의 발달 상황을 가정에 알리고 학부모의 정당한 의견을 학교교육에 반영시킨다.
② 우리는 사회의 일정을 정확하게 파악하고 지역사회의 생활과 문화 향상을 위하여 봉사한다.
③ 우리는 사회의 요구를 교육계획에 반영하며 학교의 교육활동을 사회에 널리 알린다.
④ 우리는 국민의 평생교육을 위하여 광범위하게 협조하고 그 핵심이 된다.
⑤ 우리는 확고한 국가관을 가지고 국민 의식 개혁에 솔선수범하여, 국가 발전의 선도자가 된다.

(3) 교직윤리헌장

교직윤리헌장

우리는 교육이 인간의 가치와 존엄성을 높이며, 개인의 성장과 자아실현은 물론 국가와 민족의 미래에 중대한 영향을 준다는 사실을 명심하고, 국민으로부터 부여받은 교육자의 책무를 다하기 위해 최선을 다한다. 우리는 균형 있는 지 · 덕 · 체 교육을 통하여 미래 사회를 열어갈 창조 정신과 세계를 향한 진취적 기상을 길러줌으로써, 학생을 학부모의 자랑스런 자녀요 더불어 사는 민주사회의 주인으로 성장하게 한다. 우리는 교육자의 품성과 언행이 학생의 인격 형성을 좌우할 뿐만 아니라 사회 전반의 윤리적 지표가 된다는 사실을 깊이 인식하고, 윤리성과 전문성을 높이기 위해 노력한다. 이에 우리 모두의 의지를 모아 교직의 윤리를 밝히고, 사랑과 정직과 성실에 바탕을 둔 교육자의 길을 걷는다.

우리의 다짐

하나, 나는 학생을 사랑하고 학생의 인권과 인격을 존중하며, 합리적인 절차와 방법에 따라 지도한다.

하나, 나는 학생의 개성과 가치관을 존중하며, 나의 사상 · 종교 · 신념을 강요하지 않는다.

하나, 나는 학생을 학업성적 · 성별 · 가정환경의 차이에 따라 차별하지 않으며, 부적응아와 약자를 세심하게 배려한다.

하나, 나는 수업이 교사의 최우선 본분임을 명심하고, 질 높은 수업을 위해 부단히 연구하고 노력한다.

하나, 나는 학생의 성적평가를 투명하고 엄정하게 처리하며, 각종 기록물을 정확하게 작성 · 관리한다.

하나, 나는 교육전문가로서 확고한 교육관과 교직에 대한 긍지를 갖고, 자기개발을 위해 노력한다.

하나, 나는 교직 수행과정에서 습득한 학생과 동료 그리고 직무에 관한 정보를 악용하지 않는다.

하나, 나는 학생이나 학부모로부터 사적 이익을 취하지 않으며, 사교육기관이나 외부 업체와 부당하게 타협하지 않는다.

하나, 나는 잘못된 제도와 관행을 개선하는 데 앞장서며, 교육적 가치를 우선하는 건전한 교직 문화 형성에 적극 참여한다.

하나, 나는 학부모와 지역사회를 교육의 동반자로 삼아 바람직한 교육공동체 형성을 위해 함께 노력한다.

3) 유치원교사헌장 및 교사강령

교육부는 2009년 12월에 유아교육 선진화 방안을 발표하고, 이를 지원하기 위해 육아정책연구소와 2010년 1월부터 유아교육 선진화 기반 조성 사업을 진행하였다. 이에 선진화 사업의 일환으로 유치원교사헌장과 교사강령을 발표하였다. 유치원교사헌장은 유치원 교사가 교직을 수행하면서 스스로 실천하기를 기대하는 규범이다. 유치원교사강령은 교사 · 유아 · 가정 · 사회와의 관계 형성 및 직무수행과정에서 딜레마 상황에 직면했을 때 가장 적절한 의사결정을 내릴 수 있도록 이끌어 주는 지침으로써의 역할을 한다.

유치원교사헌장과 유치원 교사강령을 제시하면 다음과 같다.

(1) 유치원교사헌장

유치원교사헌장

유아교육은 유아의 삶에 초석이 되며, 우리 사회와 국가의 미래를 결정한다. 우리는 국민의 생애 초기교육을 책임지며, 사회로부터 존경받는 교사로서 자신을 연마하고 소명의식을 가지고 유아 교육자로서 가야 할 길을 밝힌다.

1. 우리는 유아를 사랑하고 개성을 존중하며 전인 발달을 지원하고 평화로운 교실 문화를 조성한다.
2. 우리는 미래지향적이며 질 높은 교육을 계획하고 실천하여 교육자로서의 책임을 다한다.
3. 우리는 가정에 대한 이해와 연대를 강화하여 교육복지사회 구축에 공헌한다.
4. 우리는 사회 변화와 요구에 적극 부응하여 유아교육의 혁신과 발전을 위해 노력한다.
5. 우리는 교육자로서의 품위를 유지하고 부단한 자기개발을 통해 유아교육전문가로서의 위상을 갖춘다.

(2) 유치원교사강령

유치원교사강령

제1장 유치원 교사와 유아

핵심 개념: 사랑, 평등, 개성 존중, 전인교육, 안전과 보호

1. 우리는 유아를 사랑하며 유아의 인격을 존중한다.
2. 우리는 유아의 개인적 · 가정적 배경에 관계없이 모든 유아를 평등하게 대한다.
3. 우리는 유아의 개성을 존중하며, 개인의 흥미와 잠재력에 적합한 교육을 제공한다.
4. 우리는 유아의 전인 발달을 지원하는 교육과 환경을 제공한다.
5. 우리는 유아의 안녕을 위협하는 가정적 · 사회문화적 · 경제적 상황을 적극적으로 파악하고 유아를 보호하기 위해 노력한다.

제2장 유치원 교사와 가정

핵심 개념: 가족에 대한 이해, 권리 보호, 협력, 지원

1. 우리는 유아를 교육하고 지원하기 위해 가정과 연계하고 협력관계를 구축한다.
2. 우리는 교육적 목적으로 수집한 가족 정보에 대해 기밀을 유지하고 가족의 사생활을 보장한다.
3. 우리는 유치원에서 일어난 안전사고나 위험 상황에 대해 가족에게 충분히 설명한다.
4. 우리는 가족에게 유치원을 개방하며 필요한 정보를 제공한다.
5. 우리는 유치원 운영에 관련된 중요한 의사결정 과정에 부모를 참여시킨다.
6. 우리는 가족에게 필요한 지역사회 자원에 대한 정보를 구축하고 이를 가족에게 적극 제공한다.

제3장 유치원 교사와 사회

핵심 개념: 사회에 대한 이해, 교원의 지위 향상, 유아교육 위상 강화, 교직 문화, 지역사회와의 협력

1. 우리는 사회의 흐름을 파악하고, 이를 교육에 반영하고자 노력한다.
2. 우리는 유아에 관련된 법률과 정책을 이해하고, 이를 개선하기 위한 활동에 적극 참여한다.
3. 우리는 교직 관련 단체와 전문가협회를 통해 교권 확립을 위한 활동에 참여한다.
4. 우리는 유치원 교육을 사회에 널리 알려 유아교육의 위상을 높인다.

5. 우리는 교직원 간의 상호 존중과 협력을 통해 건전한 교직 문화를 형성한다.
6. 우리는 유치원과 연계하여 지역사회의 생활과 문화 향상에 기여한다.

제4장 유치원 교사의 책무

핵심 개념: 직업의식과 긍지, 인성(열정 · 개방성 · 창의성 · 자율성), 교사로서의 품위, 연구와 자기계발

1. 우리는 교육전문가로서의 직업의식을 갖는다.
2. 우리는 건전한 국가관과 확고한 교육관을 가지고 교직에 종사한다.
3. 우리는 유아에게 최적의 교육을 제공하기 위해 열과 성을 다한다.
4. 우리는 건전한 언행과 생활 태도로 유아에게 모범이 되도록 한다.
5. 우리는 열린 사고와 개방적 태도를 가지고 전문성 향상에 매진한다.
6. 우리는 다양한 분야의 전문가와 교류하고 새로운 지식과 정책을 비판적으로 수용한다.

4) 어린이집 원장 및 보육교사 윤리강령

한국어린이집총연합회는 윤리적 문제에 대해 자정의 노력을 기울여야 한다는 보육인들의 자성에 따라 2010년 윤리강령제정위원회를 구성하여 어린이집 원장 및 보육교사의 행동기준인 윤리강령을 제정하였다. 윤리강령은 보육교사로 하여금 비판적으로 사고할 수 있도록 도와주고, 교사의 결정에 방향성을 제시해 주며, 올바른 판단을 내릴 수 있도록 이끌어주는 지침으로서의 역할을 한다. 보육인 윤리 선언과 어린이집 원장 및 보육교사 윤리강령을 제시하면 다음과 같다.

(1) 보육인 윤리선언문

보육인 윤리선언문

나는 영유아의 건강한 성정과 발달을 지원하는 보육교사(어린이집 원장)로서, 직무상의 윤리적 책임을 다하여 다음 사항들을 지킬 것을 다짐합니다.

- 나는 내가 영유아에게 지대한 영향을 미치는 존재임을 잊지 않으며, 항상 스스로의 말과 행동에 신중을 기한다.
- 나는 영유아의 인격과 권리를 존중하며, 어떠한 경우에도 영유아에게 해가 되는 일을 하지 않는다.
- 나는 동료를 존중하고 지지하며, 서로 협력하여 최상의 보육서비스를 제공하기 위해 노력한다.
- 나는 보육의 사회적 책임과 역할을 인식하고, 영유아의 권익과 복지를 위한 활동에 앞장선다.
- 나는 〈어린이집 원장 · 교사 윤리강령〉을 직무수행의 도덕적 규준으로 삼아 진심을 다하여 충실히 이행한다.

(2) 보육인 윤리강령

보육인 윤리강령

보육은 영유아를 건강하게 양육하고 안전하게 보호하며, 발달 특성에 적합한 교육을 제공하는 복지서비스이며, 보육인은 사랑과 존중과 전문지식을 바탕으로 영유아의 전인적 성장에 영향을 미치는 전문직업인이다. 그러므로 보육인은 윤리적 의식과 태도를 가지고 사회적 본분에 임해야 한다.
이에 어린이집 원장과 보육교사는 스스로 책무성을 발현하여 윤리강령을 제정함을 밝힌다. 본 강령을 직무수행의 규준으로 삼아 보육 현장에서 발생하는 윤리적 갈등을 해결하고 생존권, 보호권, 발달권, 참여권 등 영유아의 권리를 보장함으로써 직무상의 윤리적 책임을 다하여 전문직업인으로서의 위상을 공고히 하고자 한다.
더불어 영유아와 그 가정, 동료와 사회의 존엄성을 존중하는 보육의 실천으로 다각적인 신뢰를 구축하고, 영유아의 잠재력을 최대한 발현시킴으로써 영유아가 긍정적인 자아개념을 형성하고 유능한 사회인으로 성장할 수 있도록 도와 궁극적으로는 영유아와 그 가정, 동료와 사회의 통합적 · 이상적 복지 실현에 기여하고자 한다.

제1장 영유아에 대한 윤리

1. 영유아에게 고른 영양과 충분한 휴식을 제공하며, 몸과 마음이 건강한 사람으로 자라도록 돕는다.
2. 성별 · 지역 · 종교 · 인종 · 장애 등 어떤 이유에서도 영유아를 차별하지 않고, 공평한 기회를 제공한다.
3. 영유아는 다치기 쉬운 존재임을 인식하여 항상 안전하게 보호한다.
4. 영유아에 대한 정서적 · 언어적 · 신체적 학대를 행하지 않는다.
5. 어린이집 내외에서의 영유아 학대나 방임을 민감하게 관찰하며, 필요한 경우 관련 기관(아동보호전문기관 등)에 보고하고 조치를 취한다.
6. 영유아의 인격을 존중하고, 개인의 잠재력과 개성을 인정한다.
7. 개별적 상호작용 속에서 영유아의 요구를 수용하기 위해 노력한다.
8. 영유아의 사회 · 정서 · 인지 · 신체 발달을 통합적으로 지원하는 보육프로그램을 실시한다.
9. 특별한 도움을 필요로 하는 경우, 전문가와 협력하여 영유아의 입장에서 최선의 대안을 찾는다.
10. 보육 활동을 계획 · 실행 · 평가하는 모든 과정에 영유아의 입장에서 최선의 대안을 찾는다.
11. 영유아의 개인적 기록과 정보에 대해 비밀을 보장한다.

제2장 가정에 대한 윤리

1. 상호 신뢰를 바탕으로 영유아의 가정과 동반자적인 관계를 유지한다.
2. 각 가정의 양육 가치와 의사결정을 존중한다.
3. 경제적 수준, 가족 형태, 지역, 문화, 관습, 종교, 언어 등 어떤 것에 의해서도 영유아의 가정을 차별 대우하지 않는다.
4. 보육 활동 및 발달 상황에 관한 정보를 정확하게 제공하여 영유아에 대한 가정의 이해를 돕는다. 다문화, 심신장애 등으로 의사소통에 도움이 필요한 경우 문제를 해결할 최선의 방법을 도모한다.
5. 어린이집 운영 전반에 관한 정보를 공개하여 영유아 가정의 알 권리에 응한다.
6. 보육프로그램과 주요 의사결정에 영유아의 가정이 참여하도록 안내한다.
7. 필요한 사회적 지원, 전문서비스 등 관련 정보를 제공하여 영유아 가정의 복리 증진을 돕는다.
8. 영유아 가정의 사생활을 보호하고 익명성을 보장한다.

제3장 동료에 대한 윤리

【 어린이집 원장 】

1. 최선의 보육서비스 제공에 필요한 인적 · 물적 환경의 조성 및 유지를 위해 노력한다.
2. 보육교사를 신뢰하고 존중하며 전문성과 자율성을 인정한다.
3. 성별 · 학연 · 지연 · 인종 · 종교 등에 따라 보육교사를 차별하지 않는다.
4. 업무 관련 의사결정이 필요한 경우, 보육교사의 의견 개진기회를 보장한다.
5. 보육교사에게 지속적 재교육 등 전문적 역량 제고의 기회를 부여한다.
6. 보육교사에게 적정 수준의 보상(보험 · 급여 등)을 안정적으로 제공하며, 복지증진에 힘쓴다.
7. 보육교사 개인의 기록과 정보에 대한 비밀을 보장한다.
8. 영유아의 사회 · 정서 · 인지 · 신체 발달을 통합적으로 지원하는 보육프로그램을 실시한다.
9. 특별한 도움을 필요로 하는 경우, 전문가와 협력하여 영유아의 입장에서 최선의 대안을 찾는다.
10. 보육 활동을 계획, 실행, 평가하는 모든 과정에 영유아의 흥미와 의사를 반영한다.
11. 영유아의 개인적 기록과 정보에 대해 비밀을 보장한다.

【 보육교사 】

1. 존중과 신뢰를 바탕으로 협력하며, 서로의 전문성과 자율성을 인정한다.
2. 상호 간 역량 계발과 복지증진에 부합하는 근무 환경이 되도록 힘쓴다.
3. 원장 및 동료와 영유아보육에 대한 신념을 공유한다.
4. 보육교사로서의 전문성 함양을 위해 스스로 노력한다.
5. 시설 내에서 영유아 및 보육교사의 인권과 복지를 위협하는 비윤리적 사태가 발생한 경우, 법률 규정이나 윤리기준("한국보육시설연합회 윤리강령위원회" 참조)에 따라 조치를 취한다.

제4장 사회에 대한 윤리

1. 공보육에 대한 책임을 인식하고, 항상 질 좋은 보육서비스를 제공한다.
2. 영유아의 안전을 위협하는 환경이나 정책이 발견될 시, 관계기관과 협의하여 개선한다.
3. 공적 책임이 있는 어린이집으로서 재정의 투명성을 유지하고, 부정한 방법으로 사적인 이익을 취하지 않는다.
4. 영유아의 권익 보호를 위해 관련 정책 결정 및 법률 제정에 적극 참여하며, 사회적으로 이를 널리 알리는 데 앞장선다.
5. 지역사회 실정에 맞는 어린이집의 책임과 역할을 인지하고, 실천하고자 노력한다.

5) 미국유아교육협회의 영유아교사를 위한 윤리강령

미국에서는 영유아 교사와 종사자를 위한 최초의 윤리강령이 1976년 미네소타 미국유아교육협회(NAEYC: National Association for the Education of Young Children)에서 채택되었고, 그 후 워드(Ward, 1977)에 의해 제시된 바 있다. 1989년 NAEYC의 윤리강령이 처음 채택되었고, 1997년과 2005년 2차에 걸쳐 개정되었다. 2005년 개정된 윤리강령의 서문에서 NAEYC는 유아와 함께 일하는 사람들이 도덕적이고 윤리적인 유아와 함께 일하는 사람들이 도덕적이고 윤리적인 일상적 의사결정에 수시로 직면함을 인식하고 영유아의 보호와 교육에서 직면하는 중요한 윤리적 갈등 해결을 위한 책임 있는 행동 지침과 보편적 기준을 제시한다고 밝히고 있다. 또한, 윤리강령의 기본은 영유아 보호와 교육의 역사 속에 뿌리내려 있는 다음의 7가지 핵심 가치(core values)임을 전제하고 있다.

핵심가치

- 아동기를 인생의 독특하고 가치 있는 단계로 인정한다.
- 아동 발달과 학습에 관한 지식에 기초하여 직무를 수행한다.
- 아동과 가족 사이의 연대를 인정하고 지지한다.
- 아동은 가족 · 문화 · 지역공동체 및 사회의 맥락 속에서 최대한 이해되고 지원되어야 함을 인식한다.
- 개개인(아동, 가족 구성원, 동료)의 존엄성, 가치로움, 개성을 존중한다.
- 아동 · 가족 · 동료의 다양성을 존중한다.
- 신뢰와 존중에 기반한 관계 속에서 아동과 성인이 잠재력을 최대한 성취함을 인식한다.

2005년 4월에 개정된 영유아 교사 윤리강령은 영유아, 가족, 동료, 지역공동체와 사회 등 4가지 영역으로 나누어 제시되어 있다. 각 영역은 바람직한 전문적 실제를 최대한 반영한 이상(ideal)과 이상의 달성을 위한 요구, 금지 또는 허용되는 실제를 기술한 원칙(principle)들로 구성되어 있다.

(1) 영유아에 대한 윤리

영유아에 대한 교사의 윤리강령은 12개 항목의 이상과 11개 항목의 원칙으로 구성되어 있으며, 영유아의 권리 보호를 위해 가장 강조하고 있는 기본 원칙은 '유아에게 해를 끼치지 않도록 하는 것'이다.

제1장 영유아에 대한 윤리

〖영유아에 대한 이상〗

- 유아의 보호와 교육에 관한 지식을 갖추고 지속적 교육과 훈련을 통해 유지한다.
- 현행 유아교육 및 아동 발달 관련 학문 분야의 지식과 연구뿐 아니라 개별 유아에 대한 지식에 근거하여 프로그램을 실행한다.
- 개별 유아의 특성과 잠재력을 인식하고 존중한다.
- 유아의 취약성(vulnerability)과 성인에 대한 의존성을 인정한다.
- 유아의 사회 · 정서 · 인지 · 신체적 발달을 촉진시키고 유아의 존엄성과 기여를 존중하는 안전하고 건강한 환경을 구성하고 유지한다.
- 유아에게 유익할 만한 적절한 도구와 전략을 본래의 목적에 따라 사용하여 평가한다.
- 평가에 따른 정보는 유아의 발달과 학습을 이해 · 지원하고 교수를 지원하며 별도의 지원을 필요로 하는 유아를 알아내기 위해 사용한다.
- 장애 유아를 포함해서 모든 유아가 개별적 요구에 적절한 통합적 환경에서 놀이하고 학습할 권리를 지원한다.
- 장애 유아를 포함해서 모든 유아가 성공적 성취에 필요한 서비스를 받을 것을 옹호하고 보장한다.
- 개별 유아의 문화 · 언어 · 민족성 · 가족구조를 프로그램 내에서 인정하고 존중한다.
- 아는 언어에 의한 경험을 제공하고 모국어의 지속적 사용과 영어의 학습을 함께 지원한다.
- 기관을 옮기는 유아와 가족이 새로운 환경에 안전하고 원만하게 잘 적응하도록 돕는다.

〖영유아에 대한 원칙〗

- 무엇보다 유아에게 해를 끼치지 않아야 한다. 정서적 손상을 주거나 신체적 해를 끼치거나 무시 · 비하하거나 착취 또는 위협하지 않는다. 이것이 윤리강령의 가장 중요한 원칙이다.

- 각 유아의 문화 · 언어 · 민족성 · 가족구조를 지원하며 인지적으로 자극적이면서 사회적 · 정서적으로 긍정적인 환경 안에서 보호하고 교육해야 한다.
- 성, 인종, 종교적 신념, 의학적 조건, 장애, 부모의 결혼 상태나 가족구조, 성적 취향 등 어떤 이유에서든 유아를 차별하는 실제에 참여하지 않아야 한다. 이 원칙은 법적으로 특수한 유아를 대상으로 서비스를 제공하도록 위임받은 프로그램의 경우 적용되지 않는다.
- 유아에 대한 결정에 있어 민감한 정보에 대한 기밀을 유지하면서 모든 관련 지식(가족과 교사진 포함)을 활용해야 한다.
- 다면적 자료에 의한 적절한 평가체계를 마련하여 유아의 학습과 발달에 대한 정보를 제공한다.
- 유아의 입학, 유급, 특수교육 서비스 배치 등과 같은 결정 시에는 결코 단일한 검사점수나 일회성 관찰과 같은 단일평가에 근거해서는 안 되며, 다면적 정보에 근거해야 한다.
- 개별 유아의 특성에 맞는 개별화된 교수전략, 학습환경 및 교육과정을 제공하고 필요한 경우 가족과 상담 · 협력해야 한다. 그것이 불가능하거나 현재 유아의 요구에 부합되지 못하거나 다른 유아에게 심각한 피해를 줄 때는 특수교육적 서비스를 제공받도록 협력해야 한다.
- 유아에 대한 신체적 · 성적 · 언어적 · 정서적 학대나 신체적 · 정서적 · 교육적 · 의료적 방임을 포함하는 학대와 방임의 징후와 위험 요인을 숙지하고 있어야 한다. 학대와 방임으로부터 유아를 보호하는 관련 법규와 절차를 알고 따라야 한다.
- 유아 학대나 방임을 의심할 만한 이유를 발견하면 해당 기관에 보고하고 적절한 조치가 취해졌는지 확인해야 한다. 조치가 적절하다면 부모나 법정대리인에게 전문적 도움을 받을 곳을 소개했음을 알린다.
- 다른 사람이 유아 학대나 방임에 대해 알려주면, 그 사람을 도와 적절히 조치하도록 한다.
- 유아 건강과 안전, 안녕을 위협하는 상황을 인식할 때는 유아를 보호하거나 부모 또는 다른 보호자에게 알릴 윤리적 책임을 진다.

(2) 가족에 대한 윤리

영유아의 가족을 지원하기 위해 교사가 지켜야 할 윤리강령은 9개 항목의 이상과 15개 항목의 원칙으로 구성되어 있다. 가족에 대한 윤리는 영유아 교사의 업무를 과중하게 하거나 방해하는 상황에 의한 갈등과 구체적인 방향이 모호하여 생기는 갈등을 주로 다루고 있다. 이를 해결하기 위해 윤리강령에서는 가족과 함께 상호작용할 때 지켜야 할 원칙들을 비교적 상세하게 제시하고 있다.

제2장 가족에 대한 윤리

[가족에 대한 이상]

- 유아의 가족과 효율적으로 협력하기 위한 지식을 갖추고 지속적 교육과 훈련을 통해 정보를 얻는다.
- 유아의 가족과 상호 신뢰의 관계를 형성하고 동반자 관계를 수립한다.
- 유아의 가족 구성원을 환영하고 프로그램에 함께 참여하도록 격려한다.
- 가족의 의견을 경청하고, 가족의 강점과 역량을 키워주며 유아의 양육을 지원하면서 가족에게 배우기도 한다.
- 유아가 속한 각 가족의 존엄성과 선호도를 존중하고 가족의 구조에 대해 배우려고 노력한다.
- 가족이 자녀를 양육하는 것의 가치를 인정하고 유아에 대해 경청할 권리를 존중한다.
- 개별 유아의 발달과 교육에 관한 정보를 가족과 공유하고 유아교육에 관련된 최신의 전문지식을 이해하고 인정하도록 지원한다.
- 가족 구성원이 유아에 대한 이해를 강화하도록 지원하고 부모로서의 양육 기술을 지속적으로 발달시키도록 돕는다.
- 가족이 교사진, 다른 가족, 지역사회, 기관과 전문직 서비스와 상호작용할 기회를 제공함으로써 기록을 위한 지원 네트워크 구성에 참여한다.

[가족에 대한 원칙]

- 법정의 명령이나 법적인 규정에 의한 경우가 아니고는 가족들에게 교실이나 프로그램 환경을 개방해야 한다.
- 우리는 가족에게 프로그램의 철학 · 정책 · 교육과정 · 평가체제 그리고 교사진의 자격에 대한 정보를 제공하고 왜 그렇게 가르쳐야 하는지를, 즉 유아에 대한 윤리적 책임에 의거하여 가르치는 것임을 설명해야 한다.
- 가족에게 유아를 위한 정책 결정에 참여해야 하며 언제가 적절한 때인지에 대해 정보를 제공해야 한다.
- 가족을 유아에게 영향을 미치는 중요한 의사결정에 참여시켜야 한다.
- 기족이 그들이 이해하는 언어를 사용하여 효율적으로 의사소통하기 위해 모든 노력을 해야 한다. 만약 자체적으로 어렵다면 해석과 통역을 위한 지역사회 내 자원을 이용해야 한다.
- 가족이 가족에 대한 정보를 우리와 공유하는 것처럼 우리는 프로그램의 계획과 실행에 대한 정보를 가족과 공유해야 한다.
- 가족에게 프로그램에서의 유아 평가의 목적과 성격에 대해 그리고 유아에 대한 자료가 어떻게 사용될지에 대한 정보를 제공해야 한다.
- 유아의 평가 정보를 신중하게 다루어야 하며 오로지 법적으로 타당한 요구 시에만 정보를 공유해야 한다.
- 우리는 유아의 상해와 사고 또는 전염병 감염 가능성에 대한 노출과 같은 위험 그리고 심

리적 스트레스를 가져올 수 있는 경우에 대한 정보를 가족에게 제공해야 한다.
- 가정은 그들의 유아가 포함되는 어떠한 연구 프로젝트에 대해서도 완전하게 정보를 제공받아야 하며 유아의 참여 여부를 결정할 기회를 제공해야 한다. 우리는 유아의 교육 발달 또는 안녕에 지장을 주는 어떠한 연구도 허락하거나 참여해서는 안 된다.
- 가족을 착취하거나 이를 지원하지 않아야 한다. 가족의 관계를 이용해 사적인 혜택이나 이득을 취하지 않으며 유아를 위한 직무의 효율성에 손상을 줄 수 있는 관계를 맺지 않는다.
- 우리는 유아의 기록에 대한 비밀 유지와 노출에 대한 정책을 문서화해야 한다. 이 문서는 프로그램의 모든 교사진과 가족이 접근 가능해야 한다. 비밀 보호의 의무를 가진 가족의 구성원, 프로그램의 참여자나 상담자 이외의 사람에게 유아의 기록을 개방할 경우, 가족의 동의를 얻어야 한다(아동이 학대나 방임 당하는 경우는 예외이다.).
- 비밀 유지를 보장하고 가족의 프라이버시에 대한 권리를 존중하며 비밀 정보를 누출하거나 가족생활을 침해하지 않아야 한다. 다만, 유아의 안녕이 위협받는다고 믿을 만한 이유가 있을 때는 개입의 법적 책임을 가진 사람이나 해당 기관과는 이러한 사적인 정보의 공유가 허용된다.
- 가족 구성원 간의 갈등이 있을 경우, 개방적으로 유아에 대한 관찰 결과를 공유하면서 결정할 수 있도록 도와야 한다. 이때 우리는 어느 한쪽만을 두둔하는 일은 피해야 한다.
- 가족을 위한 지역사회 자원이나 전문적 지원서비스를 잘 알고 소개해 줄 수 있어야 한다. 다른 기관을 소개한 후에는 서비스가 적절히 제공되는지 지속적으로 확인해야 한다.

(3) 동료에 대한 윤리

동료에 대한 윤리강령은 10개 항목의 이상과 18개 항목의 원칙으로 구성되어 있다. 동료에 대한 윤리는 동료 간에, 교사진으로서 기관장에 대해, 기관장으로서 교사진에 대해 지켜야 할 내용으로 구분되어 있다. 동료에 대한 윤리강령에서는 핵심 가치에 기초하여 생산적인 일을 지원하고 전문적 요구에 적절한 관계와 환경을 구성 · 유지하는 책임을 중시하고 있다.

제3장 동료에 대한 윤리

[동료에 대한 이상: 동료 교사에 대한 책임]

- 동료 교사에 대해 상호 존중과 신뢰, 비밀 보장과 협동, 협력의 관계를 수립 · 유지한다.
- 지원을 공유하며 최상의 유아 보호와 교육프로그램을 제공하기 위해 협동한다.
- 동료 교사가 전문적 요구에 맞추어 전문성을 발달시키도록 지원한다.
- 동료 교사의 전문적 성취에 대해 인정해 준다.

[동료에 대한 원칙: 교사에 대한 책임]

- 프로그램에 대한 동료 교사의 기여를 인식하고 유아와 가족과의 업무에서 그들의 효율성을 감소시키거나 명성을 손상시키지 않아야 한다.
- 동료 교사의 전문적 행동에 대하여 걱정될 때, 먼저 개인적 존엄함과 다양성에 대해 존중하는 방식으로 걱정을 알리고 신뢰로운 방식으로 합의하에 문제를 해결하도록 노력해야 한다.
- 동료 교사의 개인적 자질이나 전문적 업무수행에 대한 견해 표현에 있어 주의를 기울여야 한다. 전해들은 바가 아니라 직접적인 지식에 근거해서 유아와 프로그램의 향상과 관련지어 언급해야 한다.
- 성, 인종, 국적, 종교적 신념이나 여타의 소속, 연령, 혼인 상태, 가족구조, 장애 또는 성적 취향으로 인하여 동료 교사를 차별 대우하지 않아야 한다.

[동료에 대한 이상: 기관장에 대한 책임]

- 질 높은 서비스를 제공하기 위하여 프로그램을 지원한다.
- 기관이 아동을 보호하도록 설정된 법이나 규정 또는 윤리규정을 어기지 않는 한 기관의 평판을 손상할 어떤 일도 행하지 않아야 한다.

[동료에 대한 원칙: 기관장에 대한 책임]

- 기관의 모든 규정을 따라야 한다. 프로그램의 규정에 동의하지 않을 때에는 조직 안에서의 공식적인 방법을 통해 가져오도록 시도해야 한다.
- 권한을 인정받았을 때만 조직을 대표하여 행동하고 말해야 한다. 조직에 대해 이야기하거나 개인적 판단을 표현할 때 신중해야 한다.
- 아동을 보호하기 위해 고안된 법이나 규정을 어기지 않으며 위반 시에는 이 윤리강령에 따라 적절한 행동을 취해야 한다.
- 동료 교사의 행동에 문제가 있다고 느낄 때, 유아의 안녕이 위험에 처하지 않았을 때에는 문제에 대해 동료에게 언급할 수 있다. 만약에 유아가 위험에 처하거나 동료 교사에게 문제점을 지적한 후에도 상황이 개선되지 않는다면 동료의 비윤리적이거나 무능력한 행동을 주임 교사나 기관장 등을 적절한 상사에게 보고해야 한다.
- 프로그램의 보호와 교육의 질에 영향을 주는 환경이나 조건에 대하여 문제가 있다고 느낄 때는 주임교사나 기관장 등 적절한 상사에게 알려야 한다.

【 **동료에 대한 이상: 교직원의 책임** 】

- 교직원 사이에 상호 존중, 협력, 협동, 효능감, 안녕, 비밀 유지 그리고 자아존중감을 증진하는 건강하고 안전한 근무조건과 규정을 제공한다.
- 교사들이 유아와 가족 그리고 유아 보호와 교육 분야의 이익을 위해 말하고 행동할 수 있는 신뢰롭고 솔직한 분위기를 만들고 유지한다.
- 유아를 대변하거나 함께 일하는 사람에게 적합하고 공평한 보상(급여와 처우)을 보장하도록 노력한다.
- 숙련되고 지식이 풍부한 교사가 될 수 있도록 교사진의 지속적인 발달을 격려하고 지원한다.

【 **동료에 대한 원칙: 교직원의 책임** 】

- 유아와 프로그램에 관련된 결정에 있어 교직원의 교육 · 훈련 · 경험 그리고 전문지식을 이용해야 한다.
- 교직원에게 안전하고 지원적인 근무조건을 제공해야 한다. 즉, 신뢰를 존중하며 공정한 수행평가, 문서화된 소청 과정, 건설적인 피드백 그리고 지속적인 전문성 발달과 진보를 위한 기회 등을 통해 교사진이 책임을 수행하도록 허용하는 조건을 제공해야 한다.
- 프로그램의 표준을 규정한 포괄적인 문서화된 인사관리 기준을 개발해야 한다. 이러한 기준을 새로운 교직원에게 제공하고, 모든 교직원에게도 공지하여 쉽게 살펴볼 수 있게 해야 한다.
- 직무수행이 프로그램의 기준에 미치지 못하는 교사진에게는 문제점을 알려주고 가능하면 수행 능력이 향상될 수 있도록 지원해야 한다.
- 교사진의 해고는 모든 적용 가능한 법과 규정에 따라서만 이루어져야 한다. 우리는 해고당하는 교사에게 면직 이유에 대한 정보를 제공하고 해고의 이유를 피고용인에게 알려주기에 적합하도록 정확하게 문서화해야 한다. 즉, 해고의 결정 원인인 피고용자의 부적절한 부적응의 행동에 대한 기록이 있어야 한다.
- 교사진에 대한 평가와 권고를 할 시에는 유아와 프로그램의 이해에 관련하여 사실에 기초하여 판정해야 한다.
- 교직원의 채용, 근속, 해고 그리고 승진의 결정은 오직 교사 개인의 능력, 성과기록, 직무수행능력과 유아의 발달 수준에 적합한 특별한 전문적 준비 등에 의해서만 판단한다.
- 교직원의 채용, 근속, 해고 그리고 승진의 결정은 교사의 성, 인종, 국가, 종교적 신념 또는 여타의 소속, 연령, 혼인 상태, 가족구조, 장애 또는 성적 취향 등에 기초하지 않아야 한다. 고용 차별과 관련된 법과 규정을 숙지해야 한다. (이 원리는 위에서 제시된 하나 또는 그 이상의 항목에 기초하여 적절성을 결정하는 법적 권한을 가진 프로그램에는 적용되지 않는다.)
- 피고용인인 교사진의 직무수행과 관련된 이슈를 다룸에 있어서 비밀을 유지하고, 사적인 문제와 사생활에 대한 권리를 존중하여야 한다.

(4) 지역공동체와 사회에 대한 윤리

지역공동체와 사회에 대한 윤리 책임은 가족의 다양한 요구에 적합한 프로그램을 제공하고 유아를 위한 책임을 공유할 전문가 및 기관과 협력하고, 이러한 기관을 활용하도록 가족을 지원하는 것이다. 또한, 전문가들과 연합하여 현재는 없지만 필요한 지역사회 프로그램의 발달을 지원하는 것이다.

여기에서는 유아교사 개인으로서의 이상과 원칙, 유아의 이익을 대변하는 집합적 목소리를 내는 공동체로서의 이상과 원칙으로 구분하여 8개 항목의 이상과 13개 항목의 원칙을 제시하고 있다.

제4장 지역공동체와 사회에 대한 윤리

[지역공동체와 사회에 대한 이상: 개인적 측면]
- 지역사회에 질 높은 유아 보호나 교육프로그램과 서비스를 제공한다.

[지역공동체와 사회에 대한 원칙: 개인적 측면]
- 제공하는 서비스의 성격과 범위에 대하여 개방적으로 진실하게 의사소통해야 한다.
- 개인적으로 적합하고 전문적 자격을 갖춘 직위에서 적응하고 수용하고 일해야 한다. 능력이나 자격이 되지 않거나 지원이 없는 서비스는 제공하지 않아야 한다.
- 신중하게 자료를 체크하여 그의 능력 · 자격 또는 인성이 그 직위에 부적절한 어떤 사람도 채용하지 않아야 하며 채용을 권하지도 않아야 한다.
- 프로그램 실제의 기반이 된 지식을 객관적이고 정확하게 기술해야 한다.
- 평가전략 및 도구의 적절한 사용에 대한 지식을 갖추고 가족에게 그 결과에 대해 해석을 제공해야 한다.
- 프로그램 내에서 아동을 보호하는 법과 규정을 숙지하고 이러한 법과 규정을 철저히 지키도록 해야 한다.
- 아동의 건강 · 안전 그리고 안녕을 위협하는 실제나 상황을 인식하게 된 때는 아동을 보호하거나 보호할 수 있는 부모나 사람에게 알려야 하는 윤리적 책임을 갖는다.
- 프로그램 내에서 아동을 보호하는 법과 규정을 위반하는 실제에 참여해서는 안 된다.
- 유아교육 프로그램이 아동을 보호할 법과 규정을 위반하는 증거가 있을 때는 그 상황의 교정을 기대할 수 있는 적합한 상사에게 그 위반 사실을 보고해야 한다.
- 어떤 프로그램이 이 윤리를 직접 위반하거나 담당 교사에게 위반을 요구할 때는 그에 관한 증거를 공정하게 평가한 후 관계기관에 알린다.

[지역공동체와 사회에 대한 이상: 공동체 측면]

- 유아, 그들의 가족 그리고 유아 교육자의 건강 · 교육 그리고 안녕에 있어서 논의되는 이슈와 관련된 전문가와 기관 간의 협력과 다학문적 협력을 증진시킨다.
- 교육과 연구 그리고 직장을 통해 모든 아동이 건강관리, 음식, 쉴 곳을 제공받을 수 있는 환경적으로 안전한 세상에서 양육되고, 가정과 지역사회에서 폭력으로부터 자유롭게 살 수 있도록 노력한다.
- 교육, 연구 그리고 주장을 통해 모든 영유아가 질 높은 보호와 교육프로그램에 접근할 수 있는 사회를 지향한다.
- 다면적 정보를 포함하는 적절한 평가체계가 유아에게 유익한 목적으로 사용되도록 한다.
- 유아와 그들의 요구에 대한 지식과 이해를 촉진한다. 아동 권리에 대한 더 큰 사회적 인정과 모든 아동의 안녕을 위한 책임에 대한 더 큰 사회적 수용을 위해 노력한다.
- 아동과 가정의 안녕을 촉진하는 정책과 법을 지지하고 안녕을 손상시키는 정책과 법의 변화를 위해 노력한다. 필요한 법과 정책의 개발에 참여하고 이러한 노력에 있어 다른 개인 및 집단과 협력한다.
- 영유아의 보호와 교육영역에서 전문적으로 성장해 나가고 윤리강령에 반영된 핵심 가치를 현실화하기 위한 의무를 강화한다.

[지역공동체와 사회에 대한 원칙: 공동체 측면]

- 정책이 아동을 이롭지 못한 목적을 위해 실행될 때는 이러한 실제를 바꾸기 위한 노력에 공동체의 책임을 져야 한다.
- 아동의 안녕을 보장하기 위해 서비스를 제공하는 기관이 그 의무 수행에 실패하고 있다는 증거가 있을 때에는 적절한 상급 기관 또는 대중에게 그 문제를 알릴 공동의 윤리적 책임을 인정해야 한다. 또한, 그 문제가 해결될 때까지 지속적으로 철저히 주시해야 한다.
- 아동보호기관이 학대나 방임당한 아동에게 적절한 보호를 제공하는 데 실패할 때에는 이러한 서비스 개선을 위해 노력할 공동의 윤리적 책임을 인정해야 한다.

위의 4가지 관점의 NAEYC 윤리강령의 실현을 위해 다음과 같이 〈선서문〉을 제공하고 있다.

선서문

영유아 교사로서 나는 NAEYC 윤리강령의 이상과 원칙에 반영되어 있는 유아교육의 가치를 실현시키는 데 전념하겠습니다. 나는 최선을 다해 마음을 지키겠습니다.

- 결코 아동에게 해를 끼치지 않는다.
- 영유아를 위한 프로그램이 아동 발달과 유아교육에 대한 최신의 지식과 연구에 근거하도록 한다.
- 가족의 영유아 양육과업을 존중하고 지원한다.
- 동료들을 존중하며 그들이 NAEYC 윤리강령을 준수하도록 지원한다.
- 지역공동체와 사회에서 아동과 가족 그리고 교사를 옹호하는 역할을 수행한다.
- 전문적 행위의 높은 기준을 숙지하고 유지한다.
- 개인적 성격과 편견, 신념이 아동과 가족에게 영향을 미침을 인식하면서 지속적으로 자기반성의 과정을 갖는다.
- 새로운 아이디어에 개방적이며 타인의 제언으로부터 기꺼이 배운다.
- 전문가로서 지속적으로 학습하고 성장하며 기여한다.
- NAEYC 윤리강령의 이상과 원칙을 존중한다.

3. 교직윤리의 중요성

교원은 전문직으로서 한 개인의 일생에 막대한 영향을 미치며, 국가 · 사회의 미래에 지대한 영향을 주는 것은 물론, 시민의 도덕적 성품과 자질 형성에 중요한 역할을 담당한다. 이 같은 역할로 교원은 다른 직종의 사람들보다도 높은 도덕관과 표준적 윤리관을 필요로 한다. 교원의 행동에 대하여 윤리성이 강조되는 이유는 다음과 같다(한국교원단체총연합회, 1997).

- **교직이 한 인간의 인간 형성을 돕는 직종이며, 국가 사회의 장래를 좌우하는 국민의 질을 결정하기 때문이다.** 한 개인의 건전한 성장과 바람직한 발달을 돕기 위해 교원 윤리가 뒷받침되어야 한다. 한 개인의 윤리적 품격은 교원의 질에 달려 있다고 해도 지나치지 않을 것이다.
- **교직이 전문직이기 때문에 교원의 실천 또는 행동규범으로서의 윤리규정을 필요로 하기 때문이다.** 전문직을 구성하는 요건 중의 하나는 그 직능을 수행하는 데 필수적으로 갖추어야 할 직업윤리규정이 있다. 의사나 법조인 등과 같은 전문직에 종사하는 직업군은 그것이 전문직이기 때문에 법규의 규정 외에도 직무수행에 관한 윤리강령을 제정하여 그 직에 속하는 모든 구성원들에게 그것을 준수하도록 요구하고 있다. 교직도 전문직이므로 교원의 실천도덕 또는 행동규범으로서 윤리규정을 필요로 한다.
- **교원이 강력한 교육력을 갖기 위해서는 교직 윤리가 필요하기 때문이다.** 교육의 성과가 교육력에 의하여 좌우되고 교육력은 교권의 수준과 깊은 관계가 있으므로, 교권이 확립되지 못할 때는 교육력이 약화되어 높은

수준의 교육성과를 기대할 수 없다. 교권의 확립은 교직 윤리가 확립되어야만 가능하다.

- 생활지도의 효과를 높이기 위하여 교직윤리가 강조되기 때문이다. 교사의 윤리 · 도덕성은 한 개인의 도덕적, 그리고 윤리적인 성장과 발달에 중요한 영향을 미친다. 프로이트(Freud) 등 여러 심리학자들은 주요 인간적 환경인 부모와 교사의 인간성이 아동의 인격 형성에 중대한 영향을 준다고 강조한다.
- 산업화 혹은 탈산업화 사회의 도덕과 윤리 재건을 위해 윤리가 강조된다. 오늘날의 사회는 물질 지향적인 사회이므로 윤리 · 도덕적으로 타락하였다. 그러므로 인간으로서의 삶의 정신, 사람으로서의 도리를 찾는 교육이 시급하다. 이를 위해서는 교원들이 확고한 윤리관을 확립해야 한다.

학습정리

1. 교직은 정신적 노동으로 고도의 창의력과 고등정신 기능을 요구하는 직업에 해당하며, 어느 직업보다 긴 준비 기간을 요구받는다.

2. 교직관은 4가지 개념인 성직관, 노동직관, 전문직관, 생명인관으로 구분한다. 특히, 노동직관은 노동3권인 단체행동권, 단체교섭권, 단체결성권이 있다.

3. 교직윤리에는 사도헌장과 사도강령, 교직윤리헌장이 있다. 사도강령 전문에는 제1장 스승과 제자, 제2장 스승과 자질, 제3장 스승과 책임, 제4장 교육자와 단체, 제5장 스승과 사회로 구성되어 있다.

4. 유치원 교사에게 요구되는 교직윤리로 유치원 교사헌장과 유치원 교사강령이 있다. 특히, 유치원 교사 강령에는 유치원 교사와 유아, 유치원 교사와 가정, 유치원 교사와 사회, 유치원 교사와 책무가 있다.

5. 영유아 교사를 위한 윤리강령은 영유아, 가족, 동료, 지역공동체 4가지 영역으로 구성되어 있다.

생각의 나무

1. 유아 교직의 개념과 특성을 설명해 봅시다.
2. 교직관의 4가지 개념을 정의하고 설명해 봅시다.
3. 유아교사로서의 유치원 교사 헌장 및 강령, 어린이집 윤리강령이 주는 시사점과 교직의 중요성을 설명해 봅시다.

Chapter 03

유아교사의 권리와 의무

학습개요

흔히 교사는 약자의 입장에 있다고 말한다. 그것은 교사의 권리와 의무가 제대로 지켜지지 않는 원인으로도 설명할 수 있다. 교사의 가장 중요한 권리 중의 하나가 자율적인 교수권이다. 자율성을 갖고 유아들을 가르치며 교육할 권리이다. 이는 권리임과 동시에 적극적인 의미이기도 하다. 그 어떤 권리와 법적 보장도 교사의 권위와 자율성을 대신할 수는 없다. 이는 교사의 존재적 가치를 결정하는 것이다. 권리와 의무를 다하는 교사는 자율권을 갖게 되고 강자의 위치에 설 수 있다. 그 이유는 교사의 권리와 의무는 교사 자신을 지켜주는 생명줄이나 다름없기 때문이다. 교실을 활기찬 배움의 장으로 만들며 스스로 교사의 권위와 자율성을 지키려고 할 때 교사의 법적 권리와 의무는 황금빛 보증서가 될 것이다. 이 장에서는 유아교사의 권리와 의무, 복무와 처우에 대하여 살펴보고자 한다.

학습목표

1. 유아교사의 적극적 권리와 소극적 권리를 비교 · 설명할 수 있다.
2. 유아교사의 소극적 의무와 적극적 의무를 비교 · 설명할 수 있다.
3. 유아교사의 복무와 처우의 관련 개념을 파악할 수 있다.

1. 유아교사의 권리

유아교사는 기본적으로 자율성을 가지고 교육할 권리를 가진다. 이를 일반적으로 교권이라고도 말한다. 교권이란 교사가 갖는 교사로서의 권리나 권위이다. 교권은 교사들이 자신에게 주어진 국가적 기능을 수행하는 데 있어서 일정 기간의 훈련을 통해 획득한 지식 · 능력 · 기술의 소유자로서 권위를 인정받고, 부여된 사회적 책임과 임무를 이행하는 데 있어서 부당한 간섭이나 침해로부터 자신을 보호받는다. 나아가 그 전문직에서의 안정된 생활을 할 수 있도록 하게 하며, 교사로서 최대한의 능률을 발휘하게끔 신분을 보장받는 권리이다. 이를테면, 교권이란 교사가 교육을 잘 수행할 수 있게끔 기본적으로 보호받고 존중받아야 할 직업적 권위와 권리로, 유아교사의 권리는 교원이 전문직으로 직무를 원만히 수행할 수 있도록 '법이 인정하는 힘'을 의미한다(권건일, 신재흡, 2006).

교사의 권리는 크게 2가지로 구분된다. 하나는 적극적 권리이다. 적극적 권리는 전문직으로서 교사가 교육활동에 전념할 수 있도록 교육 여건 조성 측면의 권리를 말하며, 다른 하나는 소극적 권리이다. 소극적 권리는 교사의 신분보장, 교권 침해 방지 등과 관련한 법적 · 제도적 측면의 권리를 말한다.

- 권리
  - 적극적 권리 …… 자율권, 사회 · 경제적 보장권, 근로권
  - 소극적 권리 …… 신분보장권, 쟁송 제기권, 불체포특권, 교원단체활동권

1) 적극적 권리

(1) 자율권

모든 전문직은 전문성과 관련된 활동에서 자율성과 권위를 가진다. 유아교사 또한 법령이 정하는 바에 따라 유아를 자율적으로 교육할 권리를 갖는다. 유아교사의 자율권은 유아의 학습권을 보장하기 위한 직무상의 가장 기본적이고 본질적인 권리이다. 사회는 유아교사가 전문성을 자율적으로 발휘할 수 있도록 제반 여건을 조성해 주고 그에 따르는 사회적 책임을 질 수 있도록 하고 있다.

교원의 지위 향상 및 교육활동 보호를 위한 특별법 제12조(교섭·협의사항)에 의하면, '교섭 · 협의는 교원의 처우개선, 근무조건 및 복지후생과 전문성 신장에 관한 사항을 그 대상으로 한다. 다만, 교육과정과 교육기관 및 교육행정기관의 관리 · 운영에 관한 사항은 교섭 · 협의 대상이 될 수 없다.'라고 명시하여 교사의 자율권을 법으로 보장하고 있다.

그러므로 유아교사는 교육의 전문가로서 그 직무를 수행하는 데 따르는 권위와 자율성이 보장될 수 있는 여건이 조성되어야 하고, 이 여건의 대부분은 교수 및 연구 활동의 자유와 관련된 것으로, 기관에서도 자율성 보장 및 전문적 발달 지원을 위한 노력이 이루어져야 한다.

(2) 사회적 지위와 경제적 생활보장권

유아교사는 안정된 경제적 기반 위에서 가르치는 일에 몰두할 수 있도록 사회적 지위와 경제적 여건을 제공받아야 한다. 이는 안정적인 교육의 수행을 위해, 그리고 우수한 유아교사를 유인하기 위해 사회적으로 보장되어야 할 기본적인 권리다. 교육기본법 제14조 제1항에 '교원의 경제적 · 사회적 지위는 우대되고 그 신분은 보장되어야 한다.'는 규정과 교육공무원법 제34조 제1항(보수 결정의 원칙)에 '교육공무원의 보수는 우대되어야 한다.'는 규정은 자위권에 약한 교원에 대해서 타 직종보다 우대를 받도록 국가 · 사회가 특별하게 배려한 것이라고 할 수 있다. 그러므로 유아교사는 공무원 보수 규정과 수당 규정에 준해서 월급과 그 외의 특별수당, 연금 수당, 교직 수당 등을 지급받을 권리가 있다.

(3) 근로권

근로권은 근무조건의 개선, 복지후생제도의 확충 등을 통해 유아교사가 교육활동과 보육활동에 전념할 수 있도록 보장하는 권리이다. 이를테면, 교육활동을 효율적으로 수행할 수 있도록 근무조건을 개선하는 것은 교원의 교육적 권리인 것이다. 헌법 제33조 제1항에서는 '근로자는 근로조건의 향상을 위하여 자주적인 단결권 · 단체교섭권 · 단체행동권을 가진다.'라고 명시하고 있다. 교사가 교육활동에 전념할 수 있도록 보장받아야 할 권리 중의 하나가 근무조건의 개선인 것이다. 전문직인 교직의 경우 교육의 효과와 능률을 높이기 위해서는 적정량의 근무조건과 쾌적한 근무 환경, 적절한 수업 활동 등이 주어져야 한다. OECD 회원국임에도 아직 유아교사들이 담당하는 평균 이상의 과중한 원아 수 관리 부담과 수업 부담, 잡무 과다 등은 개선되어야 할 시급한 근무 여건이다.

또 유아교사들의 근무 의욕을 높이고 사기를 높이는 중요한 요인 중의 다른 하나는 교사의 복지 · 후생제도이다. 복지 · 후생제도의 확충은 교사들의 생활을 안정시키고 가족부양에 대한 책임을 덜어 줌으로써 유아교사들이 교육활동에 전념할 수 있도록 할 수 있다. 그러므로 유아교사들의 근무조건의 개선 및 복지후생제도의 확충 등을 위해 국가, 사회 및 기관에서는 심혈을 기울일 필요가 있을 것이다.

2) 소극적 권리

(1) 신분보장권

모든 교원은 국가공무원법(제68~74조)에서와 같이 신분보장은 물론이고 교육공무원법에 따라서 더 강력한 신분보장의 권리를 인정받고 있다. 교육기본법 제14조(교원)에서는 '교원의 경제적 · 사회적 지위는 우대되고 그 신분은 보장된다.'고 밝히고 있고, 교육공무원법 제7장에서도 교육공무원의 의사에 반한 신분 조치를 금지하고 직권휴직, 정년퇴직 등 신분 조치의 법적인 한계와 처분사유 설명서의 교부 및 절차를 명시하고 있다. 또한 권고사직 금지, 불체포특권 등의 규정에서처럼 일반 공무원보다 더 강력한 신분보장을 규정하고 있는데, 이것은 교직의 전문성과 특수성을 인정하는 법 제도 중의 하나라고 설명할 수 있다. 그러므로 부당한 해고로부터 유아교사를 보호함으로써 사회적 신분의 불안정으로 인해 발생할 수 있는 사회적 손실을 예방하고 안정된 직무수행을 위해 필요한 권리가 지켜져야 한다.

(2) 쟁송제기권

교육공무원은 법에 맞지 않는 부당한 처분을 받을 시에 소청이나 행정상 쟁송제기권을 가질 수 있다. 교원소청은 징계처분에 대하여 재심을 청구할 수 있는 제도이다. 예컨대, 징계처분권자가 징계위원회의 의결이 가볍다고 볼 때 재심을 청구하는 경우와, 징계처분 대상자가 징계위원회의 의결이 너무 과중하다고 받아들일 때 이에 불복하고 재심을 청구한다.

(3) 불체포특권

교육공무원법 제48조와 사립학교법 제60조에서 '교원은 현행범인 경우를 제외하고는 소속 학교장의 동의 없이 학원 안에서 체포되지 아니한다.'라고 명시되어 있다. 이러한 교원의 불체포특권은 국회의원과 선거관리위원회의 위원 외의 여타 공무원에게는 인정되지 않는 권리다. 교원에게 이러한 특권을 인정하는 것은 학원의 자유를 보장하고 교원으로 하여금 교육 및 연구 활동을 수행할 때 권력기관의 부당한 압력을 배제하려는 데 그 목적이 있다.

(4) 교원단체활동권

교원은 교원의 권리를 확보하고 교원으로서의 직업을 효과적으로 수행하기 위한 단체 활동의 권리를 교육기본법 제15조(교원단체)에서 규정하고 있다. 이를테면, 교원들은 지방자치단체 및 중앙에 교원단체를 조직하고 적극적 운영을 통하여 교원 간에 상호 협력하고 교육의 진흥과 문화의 창건에 진력하며 경제적 · 사회적 지위를 향상시키기 위한 지속적 활동을 할 수 있는 것이다. 또한 교원은 교원의 노동조합 설립 및 운영 등에 관한 법률에 의해 노동조합을 설립할 수 있으며, 동법 제4조의 노동조합을 통해 교섭 및 체결권을 가질 수 있다. 다만, 동법 제6조에 의한 극단적인 파업과 쟁의 활동은 금지되고 있으며, 동법 제8조에 의거 정치활동을 목적으로 하는 정치단체나 정당 가입은 금지하고 있다.

2. 유아교사의 의무

교원은 직무를 성실하게 수행해야 할 적극적 의무와 교원으로서 하지 말아야 할 소극적 관점의 금지 의무가 있다. 적극적 의무는 교원 본연의 교육과 연구 활동을 비롯하여 공직을 수행하는 복무상의 의무이며, 소극적 의무는 교육과 연구 활동 외의 정치활동 금지 등의 의무를 말한다.

의무		
	적극적 의무	교육과 연구 활동의 의무, 선서·성실·복종의 의무, 품위유지의 의무, 비밀 엄수의 의무
	소극적 의무	정치활동 금지의 의무, 집단행위 금지의 의무, 영리 업무 및 겸직 금지의 의무

1) 적극적 의무

(1) 교육과 연구활동의 의무

교원의 가장 적극적인 의무는 교사로서의 자질을 갖추는 것이다. 교원의 자질을 갖추기 위해서는 우선 학문 연찬을 위한 교육과 연구 활동의 의무를 수행해야 한다. 교육기본법 및 교육공무원법상에 명시된 교원의 의무는 학문의 연찬과 교육의 원리 방법을 탐구 연마하여 교육에 전심전력하는 일이다. 아울러, 교원으로서 사표가 될 인격과 품성을 갖추기 위해 최선의 노력을 기울여야 한다.

(2) 선서, 성실, 복종의 의무

교육공무원은 교원의 복무에 관한 사항을 동법에 별도로 규정하지 않고 국가공무원법을 준용하도록 하고 있다. 그러므로 교육공무원은 국가공무원법에 규정된 공무원의 모든 의무를 이행해야 한다. 국가공무원법에는 공무원의 의무를 성실하게 수행할 것을 맹세하는 선서의 의무(국가공무원법 제55조), 주어진 업무를 적극적으로 수행할 성실의 의무(국가공무원법 제56조), 정당한 상관의 명령에 복종할 복종의 의무(국가공무원법 제57조)가 있다. 교원은 공직자로서 공무원의 의무를 반드시 지켜야 한다.

(3) 품위유지의 의무

교원은 공·사립의 구분 없이 교육에 종사하는 공직자이며, 동시에 국민에 대한 봉사자로서 직무의 내외를 불문하고 그 역할에 적합한 품위를 유지해야 할 의무가 있다(국가공무원법 제63조). 또한 공무를 집행하는 자의 적극적인 봉사자로서 친절하고 공정하게 집무해야 할 의무가 있다고 명시되어 있다(국가공무원법 제59조). 그 밖에도 공무원은 직무상의 관계 여하를 불문하고 그 소속 상관에게 증여하거나 소속 공무원으로부터 증여를 받아서는 안 된다고 규정하고 있다(국가공무원법 제61조). 이러한 공무원의 품위유지를 위한 의무 조항은 교원의 품위유지에도 동일하게 적용되는 조항이며, 오히려 교원은 이러한 법적 품위유지를 넘어서 교원이라는 직업상의 특별한 품위유지에 대하여 남다른 노력과 모범을 보여야 한다.

(4) 비밀엄수의 의무

공무원은 재직 중은 물론 퇴직 후에도 직무상 알게 된 비밀을 엄수하여야 한다(국가공무원법 제60조). 이러한 비밀엄수의 의무를 위반할 시에는 징계의 사유가 될 뿐만 아닌 형법상의 범죄를 구성한다. 교원은 학교 정책적인 측면의 중대한 기밀을 다루거나 국가적인 문제를 야기시킬 비밀을 접할 기회는 없다. 하지만 교원이 가지는 공무상의 비밀은 그 정도가 크고 작고의 구별 없이 직무상의 비밀을 지켜야 할 의무가 있다. 특히, 학생과 관련된 개인적인 신상의 비밀과 교육적 측면에서 지켜야 할 비밀은 평생을 두고 지켜야 할 의무가 있다.

2) 소극적 의무

(1) 정치활동 금지의 의무

공무원의 신분과 정치적 중립성은 헌법에 보장되어 있고, 이와 관련하여 공무원의 정치활동 금지 및 정치적 행위의 범위를 규정하고 있다. 공무원의 정치적 중립성을 보장하는 것은 직업공무원제의 확립에 따라 행정 기술의 향상과 능률을 기함과 아울러 국민 전체의 봉사자로서 공평성을 유지하며, 정권 교체에 따른 행정의 혼란을 억제하고 지속성을 유지하는 데 그 목적이 있다. 교육공무원도 일반직 공무원과 마찬가지로 정치활동에 대하여 중립을 지킬 것을 요구하고 있다.

(2) 집단행위 금지의 의무

공무원은 노동운동, 기타 공무 이외의 일을 위한 집단행위를 해서는 안 된다고 규정하고 있다(국가공무원법 제66조). 공직자인 근로자는 법률이 정하는 자에 한하여 ① 단결권, ② 단체교섭권, ③ 단체행동권을 가진다고 규정한 헌법 제33조에 근거를 두고 있다. 하지만 교육공무원의 경우는 부분적으로 노동운동을 인정받고 있다. 즉, 교원들에게는 단체행동권을 제외한 단결권과 단체교섭권을 보장해 주고 있는데, '교원의 노동조합 설립 및 운영 등에 관한 법률'에 의거하여 설립된 교원단체는 교원지위 향상을 위한 특별법의 규정에 따라 교섭·협의의 권한을 부여받고 있다.

(3) 영리업무 및 겸직 금지의 의무

공무원은 공무 이외의 영리를 목적으로 하는 사업에 종사하지 못하며 소속기관장의 허가 없이 다른 직무를 겸할 수 없다고 규정하고 있다(국가공무원법 제64조). 이것은 모든 국민의 자유와 권리는 국가의 안전보장, 질서유지 또는 공공복리를 위하여 필요한 경우는 법률로써 제한할 수 있다는 헌법 조항(헌법 제37조)에 근거를 두고 있다. 교원 역시 동일한 법적 규제를 받는다.

개념 보충 클릭 권리와 의무의 분류표

권리와 의무		
권리	적극적 권리	자율권, 사회·경제적 보장권, 근로권
	소극적 권리	신분보장권, 쟁송 제기권, 불체포특권, 교원단체활동권
의무	적극적 의무	교육과 연구 활동의 의무, 선서·성실·복종의 의무, 품위유지의 의무, 비밀 엄수의 의무
	소극적 의무	정치활동 금지의 의무, 집단행위 금지의 의무, 영리 업무 및 겸직 금지의 의무

3. 유아교사의 권리와 의무 관련 법규

1) 유치원 교사

유치원 교사의 법적 지위에 의한 권리와 의무를 보장하는 법은 헌법, 교육기본법, 국가공무원법, 교육공무원법, 사립학교법, 교권의 지위 향상 및 교육활동 보호를 위한 특별법 등이 있다. 그리고 유치원 교사의 자격, 임용, 보수, 연수 등과 관련된 구체적인 내용은 유아교육법에 따라 적용받고 있다. 유치원 교사의 권리와 의무를 보장하고 있는 법률적 근거를 제시하면 다음 표 3.1과 같다.

표 3.1 **유치원 교사의 권리와 의무(법률적 근거)**

구분	내용
헌법	**제7조** ② 공무원의 신분과 정치적 중립성은 법률이 정하는 바에 의하여 보장된다. 제31조 제6항(교원지위의 법률주의) – 학교교육 및 평생교육을 포함한 교육제도의 그 운영, 교육재정 및 교원의 지위에 관한 기본적인 사항은 법률로 정한다.
교육기본법	**제14조(교원)** ① 학교교육에서 교원의 전문성은 존중되며, 교원의 경제적 · 사회적 지위는 우대되고 그 신분은 보장된다. ② 교원은 교육자로서 갖추어야 할 품성과 자질을 향상시키기 위하여 노력하여야 한다. ③ 교원은 교육자로서의 윤리 의식을 확립하고, 이를 바탕으로 학생에게 학습 윤리를 지도하고 지식을 습득하게 하며, 학생 개개인의 적성을 개발할 수 있도록 노력하여야 한다. ④ 교원은 특정한 정당이나 정파를 지지하거나 반대하기 위하여 학생을 지도하거나 선동하여서는 아니 된다. ⑤ 교원은 법률로 정하는 바에 따라 다른 공직에 취임할 수 있다. ⑥ 교원의 임용 · 복무 · 보수 및 연금 등에 관하여 필요한 사항은 따로 법률로 정한다.
국가공무원법	**제56조(성실의 의무)** ① 모든 공무원은 법령을 준수하며 성실히 직무를 수행하여야 한다. **제57조(복종의 의무)** ① 공무원은 직무를 수행할 때 소속 상관의 직무상 명령에 복종하여야 한다. **제58조(직장 이탈 금지)** ① 공무원은 소속 상관의 허가 또는 정당한 사유가 없으면 직장을 이탈하지 못한다. **제59조(친절 · 공정의 의무)** ① 공무원은 국민 전체의 봉사자로서 친절하고 공정하게 직무를 수행하여야 한다. **제59조의 2(종교 중립의 의무)** ① 공무원은 종교에 따른 차별 없이 직무를 수행하여야 한다. **제60조(비밀엄수의 의무)** ①공무원은 재직 중은 물론 퇴직 후에도 직무상 알게 된 비밀을 엄수해야 한다. **제61조(청렴의 의무)** ① 공무원은 직무와 관련하여 직접이든 간접이든 사례 · 증여 또는 향응을 주거나 받을 수 없다. ② 공무원은 직무상의 관계가 있든 없든 그 소속 상관에게 증여하거나 소속 공무원으로부터 증여받아서는 아니 된다. **제63조(품위 유지의 의무)** ① 공무원은 직무의 내외를 불문하고 그 품위가 손상되는 행위를 하여서는 아니 된다. **제64조(영리 업무 및 겸직 금지)** ① 공무원은 공무 외에 영리를 목적으로 하는 업무에 종사하지 못하며 소속기관장의 허가 없이 다른 직무를 겸할 수 없다. ② 제1항에 따른 영리를 목적으로 하는 업무의 한계는 대통령령 등으로 한다.

	제65조(정치운동의 금지) ① 공무원은 정당이나 그 밖의 정치단체의 결성에 관여하거나 이에 가입할 수 없다. **제66조(집단행위의 금지)** ① 공무원은 노동운동이나 그 밖에 공무 외의 일을 위한 집단행위를 하여서는 아니 된다.
교육공무원법	**제43조(교권의 존중과 신분보장)** ① 교권은 존중되어야 하며, 교원은 그 전문적 지위나 신분에 영향을 미치는 부당한 간섭을 받지 아니한다. ② 교육공무원은 형의 선고나 징계처분 또는 이 법에서 정하는 사유에 의하지 아니하고는 본인의 의사에 반하여 강임 · 휴직 또는 면직을 당하지 아니한다. ③ 교육공무원은 권고에 의하여 사직을 당하지 아니한다. **제48조(교원의 불체포특권)** ① 교원은 현행범인인 경우를 제외하고는 소속 학교의 장의 동의 없이 학원 안에서 체포되지 아니한다.
사립학교법	**제55조(복무)** ① 사립학교의 교원의 자격에 관하여서는 국공립학교의 교원에 관한 규정을 준용한다. **제56조(의사에 반한 휴직 · 면직 등의 금지)** ① 사립학교 교원은 형의 선고 · 징계처분 또는 이 법에 정하는 사유에 의하지 아니하고는 본인의 의사에 반하여 휴직 또는 면직 등 불리한 처분을 받지 아니한다. 다만, 학급 · 학과의 개폐에 의하여 폐직이나 과원이 된 때에는 그러하지 아니한다. ② 사립학교 교원은 권고에 의하여 사직을 당하지 아니한다. **제60조(교원의 불체포특권)** – 사립학교의 교원은 현행범인의 경우를 제외하고는 소속 학교장의 동의 없이 학원 안에서 체포되지 아니한다.
교원의 지위 향상 및 교육활동 보호를 위한 특별법	**제2조(교원에 대한 예우)** ① 국가, 지방자치단체, 그 밖의 공공단체는 교원이 사회적으로 존경받고 높은 긍지와 사명감을 가지고 교육활동을 할 수 있는 여건이 조성되도록 노력하여야 한다. ② 국가, 지방자치단체, 그 밖의 공공단체는 교원이 학생에 대한 교육과 지도를 할 때 그 권위를 존중받을 수 있도록 특별히 배려하여야 한다. **제3조(교원보수의 우대)** ① 국가와 지방자치단체는 교원의 보수를 특별히 우대하여야 한다. ② 사립학교법 제2조에 따른 학교법인과 사립학교 경영자는 그가 설치 · 경영하는 학교 교원의 보수를 국공립학교 교원의 보수수준으로 유지하여야 한다.
유아교육법	**제21조(교직원의 임무)** ① 원장은 원무를 총괄하고 소속 교직원을 지도 · 감독하며 해당 유치원의 유아를 교육한다. ② 원감은 원장을 보좌하여 원무를 관리하고 해당 유치원의 유아를 교육하며, 원장이 부득이한 사유로 직무를 수행할 수 없을 때에는 그 직무를 대행한다. 다만, 원감을 두지 아니하는 유치원은 원장이 미리 지명한 교사(수석교사를 포함한다)가 그 직무를 대행한다. ③ 수석교사는 교사의 교수 · 연구 활동을 지원하며, 유아를 교육한다. ④ 교사는 법령에서 정하는 바에 따라 해당 유치원의 유아를 교육한다. ⑤ 행정직원 등 직원은 법령에서 정하는 바에 따라 유치원의 행정사무와 그 밖의 사무를 담당한다.

2) 보육교사

보육교사는 유치원 교사와 동일하게 교사라는 명칭을 사용하지만 교원의 지위는 차이가 있다. 현재까지는 보육교사에 대한 지위를 별도로 규정한 교육법은 부재한다. 최근 유·보 통합을 이루어지고 있어 보육교사에 대한 법적 근거가 구체적으로 마련될 것으로 보인다. 현재까지 보육교사는 일반 근로자에 해당되어 민법, 근로기준법, 남녀 고용 평등과 일·가정 양립 지원에 관한 법률의 규정에 따라 법적 지위와 신분보장을 받고 있다. 다만, 영유아보육법에서는 보육교사의 법적 지위를 기본적으로 규정하고 있다. 보육교직원의 배치, 직무, 임면, 결격사유, 어린이집 원장 또는 보육교사의 자격과 자격증의 교부, 보수교육에 대한 규정이 제시되고 있다. 보육교사의 권리와 의무를 보장하고 있는 법률적 근거를 제시하면 표 3.2와 같다.

표 3.2 보육교사의 권리와 의무(법률적 근거)

구분	내용
민법	**제655조(고용의 의의)** 고용은 당사자 일방이 상대방에 대하여 노무를 제공할 것을 약정하고 상대방이 이에 대하여 보수를 지급할 것을 약정함으로써 그 효력이 생긴다. **제656조(보수액과 그 지급 시기)** ① 보수 또는 보수액의 약정이 없는 때에는 관습에 의하여 지급하여야 한다. ② 보수는 약정한 시기에 지급하여야 하며 시기의 약정이 없으면 관습에 의하고 관습이 없으면 약정한 노무를 종료한 후 지체없이 지급하여야 한다. **제662조(묵시의 갱신)** ① 고용기간이 만료한 후 노무자가 계속하여 그 노무를 제공하는 경우에 사용자가 상당한 기간 내에 이의를 하지 아니한 때에는 전 고용과 동일한 조건으로 다시 고용한 것으로 본다. 그러나 당사자는 제660조의 규정에 의하여 해지의 통고를 할 수 있다. ② 전항의 경우에는 전 고용에 대하여 제삼자가 제공한 담보는 기간의 만료로 인하여 소멸한다.
근로기준법	**제4조(근로조건의 결정)** 근로조건은 근로자와 사용자가 동등한 지위에서 자유의사에 따라 결정하여야 한다. **제5조(근로조건의 준수)** 근로자와 사용자는 각자가 단체협약, 취업규칙과 근로계약을 지키고 성실하게 이행할 의무가 있다.

	제6조(균등한 처우) 사용자는 근로자에 대하여 남녀의 성(性)을 이유로 차별적 대우를 하지 못하고, 국적 · 신앙 또는 사회적 신분을 이유로 근로조건에 대한 차별적 대우를 하지 못한다. **제7조(강제 근로의 금지)** 사용자는 폭행 · 협박 · 감금 그 밖에 정신상 또는 신체상의 자유를 부당하게 구속하는 수단으로써 근로자의 어긋나는 근로를 강요하지 못한다. **제23조(해고 등의 제한)** ① 사용자는 근로자에게 정당한 이유 없이 해고, 휴직, 정직, 전직, 감봉 그 밖의 징벌(이하 '부당 해고 등'이라 한다.)을 하지 못한다. ② 사용자는 근로자가 업무상 부상 또는 질병의 요양을 위하여 휴업한 기간과 그 후 30일 동안은 해고하지 못한다. 다만, 사용자가 제84조에 따라 일시 보상을 하였을 경우 또는 사업을 계속할 수 없게 된 경우에는 그러하지 아니하다. **제50조(근로시간)** ① 1주간의 근로시간은 휴게시간을 제외하고 40시간을 초과할 수 없다. ② 1일의 근로시간은 휴게시간을 제외하고 8시간을 초과할 수 없다. **제53조(연장근로의 제한)** ① 당사자 간에 합의하면 1주간에 12시간을 한도로 제50조의 근로시간을 연장할 수 있다. **제60조(연차 및 유급휴가)** ① 사용자는 1년간 80% 이상 출근한 근로자에게 15일의 유급휴가를 주어야 한다. **제62조(생리휴가)** – 사용자는 여성 근로자가 청구하면 월 1일의 생리휴가를 주어야 한다.
남녀 고용 평등과 일 · 가정 양립 지원에 관한 법률	**제7조(모집과 채용)** ① 사업주는 근로자를 모집하거나 채용할 때 남녀를 차별하여서는 아니 된다. ② 사업주는 여성 근로자를 모집 · 채용할 때 그 용무에 필요하지 아니한 용모 · 키 · 체중 등의 신체적 조건, 미혼 조건, 그 밖에 고용노동부령으로 정하는 조건을 제시하거나 요구하여서는 아니 된다. **제11조(정년 · 퇴직 및 해고)** ① 사업주는 근로자의 정년 · 퇴직 및 해고에 있어서 남녀를 차별하여서는 아니 된다. ② 사업주는 여성 근로자의 혼인 · 임신 또는 출산을 퇴직 사유로 예정하는 근로계약을 체결하여서는 아니 된다.
영유아보육법	**제18조(보육교직원의 직무)** ① 어린이집의 원장은 어린이집을 총괄하고 보육교사와 그 밖의 직원을 지도 · 감독하며 영유아를 보육한다. ② 보육교사는 영유아를 보육하고 어린이집의 원장이 불가피한 사유로 직무를 수행할 수 없을 때에는 그 직무를 대행한다. **제18조의2(보육교직원의 책무)** 보육교직원은 영유아를 보육함에 있어 영유아에게 신체적 고통이나 고성 · 폭언 등의 정신적 고통을 가하여서는 아니 된다.

4. 유아교사의 복무와 처우

1) 유치원 교사

(1) 근무 시간

유치원 교사는 법령에서 정하는 바에 따라 해당 유치원의 원아를 교육하는 임무를 수행하기 위해서 근무시간, 휴가, 휴직 등의 복무규정을 잘 지켜야 한다(김희수 외, 2010; 최애경 외, 2016).

① 단위 유치원별 근무시간제

교원의 근무시간은 직무의 특수성을 감안하여 1일 근무시간의 총량(평일 8시간, 토요일 4시간)을 확보하여 근무시간을 정하고, 교육과정 운영에 지장이 없는 범위 내에서 교원의 출·퇴근 시간을 유치원별로 자율적으로 정할 수 있으며, 연중 9시부터 17시(토요일 13시: 동·하절기 공통)까지로 하는 것이 원칙이다. 유치원별 교육과정 운영의 자율성을 높이고 교원의 자율연수 기회를 확대하며 특기적성교육 등을 활성화하기 위해 단위 유치원별 탄력근무 시간제를 운영할 수 있다. 하지만 개인별 또는 일부 집단별 근무시간의 조정은 불가능하다.

② 시간 외 근무 및 공휴일 근무

교육활동을 원활하게 수행하기 위하여 시간 외 근무 및 공휴일 근무가 이루어질 수 있다. 사무처리상에 긴급을 요한다고 인정될 경우만 근무시간 외의 근무를 명하거나 공휴일의 근무를 명할 수 있다. 공휴일에 근무를 한 경우에는 그다음의 정상근무일을 휴무하게 할 수 있다. 근무사항의 관리를 위해 몇 가지 사항을 제시하면 다음과 같다.

- 각급 기관장은 근무기강 확립을 위해 노력해야 한다.
- 근무상황부 대신 근무상황카드를 비치 · 관리할 수 있다.
- 휴가, 지참, 조퇴 및 외출과 근무지 내 출장을 하고자 하는 때에는 근무상황부 또는 근무상황카드에 의하여 사전에 유치원장의 허가를 받아야 한다. 다만, 불가피한 사유로 사전에 허가받지 못한 경우에는 사후에 지체없이 허가받아야 한다.
- 허가받지 아니하고 출근하지 아니한 때에는 근무상황부에 결근으로 처리한다.
- 전보, 파견, 전출, 휴직, 정직, 직위해제, 면직 및 장기간 출장, 휴가 등일 때는 유치원장이 지정한 자에게 그 담당업무를 인계하여야 한다.
- 퇴근 시 문서 및 물품을 잠금장치가 된 지정 서류함에 보관하여야 하며, 유가증권 및 비밀문서 등 특별한 관리가 필요한 문서 및 물품은 일반문서 및 물품과 별도로 보관하여야 한다.

(2) 휴가 등 그 밖의 복무 관리

① 휴가의 개념

교원의 휴가 유형에는 연가 · 병가 · 공가 · 특별휴가로 구분하며, 원장은 휴가를 허가함에 있어서 소속 교원이 원하는 시기에 법정일수가 보장되도록 해야 한다. 연가와 특별휴가 중 장기 재직 휴가는 원아들의 수업 등을 고려하여 부모 생신일 또는 기일 등을 제외하고는 특별한 사유가 없는 한 방학 중에 실시하고, 휴가로 인한 수업결손 등이 발생하지 않도록 필요한 조치를 취해야 한다. 참고로 휴가의 유형 및 개념을 소개하면 표 3.3과 같다.

표 3.3 휴가의 유형 및 개념

유형	개념
연가	정신적 · 신체적 휴식을 취함으로써 근무 능률을 유지하고 개인 생활의 편의를 위하여 사용하는 휴가
병가	질병 또는 부상으로 직무를 수행할 수 없는 경우 전염병에 걸려 다른 교원이나 학생의 건강에 영향을 미칠 우려가 있을 때 부여받는 휴가
공가	교원이 일반 국민의 자격으로 국가기관의 업무수행에 협조하거나 법령상 의무 이행이 필요한 경우에 부여받는 휴가
특별휴가	사회통념 및 관례상 특별한 사유(경조사 등)가 있는 경우 부여받는 휴가

② 휴가의 절차와 방법

교원의 휴가 · 지참(정해진 근무 시간까지 출근하지 못하는 것) · 조퇴 · 외출과 근무지 내 출장을 하고자 하는 때에는 위임전결규정이 정한 허가권자에게 근무상황부 또는 근무상황카드에 의하여 미리 신청하고 사유 발생 전까지 허가를 받아야 한다. 다만 병가, 특별휴가 등 불가피한 경우에는 당일 정오까지 필요한 절차를 취해야 하며, 이 경우 다른 교원으로 하여금 이를 대행하게 할 수 있다. 또한 교원이 정해진 시간까지 출근할 수 없을 때는 소속 기관에 미리 신고해야 하고, 그 후 출근한 때에는 지참으로, 출근하지 않을 때는 결근으로 처리한다.

연가 · 병가 · 공가 · 특별휴가는 별개의 요건에 따라 운영되므로 그 휴가 일수의 계산은 휴가 유형별로 따로 계산한다. 연가 · 병가 · 공가에 대한 구체적인 내용은 국가공무원 복무규정(대통령령 제26944호, 2016. 2. 3., 타법 개정)과 교원 휴가업무 처리요령(교육부 예규 제20호, 2015. 1. 30., 일부개정)을 따른다, 이 장에서는 경조사 휴가 일수만으로 제한하여 제시한다. 경조사 휴가 일수는 다음의 표 3.4와 같다.

표 3.4 경조사 휴가 일수

구분	대 상	일 수
결혼	본인	5
	자녀	1
출산	배우자	5
입양	본인	20
사망	배우자, 본인 및 배우자의 부모	5
	본인 및 배우자의 조부모 · 외조부모	2
	자녀와 그 자녀의 배우자	2
	본인 및 배우자의 형제자매와 그 형제자매의 배우자	1

표 3.4에 제시되지 않은 경조사는 각 지방자치단체의 조례에 따르며, 휴가 기간 중의 공휴일은 그 휴가 일수에 산입하지 않지만, 휴가 일수가 연속하여 30일 이상 계속되는 경우와 경조사 특별휴가는 그렇게 하지 않는다. 또한 법정 휴가 일수를 초과한 휴가는 결근으로 처리한다.

③ 휴가 실시 관련 유의 사항

휴가 중에는 긴급 시 연락이 가능하도록 연락 체계를 유지해야 한다. 교원이 휴가를 실시함에 있어서는 수업 및 담당 사무 등을 원장이 정한 자에게 인계하여 업무의 연속성을 유지해야 한다.

④ 출장

출장은 상사의 명을 받아 공무를 수행하는 것이며 출장 명령권자인 소속 기관장이 사안별로 공무와의 관련 여부와 유치원 운영 등 제반 사정을 고려하여 명령한다. 출장 명령은 해당 교원의 업무 관련성, 출장내용, 출장목적 등의 요건을 종합적으로 고려하여 명령권자가 판단한다. 출장 교원은 공무수행을 위하여 전력을 다하여야 하며 사사로운 일을 위하여 시간을 소비해서는 안 되며, 지정된 출장기일 안에 그 임무를 완수하지 못할 사유가 발생한 때에는 전화, 전보, 기타의 방법으로 원장에게 보고하고 그 지시를 받아야 한다. 출장 교원이 그 출장 용무를 마치고 귀교한 때에는 지체없이 원장에게 복명서를 제출해야 한다. 다만, 경미한 사항에 대하여는 구술로 대신할 수 있다.

(3) 보수

유치원 교사의 보수는 유치원의 설립 주체, 즉 국공립유치원과 사립유치원에 따라 차이가 있다. 우선, 국공립유치원 교사는 교원으로서 공무원 보수 규정과 수당 규정에 따라 보수가 결정된다. 호봉별로 봉급을 지급받으며, 기본급인 봉급 외에 정근수당, 교직 수당, 교원 보전수당, 담임수당, 기말수당 등이 보수에 포함된다. 유치원 교사의 기본급을 계산할 때 경력과 함께 법정 수학 연한인 학령을 환산해 계산해 주기 때문에 일반적으로 전문대학(3년제) 졸업자는 7호봉부터, 비사범계 일반대학(4년제) 졸업자는 8호봉부터, 사범계 일반대학(4년제) 졸업자는 9호봉부터 시작한다. 호봉은 급여체계 안에서의 등급으로 임용 시 정해지고, 1년에 1호봉씩 오른다.

사립유치원 교사의 보수는 교육공무원에 관한 규정을 준한다고 되어 있지만, 사실상 근로계약으로 원장과 협의된 금액의 보수를 지급받기 때문에 국공립유치원 교사와는 차이가 있다. 또한 본봉 외의 기타 수당은 각 시·도 교육청과 개별 유치원별로 달리 지급되고 있는 실정이다. 이에 따라 시·도 교육청별로 담임수당 외에 교직 수당, 처우 개선비 등 다양한 명목의 인건비 지원이 달리 이루어지고 있기에 지급기준이 약간씩 차이가 있고, 유치원에 따라서도 보수책정이 다르다. 유치원 교사의 봉급표는 표 3.5와 같고, 국공립 유치원 교사에게 지급되는 수당은 표 3.6과 같다.

표 3.5 유치원교사의 호봉별 봉급액(2024년 기준)

호 봉	봉급액	호 봉	봉급액	호 봉	봉급액	호 봉	봉급액
1	1,806,700	11	2,324,400	21	3,377,600	31	4,663,100
2	1,861,400	12	2,382,400	22	3,502,200	32	4,798,300
3	1,916,900	13	2,492,800	23	3,625,800	33	4,935,600
4	1,972,200	14	2,601,800	24	3,749,800	34	5,072,400
5	2,028,000	15	2,710,700	25	3,873,600	35	5,209,400
6	2,083,600	16	2,819,900	26	3,997,900	36	5,346,000
7	2,138,700	17	2,927,700	27	4,127,500	37	5,464,800
8	2,193,500	18	3,040,700	28	4,256,800	38	5,583,700
9	2,247,400	19	3,152,900	29	4,392,000	39	5,702,800
10	1,285,900	20	3,265,300	30	4,527,800	40	5,821,200

★ 참고) 유치원·초등학교·중학교·고등학교의 기간제교원에 대하여는 제8조의 규정에 의거하여 산정된 호봉의 봉급액을 지급하되, 교육부장관이 정하는 사유를 제외하고는 고정급으로 하고, 〈공무원연금법〉, 〈사립학교교직원 연금법〉, 또는 〈군인연금법〉을 적용받는 사람이 기간제 교원으로 채용되는 경우의 봉급은 연금 또는 명예퇴직수당을 지급받는 사실 등을 고려하여 교육부장관이 정하는 금액으로 한다. 다만, 〈교육공무원임용령〉 제13조 제2항에 따라 시간제로 근무하는 기간제교원으로 임용된 사람에게 지급되는 월봉급액은 해당 교원이 정상 근무 시 받을 봉급월액을 기준으로 하여 근무시간에 비례하여 지급한다.

표 3.6 **국공립유치원 교사에게 지급되는 수당**

내역	금액 (단위: 원)
정액급식비	140,000
교직 수당	250,000
가족수당	부모 20,000 (父는 60세 이상, 母는 55세 이상) 배우자 40,000 자녀 첫째 20,000 둘째 60,000 셋째 100,000
정근수당	(연 2회) 1, 7월 1년(5%)~10년(50%)
담임교사 지원비	영아반 260,000 유아반 360,000
명절 휴가비	(연 2회) 각 60%
성과 상여금	(연 1회) 80% 내외
시간외수당	기본 100,000 (월 최고 57시간, 시간당 10,000)

다음은 공무원보수규정에 제시된 보수 관련 용어들을 살펴보면 표 3.7과 같다.

표 3.7 **보수 관련 용어**

구분	내용
보수	봉급과 그 밖의 각종 수당을 합산한 금액. 다만, 연봉제 적용 대상 공무원은 연봉과 그 밖의 각종 수당을 합산한 금액
봉급	직무의 곤란성과 책임의 정도에 따라 직책별로 지급되는 기본 급여 또는 직무의 곤란성과 책임의 정도 및 재직기간 등에 따라 계급(직무등급이나 직위를 포함)별, 호봉별로 지급되는 기본 급여
수당	직무여건 및 생활여건 등에 따라 지급되는 부가 급여
승급	일정한 재직기간의 경과나 그 밖에 법령의 규정에 따라 현재의 호봉보다 높은 호봉을 부여하는 것

(4) 보험

유치원 교사의 복지후생은 연금과 보험으로 가입되어 보호받고 있다. 국공립유치원 교사는 공무원 연금, 건강보험에 가입하며, 사립유치원 교사는 사립학교교직원 연금, 건강보험에 가입해야 한다.

2) 보육교사

보육교직원은 고용된 근로자로서 근로기준법에 따라 복무관리가 이루어지고 있으며, 복무는 근무시간 및 휴가 등의 사항을 포함한다.

(1) 근무시간

보육 교직원의 근무시간은 평일 8시간을 원칙으로 하나, 어린이집의 운영시간(07:30~19:30)을 고려하여 연장근무 및 출퇴근 시간을 탄력적으로 조정할 수 있다. 보육교사 및 보육 교직원의 근무 시간 및 근로조건 등은 근로기준법 등 노동관계 법령에 따라야 하며, 기준시간을 초과하여 근무하는 경우에는 관련 법령 규정에 따라 초과근무 수당을 지급하여야 한다.

(2) 교직원의 겸임 제한

어린이집의 원장은 전임이어야 하며, 다른 어린이집 업무를 겸임할 수 없다. 다른 업무 역시 겸임할 수 없지만, 원장이 간호사 또는 영양사 자격이 있는 때에는 간호사 또는 영양사를 겸직하게 할 수 있고, 20명 이하의 영유아를 보육하는 어린이집의 원장은 보육교사를 겸임하는 것이 허용된다.

(3) 교직원의 휴가 등 그 밖의 복무 관리

- 보육 교직원의 휴가는 보육 공백을 최소화할 수 있도록 순번제로 실시하고, 보수교육이나 출산휴가 등으로 공백이 발생하는 경우에는 이를 대체할 수 있는 대체 원장, 대체 교사 혹은 그 밖의 인력을 각각 배치해야 한다.
- 교직원의 휴가, 휴일, 휴식 등 근로시간과 관련이 있는 사항에 대해서는 근로기준법 등 노동 관련 법령에 따른다.
- 고용, 산전후휴가, 육아휴직 등과 관련이 있는 사항에 대해서는 〈남녀고용평등과 일·가정 양립 지원에 관한 법률〉의 규정을 준용한다.
- 보육교직원의 최저임금 보장 등과 관련이 있는 사항에 대하여는 최저임금법 규정을 준용한다.
- 기타 교직원의 복무, 근로 등과 관련하여서는 각 개별법을 준용하도록 한다.
- 보육교직원이 퇴직할 경우에는 사직서를 제출받아 퇴직 처리하고, 퇴직 사실을 관할 시·군·구청에 보고해야 한다. 어린이집을 설치·운영하는 자는 퇴직하는 근로자에게 퇴직금을 지급할 수 있도록 별도의 퇴직적립금(어린이집에서 부담)을 관리·운영해야 하고, 퇴직급여의 지급 및 관리는 근로기준법 및 근로자퇴직급여 보장법에 따라 운영해야 한다.

(4) 보수

보육교직원의 보수와 관련된 일반적인 사항은 근로관계 법령(근로기준법, 근로자 퇴직급여 보장법 등)을 기본으로 한다. 보육교직원의 보수는 보육사업 지침에 명시된 '보육교직원 인건비 지급기준'에 따라 지급된다. 따라서 보수는 보육교직원의 호봉, 근무성적과 시설의 운영여건 및 보육교직원 인건비 지급기준에 따라 원장, 보육교사(간호사, 영양사, 특수교사, 치료사 포함), 조리원을 구분하여 지급한다. 보육교직원 자격기준 이외의 직원(사무원, 사회복무요원, 도우미 등) 등의 보수는 별도 기준을 정하여 적용한다.

보육교직원 보수기준은 국고보조 어린이집(정부인건비지원 어린이집, 직장어린이집)에 적용함을 원칙으로 하지만, 국고보조 어린이집이 아닌 어린이집(미지원 어린이집)은 다른 법령에서 특별히 규정한 경우를 제외하고는 호봉 기준을 달리 정하거나 인건비 책정 시 호봉을 적용하지 않을 수 있다. 즉, 시설의 재정 형편에 따라 원장과 교직원이 협의(근로계약서 체결)하여 보수기준을 자율적으로 정할 수 있다. 단, 교직원의 보수를 심히 불리하게 책정해서는 아니 된다.

국공립어린이집, 법인어린이집 등 보육교직원의 인건비를 지원받는 국고보조 어린이집의 원장은 해당 보육교직원의 인건비를 지급할 때에 보건복지부 장관이 정하는 보육교직원 봉급표 상의 월지급액을 기준으로 지급하되, 보수책정을 위해서는 호봉 획정과 경력 산정, 최고호봉 기준, 호봉승급, 각종 수당 등을 고려해야 한다.

보육교직원의 처우개선을 통한 보육교직원의 사기 진작 및 유능한 보육 인력 확보로 보육서비스의 질 향상을 도모하기 위하여, 국고 혹은 지방자치단체에서 처우 개선비와 수당이 추가로 지급된다. 국고보조 어린이집 및 육아종합지원센터에 근무하는 보육교사 및 특수교사에게는 교사근무환경 개선비가 지급되고 3~5세 연령별 누리과정 학급을 담당하는 교사에게는 처우개선비가 포함되어 지급된다. 농촌 보육교사는 특별근무수당, 자격수당, 장기근속수당 등이 포함되기도 하고, 지방자치단체에 따라 어렵고 힘든 취약 보육의 활성화와 장애아 · 영아 · 다문화교사의 전문성 향상을 위해 일정 수준에 도달한 전문교사에게 수당을 지원하는 곳도 있다.

어린이집에 따라 보육교사의 보수는 달라질 수 있으나, 초임으로 임면될 경우에는 학력에 관계없이 초임호봉 획정은 1호봉으로 시작된다. 어린이집 근무경력 1년과 군복무기간 1년을 1호봉씩으로 하여 초임호봉을 정하며 호봉승급에 필요한 기간은 1년으로 한다. 그리고 보육교직원 인건비의 지급은 반드시 계좌로 입금해야 하며, 보육교직원에게는 봉급명세서를 발급해야 한다. 보육교직원의 인건비 지급기준은 표 3.8과 같고, 보육교사(1호봉)의 인건비 지급 내역은 표 3.9와 같다.

표 3.8 보육교직원 인건비 지급기준(2024년)

호봉	원장		보육교사		조리원	
	보수총액	월지급액	보수총액	월지급액	보수총액	월지급액
1	27,002,200	2,250,200	2,581,9000	2,151,600	24,752,600	2,062,800
2	27,622,200	2,301,900	25,932,100	2,161,100	24,848,500	2,070,800
3	28,387,200	2,365,600	26,014,500	2,167,900	24,919,800	2,076,700
4	29,180,600	2,431,800	26,162,100	2,180,200	24,965,400	2,080,500
5	29,923,500	2,493,700	26,608,600	2,217,400	25,008,400	2,084,100
6	31,056,300	2,588,100	27,314,700	2,276,300	25,047,800	2,087,400
7	32,077,200	2,673,100	27,911,200	2,326,000	25,108,000	2,092,400
8	33,213,700	2,767,900	28,358,900	2,363,300	25,146,200	2,095,600
9	34,077,200	2,839,800	28,937,000	2,411,500	25,199,100	2,100,000
10	34,973,900	2,914,500	29,581,500	2,465,200	25,238,400	2,103,200
11	36,004,600	3,000,400	30,464,700	2,538,800	25,431,500	2,119,300
12	36,986,100	3,082,200	31,336,800	2,611,400	25,739,000	2,145,000
13	37,748,700	3,145,800	31,935,800	2,661,400	26,232,300	2,186,100
14	38,524,900	3,210,500	32,570,400	2,714,200	26,780,800	2,231,800
15	39,603,600	3,300,300	33,266,600	2,772,300	27,292,500	2,274,400
16	40,365,000	3,363,800	34,221,100	2,851,800	28,028,100	2,335,700
17	41,146,000	3,428,900	34,977,600	2,914,800	28,604,900	2,383,800
18	42,013,200	3,501,100	35,700,800	2,975,100	29,295,000	2,441,300
19	42,810,200	3,567,600	36,351,500	3,029,300	29,954,200	2,496,200

20	43,537,100	3,628,100	37,072,200	3,089,400	30,6381,00	2,553,200
21	44,594,900	3,716,300	38,211,200	3,184,300	31,704,500	2,642,100
22	45,383,400	3,782,000	38,956,600	3,246,400	32,365,000	2,697,100
23	46,085,700	3,840,500	39,579,000	3,298,300	32,991,100	2,749,300
24	46,792,900	3,899,500	40,286,200	3,357,200	33,588,900	2,799,100
25	47,592,400	3,966,100	40,933,200	3,411,100	34,244,500	2,853,800
26	48,332,900	4,027,800	41,579,000	3,465,000	34,839,800	2,903,400
27	49,018,000	4,084,900	42,141,100	3,511,800	35,283,800	2,940,400
28	49,728,900	4,144,100	42,756,100	3,563,100	35,876,700	2,989,800
29	50,383,300	4,198,700	43,430,100	3,619,200	36,443,700	3,037,000
30	51,099,200	4,258,300	44,015,600	3,668,000	37,035,300	3,086,300

표 3.9 보육교직원 인건비 지급 내역 (2024년, 보육교사 1호봉 기준)

내역	금액 (단위: 원)
기본급	2,151,600
교통급식비	30,000
처우개선비	70,000
영유아수당	영아 60,000 유아 70,000
담임교사 지원비	영아반 260,000 유아반 360,000
시간외 근무수당	30,000
명절수당	(연 2회) 50,000
스승의날	(연 1회) 100,000
시 건강지원비	(연 1회) 100,000
구 건강지원비	9연 1회) 100,000

다음으로, 보육교직원의 보수와 관련된 용어를 살펴보면 표 3.10과 같다.

표 3.10 **보육교직원의 보수 관련 용어**

구분	내용
교직원 월지급액 (봉급 월액)	• 연도별 보육교직원 인건비 지급기준에 의한 월지급액으로, 직종별 · 호봉별로 지급되는 연봉을 월 단위로 나누어 지급하는 금액
연봉액 (보수총액)	• 기말수당, 가계지원비, 정근수당, 장기근속수당, 가계 보조수당, 명절 휴가비, 교통 · 급식비 등을 반영하여 연간 총급여를 산정한 금액
호봉	• 근무경력의 기간에 따라 1년을 단위로 인건비 책정을 달리하는 기준
호봉승급	• 일정한 재직기간의 경과에 의하여 현재의 호봉보다 높은 호봉을 부여하는 것
호봉인정 근무 경력	• 호봉 산정 시 인정되는 어린이집 등에 종사한 경력 – 영유아보육법 제정 전 새마을유아원 탁아시설에 근무한 경력 – 육아종합지원센터에서 근무한 경력(대체교사 경력 포함) – 2005년 1월 30일 이후 보육교사 자격을 가지고 방과 후 과정을 운영하는 유치원에 근무한 경력 – 병역법 제18조 제2항에 따른 해당 현역병 의무복무 기간
보수의 일할계산	• 그달의 보수를 그달의 일수로 나누어 계산하는 것
시간 외 수당	• 연장 · 야간 · 휴일근로에 대한 초과근무 수당을 말하며, 근로기준법에 따라 별도 지급하여야 함

(5) 보험

관계 법령이 정하는 바에 따라 보육교직원이 1인 이상인 어린이집의 대표자(설치·운영자)는 관계 법령이 정하는 바에 따라, 상시근로자로 보육교직원을 고용하기 위해서 국민연금, 국민건강보험, 산업재해보상보험, 고용보험의 4대 사회보험에 의무적으로 가입시켜야 한다. 또한 근로기준법 제34조에 의해 퇴직적립금을 관리 · 운영해야 한다.

학습정리

1. 교원의 권리에는 적극적 권리와 소극적 권리가 있다. 적극적 권리에는 자율권, 사회적 지위와 경제적 생활보장권, 근로권이 있으며, 소극적 권리에는 신분보장권, 쟁송제기권, 불체포특권, 교원단체활동권이 있다.

2. 교원의 의무에는 적극적 의무와 소극적 의무가 있다. 적극적 의무에는 교육과 연구활동의 의무, 선서 · 성실 · 복종의 의무, 품위유지의 의무, 비밀엄수의 의무가 있고, 소극적 의무에는 정치활동 금지의 의무, 집단행동 금지의 의무, 영리업무 및 겸직 금지의 의무가 있다.

3. 유치원 교사의 권리와 의무와 관련 법은 헌법, 교육기본법, 국가공무원법, 교육공무원법, 사립학교법, 유아교육법이 있다.

4. 휴가의 유형에는 연가, 공가, 병가, 특별휴가가 있다.

5. 4대 사회보험으로는 국민연금(공무원 연금, 사립학교교직원 연금), 국민건강보험, 산업재해보상보험, 고용보험이 있다.

생각의 나무

1. 유아교사의 권리 중에서 유아교사에게 가장 중요한 권리는 무엇이며, 왜 그렇게 생각하는지를 설명해 봅시다.
2. 유아교사의 복무와 처우 측면에서 현실적으로 보완되어야 할 점을 도출해 봅시다.
3. 김 교사의 현장사례를 읽고, 유아교사의 의무에 근거하여 어떤 문제점이 있는지를 생각해 봅시다.

「교원의 의무」 김 교사의 현장 사례

수도권 지역에 발령받은 김 교사는 A 교육청 일을 많이 했다. 종교 활동을 통해 김 교사가 어릴 적부터 알고 지내던 장학사와 교사가 된 후 연락이 되어 교육청 일을 많이 도와주게 된 동기이다. 김 교사는 B 초등학교 병설 유치원에 재직하면서 모든 일에 적극적이고 수업 활동도 잘하고 유아 지도에도 재능이 있어 발령받은 후에도 두각을 나타냈다. 병설 유치원의 여러 업무를 담당한 후 효과적으로 맡은 일들을 해냈으며 교육청 중요 업무도 돕게 되어 출장도 잦았다. 그런 김 교사가 현재 B 초등학교 병설 유치원에서 임기가 만료되어 이동할 시기가 되었다.

평소 교육청 일에 헌신한 김 교사를 위해 장학사는 편의를 봐주고 싶어서 선호하는 초등학교 병설 유치원을 은근히 물어봤다. 김 교사는 편히 지내는 아버지 같은 분이시기에 그냥 지나가는 말로 가까운 D 초등학교의 병설 유치원을 원한다고 말했다. 문제는 D 초등학교에서 발생했다. 이미 학급과 업무 배정이 모두 종료된 상태에서 공식적으로 빈자리가 없는데도 불구하고, 교육청에서 김 교사를 그 초등학교 병설 유치원으로 전보를 낸 것이다. D 초등학교에서는 김 교사 대신 다른 교사를 전보 조치할 수밖에 없었다. 이에 부정적인 생각을 가진 교장과 원장은 김 교사에게 과중한 업무를 부여했다. 이전 학교에서 맡은 업무량이 너무 많고 교육청 일도 힘겨워 학교를 옮기고 싶었던 김 교사에게는 엎친 데 덮친 격이었다. 장학사에게 김 교사는 전보 소식을 전하는 통화에서 이런저런 어려운 얘기를 하게 되었고, 이야기를 들은 장학사는 D 초등학교 교장에게 전화를 넣었다.

전화 통화 후, D 초등학교는 기존의 학급 배정을 다시 짜게 되었고, 김 교사는 자신이 원하는 만 4세 반에 배정되었다. D 초등학교 병설 유치원의 모든 교사들은 전입 초기부터 말이 많던 김 교사에 대해 시간이 지나면서 더 부정적으로 인식하게 되었다. 김 교사는 시간이 지남에 따라 인간관계가 힘들어졌다.

출처 : 김희수(2011).

Chapter 04

유아교사의 양성교육

학습개요

유치원 교사의 양성과정은 교육부가 고시한 유치원 교사의 자격취득에 필요한 세부 기준에 따라 운영되고 있다. 현재 유치원 교사의 자격증을 취득하기 위해서는 교과교육 8학점을 포함한 전공과목 50학점 그리고 교육실습 4학점을 포함한 교직과목 22학점을 이수해야 한다. 보육교사의 양성과정은 영유아교육법에 기초하여 2년제 및 3년제 전문대학, 4년제 일반대학, 보육교사의 교육원(1년제, 고졸 이상), 사이버대학, 방송통신대학, 학점은행제 과정, 그리고 대학원 등 다양하다. 뿐만 아니라, 보육교사를 양성하는 대학의 학과나 전공에 상관없이 일정 기준의 교과목과 학점만 충족되면 교사 자격이 부여되는 교과목 중심의 양성체제를 따르고 있어, 보육교사는 전문대학과 일반대학 등에서 다양한 양성과정을 통해 배출되고 있다. 이 장에서는 유치원 교사와 보육교사 양성과정에 대하여 살펴보고자 한다.

학습목표

1. 유치원 교사의 양성과정을 이해하고 적용할 수 있다.
2. 보육교사의 양성과정을 이해하고 적용할 수 있다.

1. 유치원 교사의 양성과정

유치원 교사의 양성과정은 교육부가 고시한 유치원 교사의 자격취득에 필요한 세부 기준에 따라 운영되고 있다. 현재 유치원 교사의 자격증을 취득하기 위해서는 교과교육 8학점을 포함한 전공과목 50학점 그리고 교육실습 4학점을 포함한 교직과목 22학점을 이수해야 한다. 추가적으로 다음과 같은 조건도 함께 충족해야 한다.

- 전공과목 평균은 75점 이상을, 교직과목 평균은 80점 이상을 취득해야 한다.
- 2016년부터 〈인성교육 5개년 종합 계획〉과 연동하여 교직 적성 및 인성검사는 2년 이하의 교원양성과정 이수자의 경우 적격판정 1회 이상, 2년을 초과하는 교원양성과정 이수자는 적격판정 2회 이상을 받아야 한다. 또한, 교원양성과정에 인성요소 반영을 확대(과목 개설 또는 교직과목으로 개설된 생활지도 및 상담과목으로 인성교육 역량 제고 등)하였다.
- 2016년 3월 1일부터 시행하는 응급처치 및 심폐소생술 실습기준과 성인지교육 이수기준에 따르면, 교원양성과정을 이수하는 동안 해당 교원양성기관의 장이 실시한 응급처치 및 심폐소생술 실습을 2회 이상, 성인지교육 2회 이상을 이수 받아야 한다.

1) 전공과목

전공과목은 각 교과 내용을 다루는 교과 내용 영역의 과목과 이를 학습자의 특성에 맞게 교육할 수 있는 방법을 교과 교육영역의 과목으로 구성된다. 교원자격검정 실무편람에 의하면 일반전공이 교과 내용 영역에 해당하며 그 중 21학점(7과목)을 기본 이수 과목으로 하고, 교과 교육영역에서 8학점(3과목) 이상을 포함하여 50학점 이상의 전공과목을 이수하도록 규정하고 있다.

유치원 교사의 자격 무시험검정을 위한 전공과목 이수 및 합격 기준은 표 4.1과 같다.

표 4.1 유치원 교사의 자격 무시험검정 전공과목 이수 및 합격 기준

구분	교과목
기본이수과목 21학점(7과목) 이상 포함	유아교육론, 유아교육과정, 영유아발달과 교육, 유아언어교육, 유아사회교육, 유아과학교육, 유아수학교육, 유아미술교육, 유아음악교육, 유아교사론, 유아동작교육, 유아놀이지도, 유아교육기관운영관리, 아동복지, 유아건강교육, 유아관찰 및 실습, 부모교육, 유아안전교육
교과교육영역 8학점(3과목) 이상 포함	교과교육론, 교과교재 연구 및 지도법, 논리 및 논술에 관한 교육, 기타 교과교육영역
전공 50학점 이상	전공과목 평균성적 75/100점 이상

출처: 교육부(2024)

2) 교직과목

교직과목은 교육 현상에 대한 이론적인 이해와 교사로서 직무수행에 필요한 실무능력을 배양하기 위한 과목으로 구성되며, 교직이론과목 12학점(6과목) 이상, 교직소양과목 6학점(4과목) 이상, 교육실습 과목 4학점 이상을 포함하여 총 22학점을 이수하도록 규정하고 있다.

유치원 교사의 자격 무시험검정을 위한 교직과목 이수 및 합격 기준은 표 4.2와 같다.

표 4.2 유치원 교사의 자격 무시험검정 교직과목 이수 및 합격 기준

구분	교과목
교직이론 12학점(6과목) 이상 포함	교육학개론, 교육심리, 교육철학 및 교육사, 교육사회, 교육과정, 교육행정 및 교육경영, 교육평가, 생활지도 및 상담, 교육방법 및 교육공학, 기타 교직이론에 관한 과목
교직소양 6학점(4과목) 이상	특수교육학개론(2학점 이상) 학교폭력예방 및 학생의 이해(2학점 이상) 교직실무(1학점 이상) 디지털교육(1학점 이상)
교육실습 4학점(2과목) 이상	학교현장실습(2학점 이상) 교육봉사활동(2학점, 30시간을 1학점으로 인정)
22학점(12과목) 이상	교직과목 평균성적 80/100점 이상 교육봉사활동 P/F제 가능

출처: 교육부(2024)

3) 교양과목

교양과목은 전문교육을 위한 기초가 아닌 전인 형성을 목적으로 해야 한다. 교양과목은 유치원 교사가 가진 인격, 가치관, 태도 등 그 자체가 유아들의 조화로운 인격체 형성에 영향을 준다. 교양과목의 지식과 경험이 교직의 실천적 지식 함양에 바탕이 되므로 예비 유치원 교사는 교양과목을 통해 인문사회, 과학기술, 예술 등의 다양한 분야에 소양을 쌓는 데 힘써야 한다. 교원양성기관마다 교양과목 이수 학점의 기준은 조금씩 다르나, 가급적 유치원 교사의 특성을 고려하여 교양교육과정의 편성 및 운영이 이루어져야 한다.

예비 유치원 교사들이 양질의 교양교육과정을 이수함으로써 다음과 같은 능력을 배양할 수 있다고 하였다(박선해 외, 2015).

- 교사이기 이전에 전인적인 인간으로 발달하는 데 필요한 다양한 지적 경험을 쌓음으로써 나라의 발전을 주도할 지성인으로서의 자질을 갖추게 된다.
- 여러 가지의 교양과목을 통해 교사에게 요구되는 다양한 지식을 보다 깊이 이해하게 된다. 특히, 유치원 교사는 유아들에게 생활환경 속에서 다양한 지식과 경험을 직간접적으로 소개하는 역할을 하므로, 교양과목을 통해 여러 분양에 대해 정확하고 해박한 지식을 갖는다는 것은 매우 중요한 일이다.
- 교양과목을 이수함으로써 유치원 교사가 갖추어야 할 기술이나 태도 등을 형성하는 데 필요한 기초능력을 기를 수 있다.

2. 보육교사의 양성과정

보육교사의 양성기관은 영유아교육법에 기초하여 2년제 및 3년제 전문대학, 4년제 일반대학, 보육교사 교육원(1년제, 고졸 이상), 사이버대학, 방송통신대학, 학점은행제 과정, 그리고 대학원 등 다양하다. 뿐만 아니라, 보육교사를 양성하는 대학의 학과나 전공에 상관없이 일정 기준의 교과목과 학점만 충족되면 교사 자격이 부여되는 교과목 중심의 양성체제를 따르고 있어, 보육교사는 전문대학과 일반대학 등에서 다양한 양성과정을 통해 배출되고 있다.

그러나 최근에 보육교사의 인성 및 자질 향상에 대한 사회적 요구가 높아지면서 이에 부응하기 위해 2016년 1월 영유아보육법 시행규칙이 개정 · 공포되었다. 이를테면, 보육교사의 인성과 자질을 향상시켜 전문성을 높이고 보육서비스의 질적 수준 향상을 위해 보육교사 자격 기준을 강화한 것이다. 주요 내용을 살펴보면, 교육영역을 교사인성영역, 보육지식과 기술영역, 보육실무영역의 3개 영역으로 구분하여 영역별 필수 교과목을 규정하였고, 총 17개 교과목 중 9개 과목을 대면 교과목으로 지정하여 8시간 이상의 출석 수업과 1회 이상의 출석 시험을 실시하도록 하였다. 그리고 보육 현장에 대한 적응력을 높이기 위해 보육실습 기준을 6주 240시간으로 하였다.

보육교사 자격취득을 위해 이수해야 할 보육 관련 교과목 및 이수 학점을 제시하면 표 4.3과 같다.

표 4.3 보육교사 자격취득을 위한 교과목 및 이수학점

영역		교과목
교사 인성 6학점(2과목) 이상		보육교사(인성)론, 아동권리와 복지
보육 지식과 기술 39학점(11과목) 이상	필수 27학점(9과목) 이상	보육학개론, 보육과정, 영유아 발달, 영유아 교수방법론, 놀이지도, 언어지도, 아동음악(또는 아동동작, 아동미술), 아동수학지도(또는 아동과학지도), 아동안전관리(또는 아동 생활지도)
	선택 12학점(4과목) 이상	아동건강교육, 영유아 사회정서지도, 아동문학교육, 아동상담론, 장애아 지도, 특수아동 이해, 어린이집 운영관리, 영유아 보육프로그램 개발과 평가, 보육정책론, 정신건강론, 인간행동과 사회환경, 아동간호학, 아동영양학, 부모교육론, 가족복지론, 가족관계론, 지역사회복지론
보육실무 6학점(2과목)		아동관찰 및 행동연구, 보육실습(6주)
51학점(17과목) 이상		모든 과목 60/100점 이상(단, 보육실습은 80/100 이상)
참고내용		• 대면 교과목(9개 교과목) : 보육교사(인성)론, 아동권리와 복지, 놀이지도, 언어지도, 아동음악(또는 아동동작, 아동미술), 아동수학지도(또는 아동과학지도), 아동안전관리(또는 아동생활지도), 아동 관찰 및 행동 연구, 보육실습 – 대면 교과목은 8시간 이상 출석 수업과 1회 이상 출석 시험을 실시한다. – 보육실습은 이론수업과 보육현장실습으로 운영한다. – 보육현장실습은 6주 이상 240시간 이상을 원칙으로 하되, 2회에 나누어 실시할 수 있다. – 보육교사의 자격 취득하려는 사람이 보육실습을 신청하는 때에 법적으로 인가받은 15명 이상으로 평가인증을 유지하는 어린이집 또는 교육과정과 방과 후 과정을 운영하는 유치원에서 보육교사 1급 또는 유치원 정교사 1급 자격을 가진 사람이 보육실습을 지도하여야 한다. 이 경우 실습지도교사 1명당 보육실습생은 3명 이하로 한다. – 보육실습은 평일 오전 9시부터 오후 7시 사이에 한 경우에만 인정하며, 보육실습기간은 하루 8시간을 초과할 수 없다. – 보육실습의 평가는 보건복지부 장관이 정하는 보육실습일지와 보육실습평가서에 근거하여 하되, 평가점수가 80점 이상인 경우에만 보육실습을 이수한 것으로 인정한다. • 각 교과목은 3학점을 기준으로 하되 최소 2학점이어야 한다. • 교과목 명칭이 서로 다르더라도 교과목 내용이 비슷하면 같은 교과목으로 인정하고, 보육실습은 교과목 명칭과 관계없이 보육실습기관과 보육실습기간이 충족되면 보육실습으로 인정한다.

출처: 영유아보육법 시행규칙 제12조 제1항 별표 4(개정 2016.1.12.)

1) 교사인성영역

보육교사의 인성이 사회적 관심으로 부각되면서 보육교사 자격취득을 위한 인성교육을 중요시하고 있다. 교사인성영역은 보육교사(인성)론과 아동권리와 복지 2과목(6학점)으로 구성되어 있다. 특히, 보육교사(인성)론은 교사인성영역의 핵심과목으로 사회적 맥락 안에서의 보육의 본질에 대한 올바른 이해를 돕고 교사로서 지녀야 할 능력, 자질 및 인성의 중요성을 강조한다.

2) 보육지식과 기술영역

보육지식과 기술영역은 필수와 선택 교과목으로 구분한다. 필수 교과목은 보육학개론, 보육과정, 영유아발달, 영유아 교수방법론, 놀이지도, 언어지도, 아동음악(또는 아동동작, 아동미술), 아동수학지도(또는 아동과학지도), 아동안전관리(또는 아동생활지도)이며 9과목(27학점) 이상을 이수하도록 하고 있다. 선택 교과목은 아동건강교육, 영유아사회정서지도, 아동문학교육, 아동상담론, 장애아 지도, 특수아동 이해, 어린이집 운영관리, 영유아 보육프로그램 개발과 평가, 보육정책론, 정신건강론, 인간행동과 사회환경, 아동간호학, 아동영양학, 부모교육론, 가족복지론, 가족관계론, 지역사회복지론 중 4과목(12학점)이며 13과목(39학점) 이상을 이수하도록 하고 있다.

3) 보육실무영역

보육실무영역은 아동 관찰 및 행동 연구와 보육실습 2과목(6학점)이다. 보육실습과목은 예비 보육교사로서 보육현장에서 교사의 역할을 미리 체험할 수 있도록 하여 현장적응능력을 길러주고 자신감을 키워준다는 점에서 매우 중요하다. 보육실습은 3학점 이상 이수하되 현장실습과 함께 보육실습의 내용과 방법 등에 대한 이론수업을 대학에서 병행하도록 되어 있다. 보육실습의 경우 성적이 80점(B학점) 이상일 때만 인정된다.

3. 실습

1) 유치원 교사

(1) 교육실습의 목적

교육실습은 교직을 희망하는 학생이 대학의 지도교수와 실습 유치원 지도 교사의 지도를 받으며, 실제 교육현장에서 일정기간 동안 교사로서의 경험해 보는 훈련과정이며 교사양성 교육과정 중에서 가장 핵심적인 과정에 해당한다. 실습을 통해서 예비교사들은 대학에서 배운 이론과 실제를 교육현장에 직접 적용해 볼 수 있는 기회를 갖게 될 뿐만 아니라 교수-학습 방법, 대인관계, 행정적 · 사무적 교사 역할에 대한 실무적 지식과 구체적인 기술, 태도 등을 직접 경험하고 배울 수 있다. 우리나라에서 교사 자격 취득요건으로 교육실습을 반드시 이수해야 하는 필수 교과목으로 규정하고 있다.

교육실습의 목적을 제시하면 다음과 같다(최애경 외, 2016).

- 대학에서 배운 이론과 실제를 직접 교육 현장에서 경험하고, 적용해 볼 수 있는 기회를 가질 수 있다.
- 유아의 발달단계와 특성에 대한 관찰을 통해 발달에 적합한 교육내용 선정 및 조직, 적절한 지도 방법 등을 교육하는 데 필요한 구체적이고 실제적인 기술을 배울 수 있다.
- 학급 운영 및 행정적 · 사무적 측면의 폭넓은 교사 역할에 대해 경험할 수 있다.
- 유아교육에 대한 이해도를 높이고, 교사로서 갖추어야 할 교직관과 교

육자다운 태도를 배울 수 있다.

- 유아교육기관의 다양한 물리적 환경(교실 내 환경, 바깥 놀이 시설 등)과 인적 환경(유아, 교직원, 학부모 등)을 경험해 볼 수 있다.
- 교사가 직면하는 다양한 문제들을 최선의 방향으로 의사결정 해보는 연습 기회를 가질 수 있다.
- 이 모든 것을 배우고 경험해 봄으로써, 교사로서의 자질과 능력을 갖추고 있는지를 확인해 보는 기회로 활용할 수 있다.

(2) 교육실습 교과목 및 학점당 기준시간

교육실습은 대학에서 학교현장실습이라는 교과목으로 이수하도록 규정되어 있다. 학교현장실습은 대학에서 교육실습 이론교육을 이수한 후 유치원에서 실시하는 교육실습을 말한다. 학점은 2학점 이상으로 이수하며 전일제로 실시하는 경우, 1학점당 2주로 하고 실습기간 중에 공휴일 등이 포함되어도 상관없다.

(3) 교육실습기관 선정

학교현장실습은 필히 취득하고자 하는 교사자격증에 해당하는 학교급에서 실시해야 한다. 유치원 교사자격증 취득을 위해서는 유아교육법 제2조 제2호에 따른 유치원에서의 실습만 학교현장실습으로 인정한다. 영유아보육법에 의한 보육시설에서는 학교현장실습이 불가능하다. 학교현장실습 대상 유치원 선정은 실습 대상 인원 및 협력 유치원의 규모, 교육적 관점 등을 고려하고, 실습생이 실제 수업과 실무를 충분히 경험할 수 있을지 등을 종합적으로 검토해야 한다.

(4) 교육실습 시기

교육실습 중 학교현장실습의 실시 학년 및 시기 등은 특별히 규정되어 있지 않다. 대학에서 자율적으로 결정하면 되고, 유치원의 방학기간 중 실습은 대학과 유치원의 협의에 따라 실시 가능하다.

교육실습 관련 세부 기준을 제시하면 표 4.4와 같다.

표 4.4 교육실습 세부 기준

구분	교육실습 세부기준 내용
교과목	• 학교현장실습 교과목으로 이수함 • 학점은 2학점 이상으로 이수함
실습기준 시간	• 전일제로 연속적으로 실시하는 경우 1학점당 2주, 2학점은 4주를 기준으로 함 • 실습기간 중 공휴일 등이 포함되어도 무방함

교육실습 후에는 교육실습결과 보고서를 제출해야 한다. 교육실습 결과 보고서 및 실습평가 척도를 제시하면 표 4.5 및 표 4.6과 같다.

표 4.5 교육실습결과 보고서

교육실습결과 보고서

1. 실습기관명 : 유치원
2. 실습 기간 : 년 월 일 ~ 년 월 일(4 주간)
3. 실습생 및 지도교사

지도교사			실습생		
지위	성명	담당내용	소속	성명	주민등록번호

4. 실습내용

제 1 주	제 2 주	제 3 주	제 4 주

5. 실습상황

학교명 및 학과명	실습생 성명	근무태도 (10%)	일반자질 (15%)	학습지도 능력 (50%)	연구조사 활동 (15%)	학급경영 및 사무처리 능력(10%)	총 점 (100%)

위의 사실을 증명함

년 월 일

__________ **유치원 원장** 직인

표 4.6 실습 평가 척도

실습 평가 척도

1. 근무태도(10)

평가항목	관점 \ 점수	5	4	3	2	1
근무태도	출근상태	결근, 지각, 조퇴가 없다.	지각, 조퇴가 1회 정도 있다.	결근이 1회 있다.	결근이 2회 있다.	결근이 3회 이상 있다.
	근무 성실성	항상 성실하게 근무한다.	대체로 성실하게 근무한다.	보통으로 근무한다.	소극적으로 근무한다.	아주 소극적으로 근무한다.

2. 자질(15)

평가항목	관점 \ 점수	5	4	3	2	1
원아에 대한 태도	• 유아와의 놀이 • 유아지도	항상 유아와 잘 놀고 친절하게 지도한다.	대체로 유아와 다정하게 놀이하고 지도한다.	보통이다.	유아와의 놀이 및 놀이지도에 소극적이다.	유아와의 놀이 및 놀이지도에 아주 소극적이다.
협동	• 실습생 상호 간 인간관계 • 협력적 태도	항상 남을 존중하고 일에 적극 협력한다.	대체로 남을 존중하고 일에 있어 협력한다.	보통이다.	남을 존중하지 않고 협력하지 않는 편이다.	남을 존중하지 않고 아주 협력하지 않는 편이다.
품위	• 복장 • 언어적 행동	항상 복장이 단정하고 언어적 행동이 적절하여 유아들에게 좋은 영향을 준다.	대체로 복장이 단정하고 언어적 행동이 적절하여 유아들에게 좋은 영향을 준다.	보통이다.	비교적 복장이 단정하지 못하고 언어적 행동도 적절하지 못하다.	비교적 복장이 단정하지 못하고 언어적 행동도 아주 적절하지 못하다.

3. 학습지도능력(50)

평가항목	관점 \ 점수	5	4	3	2	1
교재연구	교재연구의 성실성	항상 교재연구를 잘 한다.	대체로 교재연구를 잘 한다.	보통이다.	교재연구를 비교적 잘 하지 않는다.	교재연구가 아주 부족하다.
지도안 작성	목표, 교재 내용 세분화 및 조직화	항상 유아의 특성 및 교재의 성질에 맞게 계획한다.	대체로 유아의 특성 및 교재의 성질에 맞게 계획한다.	보통이다.	비교적 유아의 특성 및 교재의 성질에 맞지 않게 계획한다.	유아의 특성 및 교재의 성질에 전혀 맞지 않게 계획한다.
자료준비 및 활동	• 자료의 적절성 • 자료준비의 성실성	항상 알맞은 자료를 창의적으로 준비하여 학습의 효율을 올린다.	대체로 알맞은 자료를 창의적으로 준비하여 학습의 효율을 올린다.	보통이다.	준비한 자료가 비교적 적절하지 않고 풍부하지도 못하다.	자료가 아주 부족하다.
유아지도 기술	• 발문 • 자료 활용 능력	항상 알맞은 발문을 하고 자료를 적절히 제시한다.	대체로 알맞은 발문을 하고 자료를 적절히 제시한다.	보통이다.	발문과 자료 제시가 알맞지 않을 때가 많다.	발문과 자료제시가 아주 부적절하다.
평가기술	수업과정의 평가	항상 수업과정에서 평가를 적절하게 활용한다.	대체로 수업과정에서 평가를 적절하게 활용한다.	보통이다.	수업과정에서 평가를 적절하게 활용하지 못한다.	수업과정에서 평가를 전혀 활용하지 못한다.

4. 연구활동(15)

평가항목	점수 / 관점	5	4	3	2	1
연구	연구하는 태도	항상 성실하게 연구한다.	대체로 성실하게 연구한다.	보통이다.	비교적 연구를 하지 않는 편이다.	전혀 연구를 하지 않는 편이다.
관찰	유아관찰 태도	항상 유아의 행동을 세밀히 관찰 · 기록한다.	대체로 유아의 행동을 세밀히 관찰 · 기록한다.	보통이다.	비교적 관찰을 하지 않는 편이다.	전혀 관찰을 하지 않는 편이다.
실습일지 작성	• 내용의 적절성 • 작성태도	항상 창의적인 내용으로 성실하게 작성한다.	대체로 창의적인 내용으로 성실하게 작성한다.	보통이다.	비교적 내용이 창의적이지 못하고 성실성도 부족하다.	내용이 아주 단편적이고 성실성도 부족하다.

5. 학급경영 및 사무처리 능력(10)

평가항목	점수 / 관점	5	4	3	2	1
학급경영	계획성 및 학급경영	항상 학급경영을 잘 세우고 실천한다.	대체로 학급경영을 잘 세우고 실천한다.	보통이다.	학급경영 계획 수립과 실천을 비교적 잘 하지 못한다.	학급경영 계획 수립과 실천을 전혀 하지 못한다.
사무처리	신속성	항상 신속하게 사무를 처리한다.	대체로 신속하게 사무를 처리한다.	보통이다.	사무처리가 비교적 늦다.	사무처리를 전혀 하지 못한다.

2) 보육교사

(1) 보육실습의 목적

보육실습의 목적은 보육교사 자격증을 취득하기 위한 핵심 필수 과목이며 양성교육기관에서 배운 이론과 지식을 현장에서 실제 적용해 보는 핵심적 과정이라고 규정하고 있다. 지침에 따라 보육실습의 목적을 제시하면 다음과 같다(한국보육진흥원, 2013).

- 보육의 철학과 목적 및 목표에 대한 생각을 발전시킨다.
- 실제 경험을 토대로 영유아에 대한 심화된 이해를 한다.
- 연령과 발달수준에 적합한 구체적인 보육내용, 놀이 중심의 상호작용, 영유아의 흥미를 고려한 효과적인 교수법 등을 관찰하고 직접 수행해 본다.
- 실습기관 실내 · 외의 환경구성 및 자료의 적절한 활용을 경험한다.
- 보육교사의 전문적 역할과 책임, 태도를 직접 경험한다.
- 보육실습생 스스로 보육교사로서의 자질을 파악하고, 전문성을 향상시키기 위한 노력을 하며, 향후 진로를 탐색한다.
- 보육실습기관과 지역사회, 부모 간 연계를 경험하고, 어린이집 내 조직문화 등을 이해한다.

(2) 보육실습 교과목 및 학점 기준

보육실습은 보육실습 교과목 이수를 원칙으로 하며 이론수업과 현장실습으로 이뤄져야 한다. 성적증명서를 통하여 교과목 확인이 가능해야 한다. 다만, 교과목 명칭이 다르더라도 유아 교과목(보육현장실습, 교육실습 등) 인정 범위 내의 과목을 이수한 경우, 보육실습기관 및 실습기간이 조건을 충족 시에 보육실습으로 인정한다. 보육실습 교과목은 3학점(보육교사 3급 자격 기준 보육실습은 4학점)으로 이수하여야 하며, 평가점수가 80점(B학점) 이상인 경우에만 보육실습을 이수한 것으로 인정한다.

(3) 보육실습기관 및 지도교사

보육실습은 다음과 같은 기관에서 필히 실시해야 한다(최애경 외, 2016).

- 법적으로 인가받은 정원 15인 이상으로 평가인증을 유지하는 어린이집
- 교육과정과 방과 후 과정을 운영하는 유치원

「법적 기준에 대한 충복은 물론 실습기관 선정 시 평가인증을 받은 어린이집, 질적 수준이 높다고 판단되는 어린이집, 실습생 지도에 최선을 다하는 어린이집 등 실습생들이 좀 더 우수한 곳에서 실습을 경험할 수 있도록 실습기관 선정에 신중을 기하도록 한다. 실습 지도는 보육교사 1급 또는 유치원 정교사 1급 자격증을 가진 교사가 지도해야 한다. 이 경우 실습 지도교사 1명당 보육실습생은 3명 이내로 한다.」

(4) 보육실습 이수 시기 및 기간

보육실습은 보육실습 교과목이 개설된 학기 중(직전 및 직후 방학 포함)의 시기에 반드시 해야 하며, 일상적인 보육이 이루어지는 3~6월, 9~11월에 실습하는 것이 바람직하다. 보육교사의 보육 현장 적응력을 높이기 위해 실습 기간은 연속적으로 월~금요일(6주 240시간 이상)이어야 한다(2회 분할실시 가능). 실습 인정 시간은 오전 9시부터 오후 7시 사이의 보육 실습기관 운영 중에 1일 8시간 동안 하는 것이 원칙이다. 그리고 평가인증을 유지한 어린이집에서 실습이 진행되어야 한다.

보육실습평가서 및 보육실습확인서는 표 4.7 및 표 4.8과 같다.

표 4.7 보육실습평가서

보육실습평가서

성　　　명 :
주민등록번호 :
보육실습 기관명 :
보육실습 기간 :　　년　　월　　일 ~　　년　　월　　일

평가영역(배점)	평가항목		배점	점수
근무태도와 자질 (20점)	근무사항	출석, 결석, 지각, 조퇴 등	5	
	태도	성실성, 근면성, 친절, 적극성, 복장 및 용모, 예절	5	
	자질	영유아 존중, 책임감, 인성, 열의	5	
	관계 형성	실습지도교사와의 관계 동료 실습생과의 관계	5	
보육활동 계획과 실행 (30점)	보육활동 계획	영역별, 반일(일일)보육활동 계획의 적합성과 충실한 준비	15	
	보육활동 실행	영역별, 반일(일일)보육활동의 효과적이고 적절한 실행 정도	15	
예비 보육교사로서 역할수행 (30점)	영유아 행동 및 놀이 관찰, 보육환경 관찰		5	
	보육일과 진행 보조와 일상생활 지도		10	
	영유아 상호작용과 놀이 참여		15	
보육실습일지 작성 (10점)	구체적이고 충실한 보육실습일지 작성과 일일 자기평가 및 지도교사 평가 반영		10	
총평(10점)	실습기간 동안 예비 보육교사로서 향상 정도		10	
총 점			100	

년　　월　　일

보육실습 지도교사 :　　　　　(인)

어린이집　원장 :　　　　　(인)

표 4.8 보육실습확인서

보육실습확인서

1. 실습 이수자 기본사항

이름	주민등록번호	양성교육기관명

2. 실습기관

실습기관명		실습기관 보육정원	
기관종류		최초인가일	
주 소			
연락처			

3. 실습지도교사

이름	자격종류	자격번호

4. 실습 기간

실습기간	년 월 일 ~ 년 월 일
실습시간	총 시간(매주 요일 ~ 요일까지, 오전 시 ~ 오후 시)

위 사람은 영유아보육법 시행규칙 제12조 제1항에 의한 보육실습을 충실히 하였음을 확인합니다.

년 월 일

어린이집 원장 (서명 또는 인)

학과장 (서명 또는 인)

※ 첨부서류
1. 실습기관 시설인가증 사본 1부 2. 보육실습 지도교사 자격증 사본 1부

※ 어린이집 지원시스템을 통하여 보육실습확인서를 출력한 경우 첨부서류를 제출하지 않아도 됨(단, 유치원은 양성교육기관에서 양식제공)

※ 기관 종류: 어린이집, 교육과정과 방과 후 과정을 운영하는 유치원 중 택일
자격 종류: 보육교사 1급, 유치원 정교사 1급 중 선택

4. 공립유치원 임용시험

공립유치원 임용시험은 1, 2차 시험으로 구분하여 진행한다. 1차 시험은 원칙적으로 매년 11월 초에 진행되고, 약 1개월 후 12월 초에 1차 합격자인 임용 예정 인원의 150%를 발표한다. 이후 1개월이 지나 1월 초에 2차 시험이 진행되고, 1개월 후인 2월 초에 최종합격자를 발표한다. 임용시험은 졸업예정자도 응시 가능하며 3, 4년제의 학제에 제한받지 않는다.

1차 시험 응시 전까지 한국사 3급 이상의 검정시험을 통과해야 한다. 한국사의 시험 효력은 검정시험 통과일로부터 5년이다. 1차 시험과목으로 교직논술(20점)과 교육과정(80점)이고 1차 시험에 150% 내에 합격해야 2차 시험이 가능하다. 2차 시험은 실습 면접(40점), 교수-학습과정안 작성(15점), 수업 실연(45점)으로 2일 동안에 진행된다. 2차 시험의 배점은 시·도 교육청별로 달리 정할 수 있으므로 응시 시·도 교육청의 임용시험 응시계획을 확인해야 한다.

임용시험 1, 2차 일정은 표 4.9에, 1차 시험 배점 및 출제범위는 표 4.10에, 2차 시험 배점 및 출제범위는 표 4.11에, 2차 시험시간은 표 4.12에 제시하였다.

표 4.9 임용시험 1, 2차 일정

<table>
<tr><th>구분</th><th>시행일자</th><th>시험과목</th><th>시험시간</th><th>시험장소</th><th>대상</th></tr>
<tr><td rowspan="4">1차 시험</td><td rowspan="4">1 일차</td><td>교직논술</td><td>09:00~10:00 (60분)</td><td rowspan="3">임용시험 공고 홈페이지 참조</td><td rowspan="3">응시자 전원</td></tr>
<tr><td>교육과정 A</td><td>10:40~11:50 (70분)</td></tr>
<tr><td>교육과정 B</td><td>12:30~13:40 (70분)</td></tr>
<tr><td>한국사</td><td colspan="3">한국사 검정시험으로 대체</td></tr>
<tr><td rowspan="3">2차 시험</td><td>1 일차</td><td>교직적성 심층면접</td><td colspan="2" rowspan="3">1차 시험 합격자 발표 시 안내 (홈페이지 참조)</td><td rowspan="3">1차 시험 통과자 (150% 내외)</td></tr>
<tr><td rowspan="2">2 일차</td><td>교수-학습 과정안 작성</td></tr>
<tr><td>수업실연</td></tr>
</table>

표 4.10 1차 시험 배점 및 출제범위

<table>
<tr><th>선발분야</th><th>시험과목</th><th>배점</th><th>출제범위</th><th>문항수</th><th>시간(분)</th><th>비고</th></tr>
<tr><td rowspan="3">유치원 교사</td><td>교직논술</td><td>20</td><td>유치원 교직 및 교양 전 영역</td><td>1</td><td>60</td><td>논술형</td></tr>
<tr><td>교육과정</td><td>80</td><td>유치원 교육과정 전 영역</td><td>16문항 내외</td><td>140</td><td>기입형, 서술형</td></tr>
<tr><td>한국사</td><td colspan="5">한국사 검정시험으로 대체</td></tr>
</table>

표 4.11 2차 시험 배점 및 출제범위

선발분야	시험과목	배점	출제범위	문항수	시간(분)	비고
유치원 교사	교직적성 심층면접	40	교사로서의 적성, 교직관, 인격 및 소양	3 (구상 1, 즉답 2)	10	구술형
	교수–학습 과정안 작성	15	교과과정의 일정 주제에 대한 교수–학습 과정안 작성	1	60	서술형
	수업실연	45	교사로서의 학습지도 능력과 의사소통능력	1	15	구술형

표 4.12 2차 시험시간

시험일자	시험과목	시험시간	입실 (가능시간)	입실 (완료시간)	비고
1 일차	교직적성 심층면접	12:00 ~	10:20	11:20	식사 후 시험실 입실
2 일차	교수–학습과정안 작성	09:00~10:00	07:20	08:20	도시락 지참
	관리번호 추첨 및 중식	10:00~12:00			
	수업실연	12:00 ~			

학습정리

1. 유치원 교사의 자격증 취득에 필요한 전공과목, 교직과목, 학교현장실습, 기타 과제를 이수해야 한다. 보육교사 역시 자격증 취득에 필요한 전공과목, 보육실습 과목을 이수해야 한다.

2. 학교현장실습은 4주 160시간 이상 이수하되 80점 이상 취득해야 하며, 2회로 분할하여 진행할 수 있다.

3. 보육실습은 6주 240시간 이상 이수하되 80점 이상 취득해야 하며, 15인 이상 어린이집(평가인증)이나 방과 후 과정을 운영하는 유치원에서 실시해야 한다. 지도교사는 보육교사 1급 또는 유치원 정교사 1급을 소지자이어야 한다. 보육실습도 2회 분할하여 실시 가능하다.

생각의 나무

1. 유치원 교사의 양성과정을 이해하고 착안해야 할 사항을 설명해 봅시다.
2. 학교교육실습 전, 중, 후에 수행해야 할 실습교사의 역할을 작성해 봅시다.

Chapter 05

유아교사의 자격, 임용과 연수

학습개요

유아교사의 자격은 교육부 주관의 유치원 교사와 보육교사로 구분한다. 특히, 종별에 따라 자격 기준이 다르다. 임용은 교육공무원법 제2조 제6항에 의거 신규 채용, 승진, 승급, 전직, 전보, 겸임, 파견, 강임, 휴직, 직위해제, 정직, 복직, 면직, 해임 및 파견 등을 말하고, 연수는 유치원 교사, 원감, 원장의 연수로 구분되며 직무연수, 자격연수, 일반연수로 구분한다. 또 영유아보육법 시행규칙에 의거 보육교사 보수교육은 크게 직무교육과 승급 교육으로 구분한다. 직무교육은 교육 대상에 따라 일반직무교육과 특수직무교육으로, 승급 교육은 1, 2급 보육교사 승급 교육으로 구분한다. 이 장에서는 유아교사의 자격, 임용 및 연수 관련 세부 내용에 대하여 살펴보고자 한다.

학습목표

1. 유아교사의 자격 기준 및 절차에 대하여 설명할 수 있다.
2. 유아교사의 임용 기준 및 절차에 대하여 설명할 수 있다.
3. 유아교사의 연수 유형 및 기준에 대하여 설명할 수 있다.

1. 유아교사의 자격

1) 유치원 교사

유치원에는 원장 · 원감 · 수석교사 및 교사를 포함한 촉탁의사, 영양사, 간호사 또는 간호조무사, 행정직원 등의 직원이 포함된 교직원을 둘 수 있다. 유치원 교원은 법적인 자격요건에 따라 원장, 원감, 수석교사, 교사(1급, 2급) 및 준교사로 나누어지며, 직무수행에 따라 부장교사, 교사로 구분한다. 또한 교육과정 운영상 필요한 경우에 강사, 기간제 교사 또는 명예교사 등을 두어 유아교육을 담당 또는 보조하게 할 수 있다.

(1) 유치원 교원의 종별 자격과 자격기준

유치원 교원의 종별 자격과 자격기준은 유아교육법에 명시되어 있으며, 이를 정리하여 제시하면 표 5.1과 같다.

표 5.1 유치원 교원의 종별 자격과 자격 기준

자격 종별	자격 기준
원장	1. 유치원의 원감 자격증을 가지고 3년 이상의 교육경력과 소정의 재교육을 받은 자 2. 학식 · 덕망이 높은 자로서 대통령령이 정하는 기준에 해당한다고 교육부 장관의 인정을 받은 자
원감	1. 유치원 정교사(1급) 자격증을 가지고 3년 이상의 교육경력과 소정의 재교육을 받은 자 2. 유치원 정교사(2급) 자격증을 가지고 6년 이상의 교육경력과 소정의 재교육을 받은 자
수석교사	1. 유치원 정교사 자격증을 소지한 자로서 15년 이상의 교육경력을 가지고 교수 · 연구에 우수한 자질과 능력을 가진 사람 중에서 대통령령으로 정하는 바에 따라 교육부 장관이 정하는 연수 이수결과를 바탕으로 검정 · 수여하는 자격증을 받은 자
정교사 (1급)	1. 유치원 정교사(2급) 자격증을 가진 자로서 3년 이상의 교육경력을 가지고 소정의 재교육을 받은 자 2. 유치원 정교사(2급) 자격증을 가지고 교육대학원 또는 교육부 장관이 지정하는 대학원의 교육과에서 유치원 교육과정을 전공하여 석사학위를 받은 자로서 1년 이상의 교육경력이 있는 자
정교사 (2급)	1. 대학에 설치하는 유아교육과 졸업자 2. 대학(전문대학 및 이와 동등 이상의 각종 학교와 평생교육법 제31조 제4항에 따른 전문대학 학력 인정 평생교육시설을 포함한다.) 졸업자로서 재학 중 소정의 보육과 교직 학점을 취득한 자 3. 교육대학원 또는 교육부 장관이 지정하는 대학원의 교육과에서 유치원교육과정을 전공하고 석사학위를 받은 자 4. 유치원 준교사 자격증을 가진 자로서 2년 이상의 교육경력을 가지고 소정의 재교육을 받은 자
준교사	1. 유치원 준교사 자격 검정에 합격한 자

「비고」
1. 원장 · 원감, 초 · 중등교육법의 규정에 의한 교장 · 교감, 교육장 · 장학관 · 장학사 · 교육연구관 · 교육연구사의 경력연수는 교육경력연수로 볼 수 있다.
2. 이 표 중에서 전문대학에는 종전의 초급대학 · 전문학교 및 실업고등전문학교를 포함한다.

출처 : 유아교육법 제22조 별표 1, 2〈개정 2013.3.23.〉

(2) 유치원 교원의 배치기준

유치원 교원의 정원 · 배치 등에 대하여 필요한 사항은 대통령령으로 정하고 있으며, 이를 정리하여 제시하면 표 5.2와 같다.

표 5.2 유치원 교원의 배치기준

구분	배치기준	비고
원장	• 유치원별로 1명씩 배치	• 2학급 이하의 경우, 원장 및 원감이 학급 담당 가능
원감	• 3학급 이상 1명 배치	
수석교사	• 유치원별로 1명씩 배치 • 수석교사는 학급을 담당하지 않지만, 유치원 규모 등 유치원 여건에 따라 학급 담당 가능	• 유아 수가 100명 이하인 유치원 또는 학급 수가 4학급 이하인 유치원에는 수석교사를 두지 않을 수 있음
보직교사	• 3학급 이상~5학급 이하: 1명 • 6학급 이상~11학급 이하: 2명 • 12학급 이상: 3명	• 11학급 이하의 교육부 지정 연구학교의 경우, 보직교사 1명 추가 배치 가능
교사	• 학급마다 교사 1명 배치	• 방과 후 과정을 운영하는 유치원의 경우, 방과 후 과정 운영 담당교사를 1명 이상 배치

출처 : 유아교육법 시행령 제23조, 제23조의2〈개정 2013.3.23.〉

2) 보육교사

어린이집에는 영유아의 보육, 건강관리 및 보호자의 상담, 그 밖에 어린이집의 관리·운영 등의 업무를 담당하는 원장, 보육교사, 특수교사, 치료사, 간호사, 영양사, 취사원 등의 보육교직원이 있다. 보육 활동에 직접적으로 관련되는 원장과 보육교사의 자격 기준을 제시하면 다음과 같다.

(1) 어린이집 원장

영유아보육법 시행령 제21조 별표 1에 의하면 어린이집 원장은 보건복지부 장관이 검정·수여하는 국가자격증을 받은 자이어야 하며, 보건복지부령으로 정하는 사전 직무교육을 반드시 이수해야 한다. 어린이집 원장의 종별 자격 기준은 표 5.3과 같다.

표 5.3 어린이집 원장의 종별 자격 기준

종별 \ 자격	자격 기준
일반기준 (300인 이하 어린이집)	1. 보육교사 1급 자격을 취득한 후 3년 이상의 보육 등 아동복지업무 경력이 있는 사람 2. 유아교육법에 의해 유치원 정교사 1급 자격을 취득한 후, 3년 이상의 보육 등 아동복지업무 경력이 있는 사람 3. 유치원 원장의 자격을 가진 사람 4. 초·중등교육법에 의한 초등학교 정교사 자격을 취득한 후 5년 이상의 보육 등 아동복지업무 경력이 있는 자 5. 사회복지사업법에 따른 사회복지사 1급 자격을 취득한 후, 5년 이상의 보육 등 아동복지업무 경력이 있는 자 6. 의료법에 의한 간호사 면허를 취득한 후 7년 이상의 보육 등 아동복지업무 경력이 있는 자 7. 국가 또는 지방자치단체에서 7급 이상의 공무원으로 보육 등 아동복지업무에 5년 이상 근무한 경력이 있는 자
가정 어린이집 (5인 이상 20인 이하 어린이집)	1. 일반기준에서 정한 자격을 갖춘 사람 2. 보육교사 1급 이상의 자격을 취득한 후 1년 이상의 보육업무 경력이 있는 사람
영아전담 어린이집 (만 3세 미만 영아만 20명 이상 보육)	1. 일반기준에서 정한 자격을 갖춘 사람 2. 간호사 면허를 취득한 후 5년 이상의 아동간호업무 경력이 있는 사람
장애아 전문 어린이집 (장애 영유아만을 12명 이상 보육)	1. 일반기준에서 정한 자격을 갖춘 사람으로서 대학(전문대학 포함)에서 장애인복지 및 재활 관련 학과를 전공한 사람 2. 일반기준에서 정한 자격을 갖춘 사람으로서 장애영유아 어린이집에서 2년 이상의 보육업무 경력이 있는 사람
고등교육법에 따른 대학(전문대학 포함) 또는 교육훈련시설이 운영(위탁 또는 부설 운영을 말함)하는 어린이집	1. 일반기준에서 정한 자격을 갖춘 사람 2. 어린이집을 운영하는 대학의 조교수 또는 교육훈련시설의 전임교수 이상으로서 보육 관련 교과목에 대하여 3년 이상의 교육경력이 있는 사람

출처 : 영유아보육법 시행령 제21조 별표 1〈개정 2014.12.30.〉

(2) 보육교사

보육교사는 영유아보육법 시행령 제21조에 의거 보육교사 1급, 보육교사 2급, 보육교사 3급으로 구분된다. 보건복지부 장관이 검정·수여하는 국가자격증을 발급받은 자는 어린이집에서 보육교사로 근무할 수 있으며, 보육교사의 등급별 자격 기준은 표 5.4와 같다.

표 5.4 보육교사의 등급별 자격 기준

자격 / 종별	자격 기준
보육교사 1급	1. 보육교사 2급 자격을 취득한 후 3년 이상의 보육업무 경력이 있는 사람으로서 보건복지부 장관이 정하는 승급교육을 받은 사람 2. 보육교사 2급 자격을 취득한 후 보육 관련 대학원에서 석사학위 이상을 취득하고 1년 이상의 보육업무 경력이 있는 사람으로서 보건복지부 장관이 정하는 승급 교육을 받은 사람
보육교사 2급	1. 전문대학 또는 이와 같은 수준 이상의 학교에서 보건복지부령으로 정하는 보육 관련 교과목 및 학점을 이수하고 졸업한 사람 2. 보육교사 3급 자격을 취득한 후 2년 이상의 보육업무 경력이 있는 사람으로서 보건복지부 장관이 정하는 승급 교육을 받은 사람
보육교사 3급	고등학교 또는 이와 같은 수준 이상의 학교를 졸업한 사람으로서 보건복지부령으로 정하는 교육훈련시설에서 정해진 교육과정을 수료한 사람

출처 : 영유아보육법 시행령 제21조 별표 1<개정 2014.12.30.>

(3) 보육교직원의 배치기준

보육교직원 및 그 밖의 인력의 배치기준 등에 필요한 사항은 보건복지부령에서 정하고 있으며, 이를 정리하여 제시하면 표 5.5와 같다.

표 5.5 보육교직원의 배치기준

구분	배치기준		비고
원장	원장 1명		• 영유아 20명 이하를 보육하는 어린이집의 경우, 원장이 보육교사를 겸임할 수 있음 • 정원 21~39인 어린이집의 경우 시장 · 군수 · 구청장이 특례(도서 · 벽지 · 농어촌 지역에 있는 어린이집으로서 교사 수급이 어렵다고 인정되는 경우)를 인정할 경우 원장이 보육교사를 겸임할 수 있음
보육교사	만 1세 미만	영아 3명당 1명	
	만 1세 이상~ 만 2세 미만	영아 5명당 1명	
	만 2세 이상~ 만 3세 미만	영아 7명당 1명	
	만 3세 이상~ 만 4세 미만	유아 15명당 1명	
	만 4세 이상~ 미취학 유아	유아 20명당 1명	• 유아 40명당 1명은 보육교사 1급 자격 소지자
	취학아동	20명당 1명	
	장애아 보육	장애아 3명당 1명	• 장애아 9명당 1명은 특수교사 자격 소지자
보조교사	어린이집에는 보육교사의 업무부담을 경감할 수 있도록 보조교사 등을 둠		
대체교사	휴가 또는 보수교육 등으로 보육교사의 업무에 공백이 발생하는 경우에는 이를 대체할 수 있는 대체 교사를 배치함		
간호사 (간호조무사)	영유아 100명 이상을 보육하는 어린이집의 경우 간호사(간호조무사 포함) 1명		• 원장이 겸직 가능(자격증 소지자)
영양사	영유아 100명 이상을 보육하는 어린이집의 경우 1명		• 원장이 겸직 가능(자격증 소지자) • 어린이집 단독으로 영양사를 곤란할 때는 동일 시 · 군 · 구의 5개 내의 어린이집이 공동으로 영양사를 둘 수 있음
조리원	영유아 40명 이상 80명 이하를 보육하는 어린이집의 경우 1명		• 영유아 80명 이상을 초과할 때마다 1명씩 증원
그 밖의 보육교직원	어린이집의 규모와 특성에 따라 의사(또는 촉탁의사), 사회복지사, 사무원, 관리인, 위생원, 운전기사, 치료사 등의 보육교직원을 추가적으로 배치할 수 있음		

출처 : 보건복지부(2018). 2018년도 보육사업 안내.

2. 유아교사의 임용

교육공무원법 제2조 제6항에 의하면, 임용이란 일반적으로 교직원의 신규 채용, 승진, 승급, 전직, 전보, 겸임, 파견, 강임, 휴직, 직위해제, 정직, 복직, 면직, 해임 및 파견 등을 말한다.

1) 유치원 교사

국공립유치원 교원과 사립유치원 교원의 임용으로 구분할 수 있다. 공립유치원 교원의 임용은 교육공무원법 제10조 임용의 원칙에 따라 그 자격, 재교육성적, 근무 성적, 그 밖에 실제 증명되는 능력에 의하여 자격을 갖추고 임용을 원하는 모든 사람에게 능력에 따른 균등한 임용의 기회가 보장된다. 교육공무원법 제11조에 따라 교사의 신규 채용은 공개 전형으로 이루어진다.

사립유치원 교원의 임용은 사립학교법 제53조 2에 따라 법인이 설립한 경우는 원장의 제청으로 이사회 의결을 거쳐야 하고, 개인이 설립한 경우는 원장의 제청에 의해 임용된다. 사립학교법 제54조에 의하면 교원 임용권자는 교원을 임용했을 때는 임용한 날로부터 7일 이내에 관할교육청에 보고해야 한다.

유치원 교사의 임용과정을 제시하면 표 5.6과 같다.

표 5.6 유치원 교사의 임용과정

① 채용	• 임용권자 – 국공립유치원: 국가 – 사립유치원: 사립학교법에 근거한 경영자 또는 원장 • 채용방법 – 국공립유치원: 공개전형(임용후보자 경쟁시험: 필기, 실기, 면접시험 등의 방법 – 사립유치원: 유치원 자체적인 선발규정(대학 관련 학과의 교수추천 및 소개, 교육실습, 재직 교직원의 추천, 인터넷 등의 매체를 통한 채용공고 등)
② 선발	• 국공립유치원: 공개전형(필기, 실기, 면접시험 등의 방법) • 사립유치원: 서류심사(이력서 및 자기소개서) 및 면접
③ 신원조사 의뢰	• 유치원→교육청→경찰청→회신받음→교육청에서 유치원으로
④ 채용 확정	• 결격사유 없을 시 채용 확정
⑤ 임용보고	• 임용 보고 절차 – 국공립유치원: 교육감은 유치원 교사 신규 임용후보자 선정 경쟁시험에 합격된 자를 수급 상황에 따라 지역교육청에 배정하고 교육장이 임용함 – 사립유치원: 관할교육청 • 임용보고 시 구비서류 – 교사: 인사기록카드, 교원자격증 사본, 최종학력 증명서, 주민등록 등본, 호적 등본, 채용신체검사서, 신원진술서, 신원조사회보서, 경력증명서(경력자에 한함) – 원장: 인사기록카드, 교원자격증 사본, 이력서, 주민등록등본, 호적등본, 채용신체검사서, 신원진술서, 신원조사회보서, 경력증명서(경력자에 한함)
⑥ 인사기록 등재	• 인사기록카드 및 발령대장에 기록 · 보관 • 수기된 인사기록카드를 교육행정정보시스템(NEIS)에 전산입력 관리
참고사항 (임용 관련 용어)	• 신규 채용 : 행정조직에 결원이 생겼을 때 행정조직 바깥에서 사람을 신규로 선발하는 것 • 승진 : 직위의 등급이나 계급이 오르는 것을 말하며, 봉급이나 급료, 자격 기준 등이 오르는 것으로 교육공무원의 승진임용은 같은 종류의 직무에 종사하는 바로 아래 직급의 사람 중에서 대통령령으로 정하는 바에 따라 경력평정, 재교육성적, 근무 성적, 그 밖에 실제 증명되는 능력에 의해 이루어지는 것 • 전직 : 교육공무원의 종류와 자격을 달리하여 임용하는 것 • 전보 : 교육공무원을 같은 직위 및 자격에서 근무 기관이나 부서를 달리하여 임용하는 것 • 강임 : 같은 종류의 직무에서 하위직무에 임용하는 것 • 복직 : 휴직, 직위해제 또는 정직 중에 있는 교육공무원을 직위에 복귀시키는 것

2) 보육교사

보육교직원의 임용은 영유아보육법 시행규칙 제10조 별표 2의 보육교직원의 배치기준에 따른 자격을 갖춘 사람을 대상으로 한다. 보육교직원의 임용은 공개경쟁을 원칙으로 하며, 서류심사와 면접 등의 객관적이고 공정한 과정을 통해 이루어진다.

보육교직원의 임용과정을 제시하면 표 5.7과 같다.

표 5.7 보육교직원의 임용과정

구분	원장	보육교사 등 그 밖의 보육교직원
임면권자	• 국공립어린이집: 시 · 군 · 구청장 • 법인 · 직장 · 민간어린이집: 어린이집 설치자 • 협동어린이집: 조합을 설치 · 운영하는 대표자	• 원장의 제청으로 법인이나 단체의 대표자 또는 어린이집 설치자(수탁자 포함)
채용조건 및 채용방법	• 신규 채용의 경우 무자격자는 채용할 수 없음 • 유자격자인 경우에도 상근이 어려운 경우에는 채용대상에서 제외함 • 행정기관, 민간단체 등에서 명예직 복수 신분을 가지고 있는 자는 제외함	• 공개경쟁 채용을 원칙으로 함 • 공립어린이집의 경우 시 · 도지사 또는 시 · 군 · 구청장이 보육교사를 채용한 후 배치할 수 있음
비고	• 어린이집 설치자가 종사자 임면권을 수탁자에게 위임한 경우에는 수탁자가 임면한다. 단, 수탁 운영자에게 종사자 임면권이 위임된 경우라 할지라도 근로기준법 등에서 규정한 고용승계 등 종사자의 신분을 철저히 보장해야 함	• 졸업예정자에 대한 특례: 대학 또는 전문대학의 졸업예정자는 졸업예정증명서를 제출받아 보육교직원(원장 제외)으로 채용할 수 있음(단, 2개월 이내에 졸업증명서를 사후에 제출하여야 함)

출처 : 보건복지부(2018). 2018년도 보육사업 안내.

3. 유아교사의 연수

1) 유치원 교사의 직무 및 자격연수

유치원 교사, 원감, 원장의 연수는 직무연수, 자격연수 및 일반연수로 구분한다. 교원 등의 연수에 관한 규정 제7조 별표 1에 의거 자격연수는 상급 자격을 취득하기 위한 것으로 정교사 1급, 정교사 2급, 준교사, 원감의 경우 15일(90시간) 이상으로 구성되며, 원장의 경우 25일(180시간) 이상으로 구성된다. 또한 직무연수는 직무수행과 직업능력 배양과 자질 함양을 위한 연수로, 신규 직무연수는 180시간 이상, 교사 직무연수와 특수 직무연수는 연간 15시간 이상을 의무로 한다. 한편 일반연수는 교육의 이론과 방법 등 유아교육 관련 내용 이외에도 일반교양 등을 교육하며 10일(60시간) 이상으로 이루어진다.

또한 유치원 교사들은 유아교육진흥원이나 유아교육 관련 학회, 한국사립학교유치원연합회 등 유아교육단체에서 실시하는 각종 세미나 · 워크숍 · 발표회 등을 통해서도 재교육을 받을 수 있다.

유치원 교사의 직무 및 자격연수의 기준을 제시하면 표 5.8과 같다.

표 5.8 유아원 교사의 직무 및 자격연수 기준

<table>
<tr><th colspan="2">교육 구분</th><th>대상</th><th>교육시간</th><th>비고</th></tr>
<tr><td rowspan="2">직무연수</td><td>신규 직무연수</td><td>• 신규 임용교사(초임교사)</td><td>180시간 이상</td><td>임용 전 연수</td></tr>
<tr><td>교사 직무연수
특수 직무연수</td><td>• 모든 교원 및 교육전문직</td><td>연간 15시간 이상 의무</td><td>이수하고자 하는 자</td></tr>
<tr><td rowspan="3">자격연수</td><td>원장 자격연수</td><td>• 유치원의 원감 자격증을 가지고 3년 이상의 교육경력과 소정의 재교육을 받은 자
• 학식 · 덕망이 높은 자로서 대통령이 정하는 기준에 해당한다고 교육부장관의 인정을 받은 자</td><td>25일 이상
(180시간 이상)</td><td>교육청 내 순서가 된 자</td></tr>
<tr><td>원감 자격연수</td><td>• 유치원 정교사(1급) 자격증을 가지고 3년 이상의 교육경력과 소정의 재교육을 받은 자
• 유치원 정교사(2급) 자격증을 가지고 6년 이상의 교유경력과 소정의 재교육을 받은 자</td><td>15일 이상
(90시간 이상)</td><td>교육청 내 순서가 된 자</td></tr>
<tr><td>1급 정교사 자격연수</td><td>• 유치원 정교사(2급) 자격증을 가진 자로서 3년 이상의 교육경력을 가지고 소정의 재교육을 받은 자
• 유치원 정교사(2급) 자격증을 가지고 교육대학원 또는 교육부장관이 지정하는 대학원의 교육과에서 유치원 교육과정을 전공하여 석사학위를 받은 자로서 1년 이상의 교육경력이 있는 자</td><td>15일 이상
(90시간 이상)
(사전 연수, 원격 연수, 집합 연수 등 구분)
※ 지역별 차이 있음</td><td>교육청 내 순서가 된 자</td></tr>
</table>

출처 : 법제처(2013). 유아교육법 시행규칙.
참고) 수석교사 자격연수: 교육부 및 시 · 도 교육청에서 연수 의뢰자를 대상으로 90시간 이상 실시

2) 보육교직원의 보수교육

영유아보육법 시행규칙 제20조 제4항 별표 7에 의하면 보수교육은 크게 직무교육과 승급교육으로 구분된다. 직무교육은 교육 대상에 따라 일반직무교육과 특수직무교육으로, 승급교육은 1급 보육교사 승급교육과 2급 보육교

사 승급교육으로 나누어진다.

보육교직원의 보수교육 과정을 제시하면 표 5.9와 같다.

표 5.9 보육교직원의 보수교육

<table>
<tr><th colspan="3">구분</th><th>교육대상</th><th>교육시간</th><th>비고</th></tr>
<tr><td rowspan="5">직무 교육</td><td rowspan="2">일반직무 교육</td><td>보육교사 과정</td><td>현직에 종사하고 있는 보육교사로서 보육업무경력이 만 2년이 지난 사람과 보육교사 직무교육(승급교육을 포함한다)을 받은 해부터 만 2년이 지난 사람</td><td>40시간</td><td>매 3년마다</td></tr>
<tr><td>어린이집 원장과정</td><td>현직에 종사하고 있는 어린이집 원장으로서 어린이집 원장의 직무를 담당하는 첫해에 해당하는 사람과 어린이집 원장 직무교육을 받은 해부터 만 2년이 지난 사람</td><td>40시간</td><td>원장 첫해</td></tr>
<tr><td rowspan="3">특별직무 교육</td><td>영아보육</td><td>영아보육을 담당하고 있는 일반직무교육 대상자와 영아보육을 담당하려는 보육교사 및 어린이집의 원장</td><td>40시간</td><td>이수하고자 하는 자</td></tr>
<tr><td>장애아보육</td><td>장애아보육을 담당하고 있는 일반직무교육 대상자와 장애아보육을 담당하려는 보육교사 및 어린이집의 원장</td><td>40시간</td><td>이수하고자 하는 자</td></tr>
<tr><td>방과 후 보육</td><td>방과 후 보육을 담당하고 있는 일반직무교육 대상자와 방과 후 보육을 담당하려는 보육교사 및 어린이집의 원장</td><td>40시간</td><td>이수하고자 하는 자</td></tr>
<tr><td rowspan="2">승급 교육</td><td colspan="2">2급 보육교사 승급교육</td><td>3급 보육교사 자격취득 후 보육업무경력이 만 1년이 지난 사람</td><td>80시간</td><td>이수하고자 하는 자</td></tr>
<tr><td colspan="2">1급 보육교사 승급교육</td><td>2급 보육교사 자격취득 후 보육업무경력이 만 2년 이상이 경과한 사람. 다만, 보육교사 2급 자격을 취득한 후 보육 관련 대학원에서 석사학위 이상을 취득한 경우는 보육업무경력이 만 6개월이 지난 사람</td><td>80시간</td><td>이수하고자 하는 자</td></tr>
</table>

출처 : 영유아보육법 시행규칙 제20조 제4항 별표 7〈개정 2015.9.18.〉

학습정리

1. 유치원 교원의 종별 자격과 자격 기준
   1) 원장: 유치원의 원감 자격증을 가지고 3년 이상의 교육경력과 소정의 재교육을 받은 자
   2) 원감: 유치원 정교사 1급 자격증을 가지고 3년 이상의 교육경력과 소정의 재교육을 받은 자, 유치원 정교사 2급 자격증을 가지고 6년 이상의 교육경력과 소정의 재교육을 받은 자
   3) 수석교사: 유치원 정교사 자격증 소지한 자로 15년 이상의 교육경력이 있고, 교육부장관이 정하는 연수 결과로 검정 수여하는 자격증을 받은 자
   4) 정교사 1급: 유치원 정교사 2급 자격증을 가진 자로서 3년의 교육경력을 가지고 소정의 재교육을 받은 자, 유치원 정교사 2급 자격증을 가진 자로서 교육대학원 또는 교육부 장관이 지정하는 대학원의 교육과에서 유치원 교육과정을 전공하여 석사학위를 받고 1년 이상의 교육경력을 가진 자
   5) 정교사 2급: 대학에 설치한 유아교육과 졸업자, 교육대학원 또는 교육부 장관이 지정한 대학원의 교육과에서 유치원 교육과정을 전공하고 석사학위를 받은 자
   6) 준교사: 유치원 준교사 자격에 합격한 자

2. 유치원 교원의 배치기준
   1) 원감: 3학급 이상 1명
   2) 수석교사: 유치원별로 1명이 원칙. 유아 수가 100명 이하 또는 4학급 이하인 경우 수석교사를 두지 않을 수 있음. 학급을 담당하지 않지만 필요에 따라 배치 가능
   3) 보직교사: 3학급 이상~5학급 이하 1명
6학급 이상~11학급 이하 2명
12학급 이상 3명

4) 교사: 학급마다 1명. 방과 후 과정을 운영하는 유치원의 경우 방과 후 과정 운영담당교사 1명 이상 배치

3. 보육교사 등급별 자격 및 자격 기준

1) 보육교사 1급: 보육교사 2급 자격을 취득하고 3년 이상의 보육업무경력이 있는 사람으로서 승급교육을 받은 자, 보육교사 2급 자격취득 후 보육 관련 대학원에서 석사학위 이상을 취득하고 1년 이상의 보육업무 경력이 있는 사람으로서 승급교육을 받은 자
2) 보육교사 2급: 대학에서 보육 관련 교과목 및 학점을 이수하고 졸업한 자, 보육교사 3급 자격을 취득 후 2년 이상의 보육경력이 있는 자로서 승급교육을 받은 자
3) 보육교사 3급: 고등학교 또는 이와 동등 수준 이상의 학교를 졸업한 사람으로서 보건복지부령으로 정하는 교육훈련시설에서 정해진 교육과정을 수료한 자

4. 보육교직원 배치기준

1) 보육교사: 만 1세 미만 영아 3명당 1명, 만 1세 이상~만 2세 미만 영아 5명당 1명, 만 2세 이상~만 3세 미만 영아 7명당 1명, 만 3세 이상~만 4세 미만 유아 15명당 1명, 만 4세 이상~미취학 유아는 유아 20명당 1명, 장애아 보육–장애아 3명당 1명(장애아 9명당 1명은 특수교사 자격 소지자)
2) 간호사(간호조무사): 영유아 100명 이상을 보육하는 어린이집의 경우. 원장이 겸직가능(면허증 또는 자격증 소지자)
3) 영양사: 영유아 100명 이상을 보육하는 어린이집의 경우 1명. 원장이 겸직 가능(자격증 소지자). 단독으로 영양사를 두기 어려울 경우 관할지역 5개 내외의 어린이집이 공동으로 영양사를 둘 수 있음
4) 조리원: 영유아 40명 이상 80명 이하를 보육하는 어린이집의 경우 1

명. 영유아 80명을 초과할 때마다 1명씩 추가

5. 임용권자는 신규 임용대상자를 관할기관에 7일 이내에 임용을 보고한다.

6. 유치원 교사의 직무 및 자격연수
   1) 직무연수: 신규 직무연수(초임교사) 180시간 이상, 교사직무연수 연 15시간 이상
   2) 자격연수: 원장, 원감, 1급 정교사 등

7. 보육교직원 보수교육
   1) 직무교육은 일반직무교육(보육교사과정, 원장과정)과 특별직무교육(영아교육과정, 장애아보육과정, 방과 후 보육과정)이며 각 40시간씩
   2) 승급 교육 1, 2급은 각 80시간씩

생각의 나무

1. 유아교사의 임용 기준 및 절차에서 유의해야 할 점이 무엇일지를 생각해 봅시다.
2. 유아교사의 연수 유형 및 기준을 설명해 봅시다.

Chapter 06

유아교사의 발달과 성장

학습개요

인간이 태어나고, 자라고, 늙어가는 것처럼 유아교사도 교직으로의 입문 과정을 거쳐 성장하고 발달하고 퇴보하기도 한다. 그렇다면, 교사의 성장과 발달은 어떠한 과정을 거치는가? 이러한 교사 발달단계 이론들로부터 예비교사들은 무엇을 배울 수 있는가? 이러한 질문들에 대해 진지하게 생각해 보면서 우선, 교사 발달의 의미를 살펴보고 다음으로, 다양한 관점에서의 발달단계 이론과 그에 따른 관심사를 살펴보고자 한다. 이렇게 함으로써 예비 유아교사들에게 교사로서의 삶을 총체적으로 살펴볼 기회를 제공할 수 있을 것으로 기대한다. 또한 이 장의 내용을 통해서 예비 유아교사들이 교사 발달 관점을 이해하게 됨으로써, 교사로서의 성장과 발달을 위한 목표를 정하고 미래를 설계하는 데 도움이 될 것이다.

학습목표

1. 풀러의 관심사 발달단계를 설명할 수 있다.
2. 카츠의 교사발달이론을 설명할 수 있다.
3. 버크의 교사발달 순환모델을 설명할 수 있다.

1. 교사 발달의 개념

개념적으로 교사 발달은 인간이 요람에서 무덤까지 성장 · 발달 · 퇴보한다는 관점에 비추어 교사 역시 교사양성과정의 입문으로부터 출발하여 교직 생활 전체를 통해 계속적으로 성장 · 발달 · 퇴보함을 강조한다. 교사 발달 개념의 정의는 학자마다 조금씩은 차이가 있으나, 일반적으로 교직 이전 시기를 포함하여 교직을 수행하는 동안 교사의 지식, 기술, 행동 및 태도, 기대, 그리고 직업의 변화 · 발전 · 퇴보하는 것을 말하고 있다(노길영, 2000). 개인으로서의 생애 발달처럼 교직 전 기간에 걸쳐 변화하는 교사의 발달에 관심을 갖는 학자들은 획일적이고 전통적인 교사 교육보다는 교사로서의 개인별 성장 과정, 그에 따른 관심의 변화, 개인차 등을 인정하는 발달적 관점을 교사 교육에 적용해야 함을 주장한다. 교사의 개인적 성장을 도와야 한다는 관점을 중요시하는 것이다. 실제로 풀러와 카츠 같은 학자들은 교사 발달의 각 단계에서 나타나는 주요 관심사를 규명하였다.

카츠는 교사에 대한 발달적 관점은 교사 자신에게 학습을 강화할 수 있는 여러 방안을 제시해 준다는 데 의미가 있다고 보았으며, 이에 따른 교사 교육의 중요성을 다음과 같은 관점에서 강조하였다(염지숙 외, 2014).

- 교사 자신이 발달적 관점에서 스스로를 발달해 가는 성장의 존재로 지각할 때 교사 자신에게 미래를 예측해 볼 수 있다는 것이다. 즉, 발달적 관점은 교사가 발달단계에 따른 전문적 목표를 설정하는 데 도움이 된다고 본다. 이러한 과정에서 교사는 자신이 교직 생활을 위해 평생 학습자로 인식하게 됨으로써, 급진적인 발달보다는 점진적인 발달을 받아

들이고 만족감을 얻게 된다.

- 교사 자신이 발달적 관점에서 자기 성장의 가능성을 인식할 때 교사 스스로 자기 갱신(self-renewal)의 전략을 개발할 수 있다는 것이다. 예컨대, 독서하기, 동료들과 상의하기, 수업 향상 차원의 다양한 교수 자원을 활용하기, 교직 관련 전문단체에 참여하기 등이 자기 갱신전략이 될 수 있다.
- 교사 자신이 발달적 관점을 취할 때 동료교사들의 행동을 발달적 관점으로 인식하고, 자신이 오래전에 겪었던 문제들로 고민하는 초임교사나 후배교사들에게 지지를 보내고, 정보를 제공하고, 전문성을 촉진시키려는 동기를 보인다는 것이다.

이같이 교사 발달에 대한 이해는 교사의 발달과 성장을 조력하고 촉진한다는 점에서 중요한 의미를 가진다. 교사로서 자신의 직업에 대한 발달적 이해를 하지 못한다는 것은 자신의 발달을 제대로 가꾸고 이끌어내지 못하게 됨을 의미한다. 이는 궁극적으로 유아의 성장과 발달을 향한 자신의 교수행위도 적합한 방향으로 이끌어내지 못할 수 있음을 의미한다. 그러므로 교사의 발달단계와 그 특성에 대한 이해를 통한 교사 교육의 방향 및 방안을 제공할 수 있어야 하며, 나아가 교사의 발달을 촉진시킴으로써 교사의 질과 교육의 질을 향상시킬 수 있어야 하겠다.

2. 유아교사의 발달단계

교사발달이론과 교사 발달에 따른 관심사 이론은 교사 발달과 관심사를 보는 관점에 따라 직선적 · 순차적 이론과 순환적 · 복합적 이론으로 구분할 수 있다. 전자는 교사 발달과 관심사가 한 방향으로 순차적으로 이루어진다고 보는 관점이고, 후자는 복합적 요인에 의해 역동적으로 발달한다고 보는 관점이다. 이 장에서는 직선적 · 순차적 이론으로 풀러의 관심사 발달과 카츠의 교사발달 이론을, 순환적 · 복합적 이론으로 버크의 교사발달 순환모델과 후버만의 교사발달 복합모델을 제시하였다.

교사발달 이론	구분	이론	단계
교사발달 이론	직선적·순차적 교사발달이론 교사발달의 방향을 순차적으로 이루어진다고 보는 관점	풀러의 관심사 발달	교직 이전 관심사 – 생존에 대한 초기 관심사 – 교수 상황 관심사 – 학습자에 대한 관심사
		카츠의 교사발달이론	생존 단계 – 강화 단계 – 갱신 단계 – 성숙 단계
	순환적·복합적 교사발달이론 교사발달을 한 가지 이상의 복합적 요인에 의해 역동적으로 발달한다고 보는 관점	버크의 교사발달 순환모델	교직이전단계 – 교직입문단계 – 능력구축단계 – 열중 · 성장단계 – 교직좌절단계 – 안정 · 침체단계 – 교직쇠퇴단계 – 교직퇴직단계
		후버만의 교사발달 복합모델	생존 · 발견단계 – 안정화단계 – 실험주의 · 행동주의단계 – 재평가 · 자기의심단계 – 평정 · 상대적 거리감의 단계 – 보수주의단계 – 이탈단계

1) 풀러의 관심사 발달단계

풀러(Fuller)는 예비교사와 현직 교사를 대상으로 면담과 설문조사를 실시하고, 교사들의 관심사와 그들이 지각하고 있는 문제점에 대한 관련 문헌들을 분석하여 교사 관심사 발달단계를 그의 초기 연구에서는 교직 이전 단계, 초기 교직 단계, 후기 교직 단계인 3단계로 제시하였다.

(1) 교직 이전 단계

교직 이전 단계(pre-teaching phase)는 유아를 가르쳐 본 경험이 없는 교사 지망생들이 교사에게 요구되는 전문적인 기술과 능력을 갖추기 위해 교육을 받는 단계이다. 이 시기의 교사 지망생들은 가르치는 것에 대한 구체적인 관심이 부재하거나 막연하고 불확실하다. 이 단계에서 교사 지망생들은 교육 현장실습을 통하여 유아를 가르치는 경험을 갖게 됨으로써 가르치는 일에 대하여 처음으로 관심을 형성하게 된다. 그러므로 교육과정상에서 예비 유아교사로서의 관심사를 발달시키기 위해서는 학교육현장실습의 경험이 필수적이라고 본다.

(2) 초기 교직 단계

초기 교직 단계(early-teaching phase)는 교직에 처음 입문한 유아교사들이 자신이 가르치는 유아에 대한 관심보다는 교사 자신에 대한 관심에 집중하는 단계이다. 그러므로 교실 통제나 자신이 가르칠 교육내용에 관심이 많은 것처럼 보이지만, 실제로는 자신이 교사로서 교육 현장에서 생존할 수 있을 것인지 혹은 교실에서 발생하는 여러 상황을 통제하면서 제대로 교수활동을 수행할 수 있을지에 대한 관심이 더 높은 시기이다.

(3) 후기 교직 단계

후기 교직 단계(late-teaching phase)는 초임교사 시절과 달리 경험이 축적된 교사들은 자신의 관심에서 벗어나 유아의 발달과 성장에 대한 관심으로 옮겨간다. 유아교사의 경우 자신이 담당하는 유아들의 교수-학습에 필요한 교수 매체와 자료를 적절하게 지원하고 있는지, 효과적인 교수-학습 방법은 무엇인지, 유아의 성장과 발달을 평가할 방법은 무엇인지, 자신이 유아에게 미치는 영향은 무엇인지 등에 대한 깊은 관심을 가진다. 유아의 발달과 교수 행위에 대한 관심이 주를 이루는 이 시기에는 관련 세미나와 워크숍 등에 적극적으로 참여해 효과적인 교수-학습 방법과 평가에 대한 지식과 정보에 관심을 보이게 된다. 이는 교사로서의 가장 성숙한 관심사 단계에 해당하며, 다른 사람이 제공하는 정보나 자료뿐만 아니라 교사 자신의 반성적 성찰과 자기평가가 중요하게 작동하는 시기이다.

이 같은 풀러의 초기 관심사 이론은 계속 수정을 반복하면서 브라운(Brown)과 함께 교사의 관심사 발달을 4단계인 교직 이전 관심사, 생존에 대한 초기 관심사, 교수 상황 관심사, 학생에 대한 관심사로 발전시켰다(Fuller & Brown, 1975). 이를 정리하여 제시하면 표 6.1과 같다.

표 6.1 풀러의 교사 관심사 4단계

단계	주요 내용
교직 이전 관심사 (pre-teaching concerns)	• 교직 이전 관심사 단계의 예비 유아교사들은 유아에 대해 관심을 가지고 현실적으로 접근하지만, 교직을 환상적이고 이상적으로 바라보는 경향이 있다. • 교직을 실제로 수행해 본 경험이 부재하므로 교사들이 다루고 있는 교육과정이 부적절하다고 비판한다.
생존에 대한 초기 관심사 (early-concerns about survival)	• 교직 경험을 해나가면서 교직 이전 관심사 단계에서 가졌던 교직에 대한 이상적인 관심사에서 벗어난다. • 교사로서 자신의 생존에 관심을 가지면서 학급통제, 가르칠 내용 숙달, 업무 내용, 장학사의 평가 등에 관심을 쏟는다.
교수 상황 관심사 (teaching situation concerns)	• 교수 상황에 대한 다양한 현실 앞에서 좌절과 한계를 느낀다. • 유아와 수업 외에 과다한 업무, 비융통적 현장 상황, 시간적 부담, 교수 자료의 부족, 교사 자신의 교수 행위 등에 고민하며 관심을 가진다.
학생에 대한 관심사 (concerns about pupils)	• 유아의 개인적 요구, 발달, 학습, 정서적 요구 등에 관심을 가진다. • 유아에 대한 공정한 대우, 개별에 적합한 교수법 구성, 개인적 관계 및 상호작용 등에 관심을 가진다.

풀러의 발전된 교사 발달의 관심사 단계는 일반적으로 초임교사가 경력이 많은 교사보다 자기 자신에 대한 자아 관심사를 더 많이 가지고 있으며, 자신에 대한 문제가 해결된 이후에는 자신이 맡고 있는 유아들과 교수 상황에 관심을 보인다는 점을 명백히 하고 있다. 즉, 교직 생활 과정에서 교사는 자신으로부터 조금씩 기관으로, 교수 상황으로, 유아 관심사로, 주변 인물과 상황으로 관심을 옮겨감을 알 수 있다.

2) 카츠의 교사발달이론

영국 출신의 일리노이대학 교수인 카츠(Katz)는 풀러의 교사 관심사 발달이론의 기본개념을 변형하여 유아교사의 발달단계를 생존단계, 강화단계, 갱신단계, 성숙단계인 4단계로 구분하여 제시하였다. 카츠의 연구는 교직 경험에 따른 유아교사의 요구와 관심에 초점을 두고, 각 단계에서 나타나는 특성, 훈련 요구, 적절한 훈련 시간과 장소 등을 제안하였다. 카츠는 교사 발달의 각 단계를 교사 경력에 따라 구분하였으나, 실질적으로는 교사 개인의 특성, 상황 변인 등에 따라 발달단계가 다르게 나타날 수도 있다는 유연성을 가지는 이론이다.

카츠가 제시한 교사발달이론의 단계별 특성을 정리하여 제시하면 다음과 같다.

(1) 생존단계

생존단계(survival stage)는 교직 생활의 시작에서 첫 1년 정도의 시기를 말한다. 교사의 최대 관심은 '교직 생활에서 생존할 수 있을까?'의 여부에 집중되어 있는 단계이다. 즉, 교사들이 현장에서 발생하는 여러 문제를 원활하게 해결할 수 있을지에 관심이 많은 시기이다. 유아들과 하루일과를 무사히 마칠 수 있을 것인지, 부모들과 원만한 대인관계를 형성할 수 있을 것인지, 교사 생활을 잘 해낼 수 있을 것인지 등과 관련한 생존 문제들에 대하여 염려하거나 고민하는 시기이다.

(2) 강화단계

강화단계(consolidation stage)는 첫 1년을 무사히 보내고 생존단계를 넘어서면서 대부분의 교사들은 자기 자신을 교직 생활에서 위기를 잘 극복하고 생존할 수 있는 능력이 있는 존재로 여기게 되는 단계이다. 이는 주로 교직 경력 3년 정도의 시기로서 교직 생활에 안정과 자신감을 가지게 된다. 생존단계에서 습득한 경험을 강화하며, 교사로서의 업무 및 기술을 숙달하게 되고, 개별 유아의 특별한 문제 상황에 대한 관심을 갖기 시작한다. 즉, 분리불안이 있는 유아를 어떻게 도울 것인지, 문제행동을 보이는 유아를 어떻게 지도할 것인지, 집단생활에 어려움을 겪거나 또래들과의 활동에 방해가 되고 있는 유아를 어떻게 도울 것인지 등 유아를 지도할 수 있는 구체적인 방안에 관심을 쏟는다. 그러므로 이 시기의 교사들은 경험이 풍부한 선배나 경력 교사, 전문가의 지원과 정보제공 등이 절대 필요하다.

(3) 갱신단계

갱신단계(renewal stage)는 교직 경력이 3년 혹은 4년이 지나면서 교사들은 반복되는 자신의 일상에 조금씩 싫증을 느끼게 되는 단계이다. 이 단계에서 교사는 자신의 수업에서 주로 사용하는 교수-학습 방법을 되돌아보면서 개선해야 할 점이나 새로운 교육적 접근을 시도해 보려고 노력한다. 즉, 자신에게 익숙한 교육적 접근 외에 새로운 아이디어나 교수 방법을 찾게 된다. 그러므로 동료 교사와의 만남, 수업 참관, 동료 장학, 전문적 모임 참석, 자신의 수업 분석 등의 다양한 노력을 통해 자기 발전을 이뤄가려는 시기이다.

(4) 성숙단계

성숙단계(maturity stage)는 빠르면 교직 경력이 3년 정도에 도달하기도 하지만, 보통은 경력 5년 이상이 되었을 때 도달하게 되는 단계이다. 이 단계의 교사는 자신을 성숙한 교사로 인식하며 완전한 자신감을 갖게 된다. 그러므로 일상적인 관심에서 벗어나 좀 더 근원적인 고민을 하게 된다. 예컨대, 내 교육 철학과 교육 신념은 무엇인지, 유아교사로서 자신이 가지고 있는 아동관은 무엇인지, 유아의 성장과 발달의 근원은 무엇인지 등 교육과 교직에 대한 포괄적이며 추상적인 문제들에 대해 깊은 관심을 가진다. 성숙단계에 도달하기 이전에는 교실에서 발생하는 현실적이고 일상적인 상황에 관심이 집중되지만, 이 시기에 이르면 보다 근원적이고 철학적인 질문들에 의미를 두게 된다. 하지만 교직 경력이 높다고 해서 누구나 성숙단계에 도달하는 것은 아니다. 그러므로 이 단계에서는 교사들이 세미나 참여, 학회 활동, 학위과정, 폭넓은 독서, 전문가 모임 등을 통해 전문가로서의 관점에 대한 이해와 확신, 자아갱신 및 인정의 기회를 충분히 갖도록 노력해야 한다.

유아의 효과적인 교육을 제공하기 위해서는 인간의 발달단계를 이해하는 것이 필수적인 것처럼, 교사발달단계를 이해하는 것은 교사가 단계별로 적절한 전문성 발달을 위해 중요하다. 카츠의 유아교사 발달단계별 교사교육방법을 제시하면 표 6.2와 같다.

표 6.2 카츠의 유아교사의 발달단계별 교사교육방법

단계	교사교육 방법			
4단계 성숙단계				학술 활동, 세미나 참여, 학위과정 진학, 폭넓은 독서, 문제 상황에 대한 토론회 결성 등
3단계 갱신단계			자신의 수업에 대한 자기 장학, 동료 교사의 수업 참관, 전문적 모임 참석 등	
2단계 강화단계		전문가와의 상담, 동료 교사의 조언, 충고, 토의 등을 통한 문제 상황 해결에 관한 탐구 과정 필요		
1단계 생존단계	유아교육 현장에 대한 구체적인 지원과 기술적 도움 제공			
0	1년	2년	3년 4년	5년

3) 버크의 교사발달 순환모델

버크(Burke)와 그 동료들의 교사발달이론은 교사 발달을 역동적이고 순환적인 것으로 보고, 선행 연구에서 제시하고 있는 교사발달이론에 성인 발달이론을 종합하여 교사발달 순환모델(TCCM: teacher career cycle model)을 제시하였다. 이 모델은 발달에 영향을 미치는 개인적 요인과 조직적 요인이 교사의 생애주기에 영향을 미침으로써 8단계로 구성된 교사 발달단계가 순환된다고 주장하였다. 교사발달 순환모델에서 개인 영역은 가족 경험, 발달적 단계, 긍정적 경험, 위기적 사건을 변인으로, 조직 영역에는 전문가 단체, 운영 스타일, 정책, 공공적 신뢰, 사회적 기대 등을 변인으로 보았다. 버크의 교직 주기 8단계에 따른 교사발달을 제시하면 표 6.3과 같다.

표 6.3 **교직 주기 8단계에 따른 교사 발달**

단계	주요 내용
교직 이전 단계	• 대학에서 교사가 되기 위해 준비하는 시기
교직 입문 단계	• 보통 교직에 입문하여 초기 몇 년 동안 교사로서 생존을 위해 노력하는 시기
능력 구축 단계	• 교수 능력 향상을 위해 기술 증진에 중점을 두는 시기
열중 · 성장 단계	• 직무상의 높은 수준의 직업 만족도를 가지고 교직을 수행하는 시기
교직 좌절 단계	• 교직에 대한 만족도가 차츰 사라지고 좌절감과 회의감을 경험하는 시기
안정 · 침체 단계	• 교사에게 기대되는 최소한의 역할만을 하며, 새로운 일에 대해서는 수동적인 태도를 갖는 시기
교직 쇠퇴 단계	• 은퇴할 준비를 하는 시기 • 교직을 떠나려고 준비하는 시기
교직 퇴직 단계	• 은퇴하거나 교직에 대한 대안을 찾는 시기 • 은퇴는 물론 육아를 위해 일시적 휴직하는 시기도 해당함

(1) 교직 이전 단계

교직 이전 단계(pre-service stage)는 교사가 되기 위해 필요한 전문지식과 기술을 습득하기 위해 교육을 받는 시기이다. 교사 지망생뿐만 아니라 새로운 역할수행을 위해 각종 자격증을 준비하는 단계의 경력교사들도 포함된다. 일반적으로 초임교사를 위한 직전 교육은 대학에서 이루어진다. 경력교사를 위한 재교육인 승급 교육, 원감 · 원장의 자격연수와 직무연수 등도 넓은 관점에서 이 단계에 포함한다.

(2) 교직 입문 단계

교직 입문 단계(induction stage)는 교직 입문 후 처음 몇 년 동안 현장에서의 일상적 활동에 익숙해 가며 교사로서 생존하려고 하는 시기이다. 동료교사, 학부모, 유아들로부터 인정받기 위해 노력하며 초임교사로서 때론 불안감과 걱정스러움을 경험하기도 하는 시기이다. 경력교사들의 경우 새로운 역할수행을 위해 노력하게 된다.

(3) 능력 구축 단계

능력 구축 단계(competency building stage)는 교사들이 자신에게 부여된 역할수행을 위해 요구되는 능력과 기술을 향상시키기 위해 적극적이고 능동적으로 노력하는 시기이다. 새로운 교수 자료, 방법, 기술 등을 습득하기 위해 워크숍, 세미나, 학회 등에 자발적으로 참여하거나 대학원 진학 등 개인의 능력을 증진하기 위해 노력한다.

(4) 열중 · 성장 단계

열중 · 성장 단계(enthusiastic and growing stage)는 교사들이 교직 수행에 필요한 전문적 지식과 기술을 가지고 있으나, 계속해서 전문성을 향상시키고자 노력하는 시기이다. 이를테면, 교사 자신의 일을 사랑하고 직업에 만족하는 시기라고 볼 수 있다. 자신이 가지고 있는 지식을 동료 교사 등 타인과 공유하고자 하는 열망도 높다.

(5) 교직 좌절 단계

교직 좌절 단계(frustration stage)는 교사들이 자신의 교수법에 대한 회의감,

문제 유아의 행동 지도 방법에 대한 혼란감, 교직의 업무와 직업 여건에 대한 불만 등이 나타나기 시작하면서 가르치는 일에 좌절감과 회의감을 경험한다. 일반적으로 교직 생활 중반에 접어들면서 이러한 감정을 갖게 되지만 교사별로는 교직 초기에 이미 좌절감을 경험하는 경우도 있다.

(6) 안정 · 침체 단계

안정 · 침체 단계(stable and stagnant stage)는 교사들 스스로가 하는 일에 익숙해져 있으므로 더 이상의 발전과 성장을 위해 노력하기보다는 특별한 변화 없이 현재의 상태를 유지하고자 하는 시기이다. 그러므로 의무적 일은 수행하지만 새로운 일에 대해서는 적극적으로 시도하지 않는 경향이 있다. 이 시기의 교사들은 열정을 회복하여 정체기를 극복할 수 있는 계기를 마련하는 것이 중요하다.

(7) 교직 쇠퇴 단계

교직 쇠퇴 단계(wind down stage)는 교사들이 교직을 떠나려고 준비하는 시기이다. 퇴직하려는 원인에 따라 퇴직을 긍정적으로 또는 부정적으로 받아들일 수 있다.

(8) 교직 퇴직 단계

교직 퇴직 단계(career exit stage)는 교직을 떠나는 시기이다. 교직을 떠난다는 것은 정년 등의 이유로 가르치는 일을 아주 그만두는 경우를 포함한, 육아나 상급학교로의 진학을 위한 휴직, 교사 이외의 다른 직장으로의 이직 등도 포함된다. 교직이 적성에 맞지 않다거나 교직 환경에 부적응하여 이직을 고려하는 경우엔 상당한 갈등의 시간을 보낼 수밖에 없다. 이런 경우에는 퇴직을 고려하고 준비하는 기간이 상당히 길어질 수 있다.

이처럼 버크 외 그 동료들이 제시한 교사발달 8단계의 교사 직업 주기는 직선적이며 순차적인 이론이 아닌 순환적이며 복합성을 갖는다. 8단계의 모든 단계에 걸쳐서 순차적으로 이루어지는 게 아니다. 또한 한쪽 방향으로만 진행되는 단선적인 변화를 의미하는 것도 아니다. 버크 외 그 동료들의 교직 발달이론의 8단계 중에서 전반부의 네 단계는 높은 동기부여, 성취에 대한 높은 열정, 정체감 확립 등이 특징적이지만, 후반부의 네 단계는 교직에 대한 만족감 감소, 교수 행위에 대한 기대감 및 열정의 감소 등의 특징을 나타낸다. 하지만 전반부의 단계가 후반부의 단계보다 반드시 바람직하고 더 발전된 단계라고 말할 수는 없다. 버크 외 그 동료들의 교사 발달모델의 각 단계는 순환적이며 교사를 둘러싼 개인적 환경과 경험, 노력, 성향, 그리고 주변의 여건과 상황에 따라 교사 개인이 갖게 되는 교직 주기 단계와 기간은 유동적이다. 그러므로 버크 외 그 동료들의 모델에서 교사의 발달은 개인의 경험, 노력, 성향, 기관의 정책 및 여건 등의 영향을 받으면서 복합적이고 순환적으로 나타날 수 있다고 본다.

4) 후버만의 복합적 발달모델

후버만(Huberman)은 평교사들을 대상으로 교사 발달단계의 특성을 연구·분석하여 교사들의 발달 주기를 복합주기로 명명하여 교사 발달의 영향을 미치는 다양한 측면을 제시하였다. 후버만의 복합적 발달모델을 제시하면 표 6.4와 같다.

표 6.4 후버만의 복합적 발달모델

발달기간	발달단계	주요 내용
1~3년	생존 · 발견 단계	• 〈생존의 문제〉 교수 경험을 쌓으면서 이전에 경험하지 못한 현실에 봉착함 • 〈발견의 문제〉 초임교사로 부임 후 교사로서의 뜨거운 열정을 앎
4~6년	안정화 단계	• 다양한 상황에 적합한 기초적인 교수 능력을 익히고, 이를 보다 세련된 자기 스타일로 가꾸고 편리성을 추구함
7~18년	실험주의 · 행동주의 단계	• 새로운 도전과 자극을 스스로 만들어 내고 경력 교사에게서 나타나는 문제점이나 병폐에 대하여 관심을 가짐
	재평가 · 자기의심 단계	• 실험주의 · 행동주의 단계에서 실패를 경험할 경우 자기 자신에 대한 재평가와 자기 의심이 발화함
19~20년	평정 · 상대적 거리감의 단계	• 교사와 학습자 간의 연령 차이에서 거리감을 느낌 • 자기 수용적인 특성에 따른 힘과 열정의 감소로 인해 평정감 증가
	보수주의 단계	• 희망적이고 도전적인 것보다는 현재 가진 것을 유지하는 데 더 관심을 가짐 • 보다 차분해지고 신중해지며 새로운 것이나 혁신에 대한 저항하는 태도를 보임
31~40년	이탈 단계	• 퇴직과 퇴직 이후의 요구에 관심이 커짐 • 미래 직업에 대한 투자보다는 지금까지의 교직 생활을 돌아보는 데 관심을 가짐

5) 교사발달이론이 주는 시사점

교사발달이론이 예비 유아교사 및 현장교사에게 주는 시사점은 다음과 같다.

- **발달이론에 기초하여 교사는 자기 스스로 발달을 추구해야 하는 존재임을 지각할 수 있다.** 교사는 교직 이전 단계로부터 교직 퇴직 단계에 이르기까지 스스로 무엇을 준비하고, 어떤 문제들에 봉착했을 때 이를 어떻게

극복해 갈 것인가를 스스로 돌아보는 발달의 주체로 인식해야 하겠다.

- **교사 자신의 욕구와 발달단계를 자가 진단할 수 있으며, 향후 자기 발전을 위한 계획과 절차를 마련할 수 있다.** 교사 스스로 교사발달단계에 따라 미시적 · 거시적 관점의 자기 발전계획을 수립하고 점검해 나갈 수 있다.
- **동료교사들의 행동을 자기 발전적 관점으로 조망할 수 있다.** 타산지석(他山之石)이라는 말이 있듯이, 동료교사들의 장단점을 유심히 관찰하고 장점은 받아들이고, 받아들여서는 안 된다고 생각하는 단점은 실천하지 않는 태도를 갖게 한다.
- **경력 교사들은 발달단계에 따라 겪었던 경험들을 초임교사나 교육 현장에서 어려움을 겪는 교사들에게 지지, 조언, 격려하는 태도를 갖게 할 수 있다.** 경력 교사가 발달 및 성장 단계에서 겪었던 다양한 시행착오나 어려웠던 경험을 자신이 재직하고 있는 기관 차원에서의 정보제공 및 공유 가능한 토대를 형성해 준다.

3. 교사 관심사 평정척도

이승연(1994)은 교사 관심사 평정척도를 카츠(1985)가 제시한 유치원 교사 발달단계 이론에 기초하여 유치원 교사의 관심사 평정척도(kindergarten teacher concerns rating scale: KTCRS)를 5점 척도의 52문항으로 제작 · 구성하였다. 이 평정척도를 통해 국내 유치원 교사들의 발달 관심사를 분석하고 경력 및 기타 변인에 대하여 차이를 살펴볼 수 있다. 그동안의 연구 결과에 의하면, 우리나라 유치원 교사들이 표출한 관심사의 발달과정은 카츠가 제시한 발달단계를 따르는 경향성이 강하고 특히, 생존 관심사에 높은 관심을 보였거나 성숙 관심사에 가장 낮은 관심을 보이는 것으로 밝혀졌다. 또한 경력, 현직교육 참여 횟수, 직무 만족도는 교사의 관심 수준에 영향을 미친다고 보고하였다. 유치원 교사의 관심사 평정척도에서 4가지의 관심사를 제시하면 다음과 같다.

- **생존 관심사**: 교사가 되는 경험을 견디어 낼 수 있을까에 대해 걱정하는 정도로서 기본적으로 교사로서의 적합성, 적응, 수용, 훈육, 정보 · 교수 기술 · 시간의 부족, 충분히 준비되어 있지 못하다는 느낌에 대한 관심과 염려를 포함한다.
- **강화 관심사**: 개별적인 문제아동과 특수한 상황을 다루는 데 있어서 효율적인 교사가 되기 위해 필요한 지식과 기술에 대해 관심을 갖는 정도를 의미한다.
- **갱신 관심사**: 교사로서의 효율성을 강화하기 위해 새로운 지식과 기술에 대해 관심을 갖는 정도를 의미한다.

- **성숙 관심사**: 교사가 개인적인 교수 철학을 확고히 하는 것과 관련된 관심을 갖는 정도로써 일반적인 지식의 토대를 넓히는 것, 추상적인 이론적 · 철학적 문제를 탐구하는 것, 진보된 학습에 착수하는 것 등을 포함한다. 관심 정도를 5점 척도로 나타낸다.

교사 관심사 검사의 범주와 문항은 표 6.5에, 교사 관심사의 문항 내용은 표 6.6에 제시하였다.

표 6.5 교사 관심사 검사의 범주와 문항

교사 관심사의 범주	문항 번호	문항 수
생존 관심사	1, 5, 9, 13, 17, 21, 25, 29, 33, 37, 41, 45, 49	13
강화 관심사	2, 6, 10, 14, 18, 22, 26, 30, 34, 38, 42, 46, 50	13
갱신 관심사	3, 7, 11, 15, 19, 23, 27, 31, 35, 39, 43, 47, 51	13
성숙 관심사	4, 8, 12, 16, 20, 24, 28, 32, 36, 40, 44, 48, 52	13

표 6.6 교사 관심사의 문항 내용

	문항	5점 척도				
		매우 관심이 높다		보통		전혀 관심이 없다
		5	4	3	2	1
1	학급의 유아 수(교사와 비율)에 관한 것					
2	자유 놀이 시간에 유아가 스스로 계획한 활동을 끝까지 할 수 있도록 격려하는 것					
3	새로이 개정된 교육과정을 적용하는 것					
4	세미나에 참가하는 것 (세미나: 주제 발표와 토론이 있는 전문가 연구모임)					
5	유아들에게 약속된 규칙을 지키도록 하여 질서를 유지하는 것					
6	부모와 떨어지기 싫어하는 유아를 다루는 것					
7	현재 운영하고 있는 프로그램의 목적을 성취하기 위해 새로운 방법을 모색하는 것					
8	일반교양에 대한 광범위한 기초지식을 얻을 수 있도록 폭넓게 독서하는 것					
9	현재 맡고 있는 유아들의 연령에 맞는 발달단계를 아는 것					
10	학습에 지체를 보이는 유아에게 환경적인 자극을 주는 것					
11	유아교육에 관련된 교직 전문단체에 가입하는 것 (예: 어린이교육협회, 대한유치원교육협회 등)					
12	유아교육 이외의 다른 분야의 전문가들과 접촉하는 것 (예: 의사, 심리학자, 사회학자, 영양사 등)					
13	교재 · 교구를 만드는 것					
14	특별한 요구를 가지고 있는 유아들을 돕는 것 (예: 부모의 이혼이나 별거로 인한 가정 문제를 가지고 있는 유아, 발달에 장애가 있는 유아 등)					
15	새로운 연구 결과나 정보를 수업에 적용하는 것					
16	유치원에서 종일반을 실시하는 것					
17	가르칠 내용을 충분히 이해하고, 효과적으로 전달할 수 있도록 노력하는 것					
18	교사에게 지나치게 의존하여 떨어져 있지 않으려고 하는 유아를 다루는 것					
19	시범으로 운영되고 있는 유치원이나 새로운 프로그램을 운영하고 있는 유치원을 방문하여 정보를 얻는 것					
20	원아 모집 및 선발 기준에 관하여 나름대로의 철학을 갖는 것					
21	유아들 개개인의 특성 및 기본적 능력을 파악하는 것					
22	유치원에 오기 싫어하는 유아나 집에 가고 싶다고 떼를 쓰는 유아를 다루는 것					
23	유아에게 적합한 새로운 과학 실험이나 활동에 대한 정보를 입수하는 것					
24	유아가 성장하는 것과 학습하는 것의 본질(특성)에 대해 깊이 탐구하는 것					

25	일과를 계획하고, 교안(교수계획안)을 작성하는 것					
26	그치지 않고 계속해서 우는 유아를 지도하는 것					
27	유아 발달 이론을 교육과정에 통합시키는 것					
28	교육에 영향을 미치는 관련 법규나 정책에 관한 것					
29	자신이 유아교사로서 적합한가에 관한 것					
30	유아의 공격적인 행동에 대처하는 것					
31	교사들을 위한 연수나 워크숍에 참여하는 것					
32	급격하게 변화하고 있는 현대사회에서 유치원이 담당해야 할 역할과 기능을 생각하는 것					
33	수업에 대한 유아들의 반응에 관한 것					
34	유아들 간에 싸움이 벌어졌을 때 문제를 해결해 나가는 것					
35	현장에서 연구할 수 있도록 연구 방법을 습득하는 것					
36	유치원 전체의 운영관리에 참여하는 것					
37	교사로서, 직장동료로서 동료 교사들에게 인정받는 것					
38	건강에 문제를 가지고 있는 유아를 돕는 것 (예: 팔에 깁스를 한 유아, 감기에 걸린 유아 등)					
39	새로운 유아교육 프로그램을 도입하고 적용하는 것					
40	학위를 얻기 위해 학위과정에 등록하는 것 (예: 방송통신대학, 대학원 등)					
41	'유치원 교사'라는 직업을 계속할 수 있을 것이라는 확신을 갖는 것					
42	유아들이 가지고 있는 언어적 문제를 도와주는 것 (예: 말을 더듬는 것, 표현력 부족, 어휘력 부족 등)					
43	유아교육에 관련된 전문잡지나 학회지 등을 보는 것					
44	교사의 권익과 처우에 관한 것 (예: 행정적인 지원 · 후생복지 · 근무조건)					
45	교사로서 부모들에게 인정받는 것					
46	유아들의 자아개념을 증진시키는 것					
47	새로운 교수 방법을 배울 수 있는 비디오나 교육용 영화를 보는 것					
48	유아교육의 역사와 철학을 탐구하는 것					
49	수업 준비를 위해 충분한 시간을 할애하는 것					
50	문제가 있는 아동의 부모와 상담하는 것					
51	현직교육(각종 연수, 강습회, 워크숍)으로부터 학습한 새로운 지식과 교수법을 실제에 적용하는 것					
52	유아교육의 공교육에 관한 것					

출처 : 이승연(1994).

학습정리

1. 교사발달이론은 크게 직선적 · 순차적 교사발달이론과 순환적 · 복합적 교사발달이론의 구분할 수 있다.

교사발달이론	구분	이론	단계
교사발달 이론	직선적 · 순차적 교사발달이론 (교사발달의 방향을 순차적으로 이루어진다고 보는 관점)	풀러의 관심사 발달	교직 이전 관심사 – 생존에 대한 초기 관심사 – 교수 상황 관심사 – 학습자에 대한 관심사
		카츠의 교사발달이론	생존 단계 – 강화 단계 – 갱신 단계 – 성숙 단계
	순환적 · 복합적 교사발달이론 (교사발달을 한 가지 이상의 복합적 요인에 의해 역동적으로 발달한다고 보는 관점)	버크의 교사발달 순환모델	교직이전단계 – 교직입문단계 – 능력구축단계 – 열중 · 성장단계 – 교직좌절단계 – 안정 · 침체단계 – 교직쇠퇴단계 – 교직퇴직단계
		후버만의 교사발달 복합모델	생존 · 발견단계 – 안정화단계 – 실험주의 · 행동주의단계 – 재평가 · 자기의심단계 – 평정 · 상대적 거리감의 단계 – 보수주의단계 – 이탈단계

2. 교사 관심사 평정척도는 카츠의 유아교사발달단계 이론에 기초한 교사 관심사의 범주와 문항을 제시하고 있다.

생각의 나무

1. 풀러와 카츠의 교사 발달단계를 비교 · 설명해 봅시다.
2. 버크와 후버만의 교사발달모델에 대한 공통점과 차이점이 무엇인지를 설명해 봅시다.
3. 교사발달이론을 참고하여 나의 미래에 대한 자화상을 그려봅시다.
   3.1 초임교사 시기
   3.2 교사 경력 3년 차 시기
   3.3 교사 경력 5년 차 시기
   3.4 교사 경력 10년 차 시기
   3.5 교사 경력 15년 차 시기
   3.6 교사 경력 20년 차 시기
   3.7 교사 경력 30년 차 시기
   3.8 교사 경력 30년 이후 시기

Chapter 07

유아교사의 교수-학습 활동

학습개요

교수(教授)란 처음부터 유아의 어떤 행동 변화를 의도하고 있어야 함을 의미한다. 이는 가르치는 자가 무엇을 어떻게 가르칠 것인가에 대한 명확한 의도가 전제되어야 함을 말해준다. 즉, 의도된 학습을 달성하기 위하여 학습자를 둘러싸고 있는 환경적 조건을 정교하게 조정해야 하는 것이다. 그러므로 교수라는 의미 속에는 막연하게 유아를 변화시키는 것이 아니라 계획적으로 변화시키려는 의도가 숨어 있다. 이 장에서는 유아를 위한 효과적인 교수-학습 기술에 대하여 살펴보고자 한다. 이 장을 마치고 나면, 여러분은 유아를 위한 효과적인 교수-학습 기술을 습득할 수 있을 것이다.

학습목표

1. 효율적인 수업을 위한 유아교사의 역할을 설명할 수 있다.
2. 유아의 동기유발 방법과 효율적인 발문방법을 적용할 수 있다.
3. 유아 주도적 수업방법을 설명할 수 있다.

1. 수업의 의미

가르치는 행동을 의미하는 용어로 흔히 '교수', '수업', '학습지도' 등과 같이 사용된다. 특히, 1960년대 이후 효과적이고 과학적인 교육 방법을 모색하려는 교육공학의 발달과 함께 새로운 교수 이론이 등장하면서 현대적 교수의 개념을 나타내는 용어로 '교수 · 학습 과정' 또는 '수업'이라는 용어를 사용하고 있다. 이들 용어는 개념상 구분될 수 있지만 실제로는 동의어로 사용하고 있다. 그러므로 이 장에서는 수업 활동이라는 관점에서 '수업'이라는 용어로 통일하여 사용하고자 한다. 수업에 대한 학자들의 정의를 살펴보면 다음과 같다.

① 코리(Corey)의 개념

개인으로 하여금 특정한 조건하에서 특정한 행동을 나타내도록 학습하게 하기 위하여, 또는 특정한 상황에 대한 반응으로서 특정 행동을 할 수 있게 하기 위하여 학습자의 환경을 계획적으로 조작하는 과정이다.

② 가네(Gagné)의 개념

학습이 일어나도록 학습자의 내적 · 외적 조건을 체계적으로 조정하는 과정이다.

이처럼 수업의 정의를 분석해 보면, 수업의 개념은 단순히 학습 내용만을 전달하는 게 아닌 학습자를 수업의 장으로 끌어들이고, 학습 내용을 전달하고, 학습자로 하여금 그 내용을 이해하고 최종적으로는 실생활에 적응할 수 있는 능력을 배양하는 일련의 과정을 포함한다. 이 일련의 과정에서 유아교사의 역할은 중요하다. 교사의 수업 기술에 따라 유아의 수업효과는 달라지기 때문이다.

2. 유아 교수-학습의 원리

유아의 발달과 학습에 관한 관점은 학자마다 견해가 다르다. 이에 이 장에서는 여러 견해 중에서도 어느 정도 합의된 5가지 원리를 제시하였다(김진영 외, 2006).

1) 구체성의 원리

구체성이란 눈에 보이는 사물과 사건을 의미하며 유아가 학습을 위해 활동자료를 만지고 조작할 수 있는 모조품이나 실물 등 구체물을 말한다. 유아는 발달 단계에 따라 구체물을 가지고 충분히 조작한 후에 추상적이고 상징적인 것으로 발전된다. 유아를 위한 교수-학습 전략으로서 유아의 구체적 조작 없이 워크북, 시험지, 색칠 공부와 미술 활동 등은 6세 이전의 유아에게는 적합하지 않다고 하였다(Bredekkamp, 1986). 또한 유아 초기에 읽고, 쓰고, 셈하는 기술 등 추상적인 기능훈련 방법은 인간 발달의 연속성이나 자아 형성 관점에서 부적합하다고 한다. 이 같은 수업 활동은 인간의 원초적 반응력이나 자연적 리듬감 등을 이해하지 못하는 결과를 초래할 수 있음을 지적한다. 구체성의 원리를 적용하여 놀이 수업을 진행하는 것도 하나의 예가 될 수 있다.

맥쿤의 상징 놀이

① 전 상징적 단계: 빈 컵에 입 가져다 대기

② 자기 가작화 단계: 컵으로 소리내며 물 마시는 행동하기

③ 분산된 가작화 단계: 인형에게 물 먹이는 행동하기

④ 가작화 놀이 통합 단계: 인형에게 입맞춤 후 젖꼭지를 물린 뒤 자장가를 불러주기

⑤ 계획된 상징 놀이 단계: 부모 놀이, 병원 놀이 등

스밀란스키의 사회 극놀이

① 기능 놀이: 단순히 장난감 반복 굴리기

② 구성 놀이: 레고 블록을 활용하여 다양한 모형 만들기

③ 극놀이: 친구들과 병원 놀이하기

④ 규칙 있는 게임: 인지 수준을 높일 수 있는 윷놀이 하기

피아제의 상징 놀이

① 연습 놀이: 신체적 반복 운동

② 상징 놀이: 상징 놀이 또는 극화 놀이

③ 규칙 게임: 오징어 게임 등

2) 다양성 및 융통성의 원리

다양한 능력과 흥미를 가진 유아들의 개인차에 부응하는 교수-학습이 되기 위해서는 다양한 교수 환경을 제공함으로써 유아 스스로 활동을 선택할 수 있게 해야 한다. 이를 위해 흥미 영역을 설치하고 소집단 활동이나 개별 활동을 통한 탐구학습을 하도록 장려한다. 수업 방법도 발표, 토의, 실험, 관찰, 조사, 견학 등 다양하게 적용하여 유아가 능동적으로 참여할 수 있도록 해야 한다. 예컨대, 기본 운동능력 수업 활동에서 유아의 개인차를 고려한 수업을 진행할 수 있다.

기본 운동능력 수행하기

① 이동 동작: 두 발 모아 뛰기, 걷기, 지그재그 달리기, 뒤꿈치 들고 걷기
② 비 이동 동작: 스트레칭하기, 회전돌기, 비틀기, 구르기, 한 발 균형 잡기, 제자리높이뛰기
③ 조작적 동작: 공굴리기, 차기, 던지기, 공 잡기

3) 통합성의 원리

교육의 대상이 되는 유아 개개인은 전인적 인격체이다. 사회 · 신체 · 언어 · 정서 · 인지발달이 통합적으로 발달한다. 그러므로 교육은 지식과 기능을 포함하여 자연과 사회의 여러 생활 영역과 상호작용하며 통합될 수 있는 전인교육이 이루어져야 한다. 유아의 생활이 통합적이기 때문에 교재나 활동, 가르칠 교과 영역 등이 통합적으로 실시되어야 한다.

통합교육의 예시

① 언어교육: 듣고, 읽고, 쓰고, 말하는 것을 순서대로 구분하여 가르치는 게 아닌 2가지 이상을 통합적으로 동시성을 가지고 교육한다.

② 영역별 통합교육: 신체운동 · 건강 영역, 의사소통 영역, 사회관계 영역, 예술 경험 영역, 자연 탐구 영역 등을 2개 이상 패키지화하여 동시적 통합교육을 진행한다.

4) 개별화의 원리

교육은 학습자를 개별적 존재로 인정해야 하고 그 개인에 맞는 교육 방법을 제공해야 한다. 개인은 지능, 특성, 흥미 등의 면에서 각자 차이가 있다. 개별화의 교수 방법으로는 2가지가 있다. 하나는 개인에 따른 능력별 지도와 개별화를 강화하는 방법이고, 다른 하나는 학습진단 속에서 개성을 살려 공동 작업할 수 있게 하는 방법이 있다.

연령 및 능력별 교육

① 3세: 친숙한 낱말을 발음해본다.

② 4세: 친숙한 낱말을 정확하게 발음한다.

③ 5세: 정확한 발음으로 말한다.

5) 자발성의 원리

인간의 성장 발달은 내부의 자발성에 의해서 이루어지며 이것이 외부 환경의 영향을 받아서 인격적으로 완성된다. 수업은 유아 스스로가 배우고자 하는 자발적인 의욕을 가지고 있을 때 이루어진다. 즉, 동기가 내재된 학습을 하는 것이 중요하다. 이는 흥미의 원리, 자기활동의 원리, 활동 중심의 원리라고도 명명한다. 이처럼 자기활동을 촉진시키는 것이 동기유발이다. 동기유발 방법은 유아 자신이 목적을 가질 수 있게 하거나 교재를 유아의 발달단계나 능력에 맞추어 지도하는 것은 좋은 예가 될 수 있다.

3. 유아 주도적 수업

유아 주도적 수업으로는 개별학습법, 개념학습법, 탐구학습법, 협동학습법, 토의학습법 등 다양하다. 유아 주도적 수업은 유아 스스로 주도해 나가며, 교사는 유아의 사고, 행동, 감정 등 개인의 특성을 전적으로 수용하며, 개인차를 인정해 주어야 한다. 유아 주도의 교수 원리는 유아의 성장력을 강조하고 있으며, 일반적으로 소그룹 중심의 활동에 주로 적용된다. 유아교사와 유아 간의 상호작용을 강조하는 교수 방법도 유아 중심에 기반을 두어야 한다. 자기표현을 장려하는 개방적 분위기 속에서 유아교사와 유아는 다양한 질문을 주고받음으로써 문제해결의 과정을 겪게 된다. 이를테면, 학습 목표나 내용을 유아가 계획하도록 유도하고, 상호작용의 기회를 늘리고, 유아 스스로가 적극 활동할 기회를 많이 부여하는 것이다. 유아 주도적 수업은 다음과 같은 점을 고려하여 진행하는 게 바람직하다.

유아 주도적 수업 시 고려할 점

① 유아의 개인적 경험과 연계하여 진행한다.
② 유아의 자주성과 독립성을 존중하는 수업을 진행한다.
③ 유아 중심의 학습 목표 제시, 학습 방법 선정, 평가 방법을 적용한다.
④ 유아의 개인차를 존중하여 학습 속도를 탄력적으로 적용하여 진행한다.
⑤ 유아 스스로 책임감을 기를 수 있는 학습을 제공해야 한다.

유아 주도적 수업의 장단점을 정리하여 제시하면 다음과 같다.

1) 장점

- 유아의 흥미, 능력, 욕구 등의 개인차를 고려하므로 발달의 적합성을 살리기 용이하다.
- 여러 가지 사회적 상호작용이 활발하게 일어남으로써 자기표현 및 사회적 관계가 개발된다.
- 직접경험, 탐구활동이나 발견적 과정의 활동에 적합하고 효과적이다.

2) 단점

- 탐구학습이나 발견학습의 과정은 오랜 시간이 걸린다.
- 유아교사 대비 유아의 비율이 높은 현실적 상황에서 지도, 관찰, 평가 등을 체계적으로 진행하기에는 그 한계가 있다.

4. 효율적인 수업을 위한 유아교사의 역할

수업 활동은 유아교사와 유아가 함께 만들어가는 과정이다. 하지만 아직 미숙한 유아들에게 모든 것을 맡겨둘 수는 없다. 미숙한 유아들을 이끌어서 완숙한 상태로 만들어가는 것이 유아교사의 역할이다. 그러므로 유아 수업을 진행함에 있어 유아들을 수업으로 끌어들일 수 있는 교사의 전문적 수업 기술이 요구된다.

좋은 유아교사는 수업 현장에서 유아를 지도할 능력을 갖추고 있다. 학습하는 방법, 생각하는 방법, 사물을 바라보는 방법과 그것들을 다루는 방법, 집단에서 토의하는 방법, 발표하는 방법, 질문하는 방법, 그리고 필요한 자료와 도구를 선택하고 활용하는 방법 등을 상세히 알려줄 능력을 갖고 있다. 이를 위해서 유아교사는 가르치는 방법과 기술을 끊임없이 연구해 나가야 한다. 즉, 기술적 측면과 전공지식 측면에서 유능한 교사가 되어야 한다. 교사는 유아들로 하여금 유능하다고 인정받을 수 있는 수업 기술을 갖춰야 한다.

유능한 유아교사와 무능한 유아교사의 특징을 정리하여 제시하면 다음과 같다(성남교육청, 2005).

유능한 유아교사의 특징

① 갈등이 있는 여러 요구에 직면했을 때 자기를 억제할 능력을 갖춘 교사
② 침착하며 여러 가지의 활동을 동시에 지도할 수 있는 교사
③ 유아가 자신의 소견을 펼칠 때 건설적이고 격려적인 교사
④ 유아와의 관계에 있어서 대화가 잘 통하고 우호적인 교사
⑤ 목소리나 행동에 독창성이 있고 흥미를 집중시킬 수 있는 교사

⑥ 유머가 있는 교사
⑦ 어떤 일이나 유아들이 즐거운 마음으로 참여할 수 있도록 유도하는 교사
⑧ 가르치는 일에 열의를 가진 교사
⑨ 유아의 활동에 흥미를 가지고 참여하는 교사
⑩ 수업 활동에 대한 지식이 풍부하고 성실히 준비하는 교사
⑪ 유아들에게 충분한 시간을 할애하는 교사
⑫ 명확하게 설명할 수 있는 능력을 갖춘 교사

무능한 유아교사의 특징

① 유아들의 학습 요구에 응할 능력이 없는 교사
② 예기치 않은 문제나 요구에 부딪혔을 때 혼란을 일으키고 화를 내는 교사
③ 유아와의 관계에서 강압적이고 성급한 교사
④ 벌에 의존하고 비꼬는 수단을 이용하는 교사
⑤ 유아에게 긴장감을 불러일으키고 필요 이상으로 엄격한 교사
⑥ 목소리나 태도가 지루하고 개성이 없는 교사
⑦ 맡겨진 일 이외에 아무 일도 하지 않으려는 교사

유능한 유아교사와 무능한 유아교사의 구분에 있어서 가장 중요한 점은 교사가 가진 열의이다. 열의가 있는 교사라면 현재는 부족하더라도 장차 충분히 발전할 가능성이 있는 것이다. 그렇다면 수업을 하는 데 있어서 열의는 무엇을 의미하는 것일까? 단순히 활기차고 큰 목소리 큰 활동만을 의미하는 것은 아니다. 예컨대, 수업 활동에 늦지 않게 도착하는 성실성, 유아들을 배려하고 사랑하는 마음가짐, 한 시간의 수업을 위해서 오랜 시간을 투자하는 준비성과 성실함 등을 포함한다. 유아교사가 매사에 노력하는 모습을 보인다면 유아들도 그만큼 열정을 가지고 수업 활동에 임할 가능성은 높아지는 것이고, 나아가 자연스럽게 수업의 효율성도 증진될 것이다.

5. 유아교사의 효과적인 수업 기술

수업 활동의 효율성에 대한 여러 연구에서 나타난 공통적인 특성으로 수업의 효과와 수업자, 즉 교사의 요인과 밀접한 관련을 짓는다. 교사의 자질 중 수업의 효과와 가장 밀접한 관련을 짓는 것은 수업 기술로 본다. 수업 기술이 탁월한 교사는 그렇지 않은 교사에 비하여 적은 시간으로도 높은 수업 효과를 얻을 수 있다. 수업 효과를 높이기 위한 몇 가지 수업 기술을 제시하면 다음과 같다(김진영 외, 2006; 김희수, 2011).

1) 교수-학습 활동 구조화하기

교수-학습 활동이 체계적이고 단계적으로 수행될 때 수업의 효과는 향상된다. 일반적으로 도입-전개-정리 단계 순으로 수업이 이루어지는데, 단계별로 교사들 저마다의 유아 수업에 매력적인 수업 기술을 가지고 있어야겠다. 여기에서는 도입-전개-정리 단계에서 공통적으로 유아교사들이 쉽게 적용해 볼 수 있는 수업 기술을 제시하고자 한다.

(1) 도입 단계

수업 활동 시간이 되면 교사가 교실(활동실)에 들어간다고 해도 대부분의 유아들은 쉬는 시간의 분위기에서 벗어나지 못하고 산만한 상태로 수업 활동에 임하게 된다. 이때 교사가 교실에 들어가자마자 바로 수업 활동에 들어가게 되면 어떻게 될까? 당연히 수업 준비가 되지 않은 유아들은 시작부터 헤매게 될 것이고, 그러면 그 수업은 실패한 수업 활동이 될 것이다. 수업 시작 5분이 가장 중요하다. 산만한 유아들을 정돈시키고, 지난 시간에 학습한 내용을 상기시키며 집중을 유도하고, 구체적인 학습 목표를 제시하는 과정이 도입 단계에서 필히 이루어져야 한다.

도입 단계의 수업기술 ① 유아에게 눈 감고 시간 재보게 하기

눈 감고 시간 재보기를 통해 수업 시작 전에 유아의 집중력을 높인다. 수업 시작 시 산만하다고 느낄 때 모두 눈을 감게 한다. 그리고 시계를 보지 않고 일정 시간(예를 들어: 60초)을 마음속으로 세게 하고, 다 세었다고 생각하는 유아들은 손을 들라고 한다. 정확한 시간에 가장 가깝게 맞추는 유아의 책상에 사탕을 올려놓고 모두 눈을 뜨라고 한다. 이렇게 하면 산만한 분위기가 자연스럽게 가라앉을 수 있다. 이때부터 수업 활동을 시작하는 것도 하나의 수업 기술이다.

도입 단계의 수업기술 ② 유아에게 상세한 수업 절차 알려주기

유아들은 형식적 사고능력이 부족하다. 그러므로 앞으로 수업이 어떻게 전개될지 안내해 줌으로써 유아 스스로 수업의 로드맵을 그려보게 해준다. 다시 말해서 상세한 수업 절차를 미리 설명해주는 것이다. 이는 유아가 미리 수업을 준비할 기회를 제공함으로써 수업 활동의 효율성을 높여주는 계기가 될 것이다.

도입 단계의 수업기술 ③ 지난 수업 내용을 요약해 보게 하기

유아로 하여금 수업을 시작하기 전에 지난 수업 시간에 학습한 내용을 회상하게 하여 이 시간에 해야 할 수업 활동과 자연스럽게 연계시킨다. 그렇게 함으로써 유아들은 지금 이루어질 수업 활동에 대해 흥미와 호기심, 그리고 높은 집중력을 보일 것이다.

(2) 전개 단계

학습 주제의 내용을 제시하고 다양한 수업 형태로 지도하는 단계이다. 본격적으로 가르치고 배우는 활동을 수행하는 과정이므로, 학습 목표를 효과적으로 달성할 수 있는 수업 방법 및 수업 자료를 선정하여 최적의 수업환경을 유아들에게 제공하는 것이 중요하다.

전개 단계의 수업기술 ① 유아에게 유행어 사용하기

TV 프로그램의 유행어를 수업 상황에 적절하게 활용하는 센스를 보이면 수업이 훨씬 활기차게 될 것이다. 유아교사는 유아들의 눈높이에 적합한 유행어를 준비하여 수업 운영에 적절히 활용할 필요가 있다.

전개 단계의 수업기술 ② 유아의 공책 활용하기

유아들에게 무언가를 쓰도록 한다. 공책을 활용하여 수업 내용에 대한 생각, 질문, 주제 등에 대해서 그림을 그리거나(글씨를 못 쓰는 유아의 경우) 글로 쓰게 하고 발표하도록 하면, 유아들의 한 단계 높은 사고력이 길러질 수 있다. 단, 낙서와 구분이 될 수 있도록 공책 검사하는 것을 잊지 말아야 한다.

전개 단계의 수업기술 ③ 유아와 교사 간의 신호 만들기

유아가 제대로 이해하고 있는지를 측정하는 방법으로 우리들만의 신호를 만들어서 사용한다. 예컨대, 신호를 '사랑의 총알 날리기'로 정한다. 그리고 수업 활동 중 설명한 내용에 대해서 이해하고 있는지를 묻고, 유아들의 신호를 파악하는 것이다. 이러한 활동이 수업에 대한 집중력을 높일 수 있으며, 지루하지 않은 수업으로 만들어 줄 것이다.

전개 단계의 수업기술 ④ 유아들에게 의미 부여를 통한 암기하기

무작정 외울 수밖에 없는 학습 내용도 존재한다. 이런 경우에는 의미 부여를 통해서 유아들의 암기를 도와야 한다. 예컨대, 생태학습 프로그램의 경우 신흥 산업도시인 울산, 창원, 구리, 반월, 포항을 암기할 때 '울창한 구반포여'라는 문장을 주면 암기가 한결 수월해질 것이다. 언어영역의 경우 'ㅂ-ㄷ-ㅅ-ㅈ-ㄱ'의 순서로 된 자음 체계를 '바닷속 조개'라고 하면 유아들이 훨씬 더 쉽게 이해할 수 있을 것이다.

전개 단계의 수업기술 ⑤ 나무젓가락으로 영유아 지목하기

수업 활동 중에 발표할 유아를 지목할 때 나무젓가락을 사용한다. 나무젓가락을 쪼개지 않은 상태에서 넓은 부분에 자신들의 이름을 쓰게 한다. 그리고 모아진 나무젓가락 중 아무거나 뽑아서 선택된 유아가 발표하면 된다. 나무젓가락을 뽑는 단순한 과정 속에서도 긴장감과 기대감을 가진 유아들의 눈빛을 볼 수 있다. 이런 작은 방법들이 수업을 즐겁게 만들어 줄 것이다. 이런 방법은 도입 단계뿐만 아니라 수업의 전 과정에서 적용할 수 있다.

(3) 종결 단계

학습 내용을 정리하는 단계로 수업한 내용에 대하여 연습을 통해 유아의 지식 체계 속에 내면화시킴으로써 실생활에 적응할 수 있도록 지도하는 능력이 필요하다. 교사는 수업을 성급하게 끝내지 말고, 수업 내용을 다시 한번 정리하는 시간을 갖는다. 이때 수업 내용을 유아들로 하여금 스스로 요약하게 하는 방법을 사용해도 괜찮다. 그리고 수업 내용을 제대로 이해했는지를 확인하기 위해 다양한 방법으로 수행평가를 실시해 보는 것도 좋다. 교구·교재를 또는 문제지를 활용할 수 있고 파워포인트 등을 활용할 수도 있다.

종결 단계의 수업기술 ① '오늘의 질문' 만들기

수업 내용에 대한 '오늘의 질문'을 한 가지씩 쓰도록 한다. 유아들의 많은 아이디어 가운데 가장 잘 표현된 질문 하나를 유아들과 함께 선정하고 해답을 찾아보는 것은 학습 흥미를 높일 수 있다.

종결 단계의 수업기술 ② 신문이나 자료를 활용한 과제 제시하기

매 주제마다 활용하기보다는 대주제가 끝날 때 활용하는 방법으로, 하나의 대주제가 끝나면 유아가 그 주제와 관련된 키워드를 정하고 그것과 관련된 신문 기사의 내용이나 그림 등을 찾는 것이다. 이때 중요한 것은 유아가 왜 그 키워드를 선택했는지, 그리고 신문 기사의 내용이나 그림을 통해 느낀 점이 무엇인지 쓰도록 지도하는 것이다. 이러한 과정이 반복되면 사회에 관한 지식도 쌓이고, 다양한 문제에 대한 자신의 의견을 논리적으로 펼칠 수 있는 능력도 키워질 것이다.

끝으로, 유아교사와 유아 간의 수업이 충실히 이루어지기 위해서는 위에서처럼 수업 단계별의 수업 기술도 중요하지만, 구조화된 교수-학습과정안(단위활동계획안)이 사전에 잘 준비될 필요성이 더 크다. 교수-학습과정안(단위활동계획안)의 작성 예를 제시하면 표 7.1 및 표 7.2와 같다.

표 7.1 교수-학습과정안(단위활동계획안)

Ⅰ지시문Ⅰ에 따른 단위활동계획안 작성 예

Ⅰ지시문Ⅰ

1) 생활 주제 : 유치원과 친구
2) 소주제 : 친구와 다른 점 알아보기
3) 활동 유형 및 자료 : **자유**
4) 활동명 : 친구와 다른 점이 있어요.
5) 누리과정 관련 요소 : 사회관계 - 나를 소중히 여기기
   사회관계 - 친구와 사이좋게 지내기
   의사소통 - 느낌, 생각, 경험 말하기
6) 창의성 및 인성 요소 : 창의성(문제해결력, 다양성), 인성(다른 사람에 대한 존중)
7) 활동 목표
   - 나와 친구의 같은 점과 다른 점을 안다.
   - 나와 친구의 같은 점과 다른 점을 찾아본다.
   - 나와 친구의 다른 점을 존중한다.
8) 대상 : 만 4세 유아 20명
9) 소요 시간 : 30분

Ⅰ작성 조건Ⅰ

1) 활동 목표 달성을 위한 교육활동 유형을 자유롭게 단위 활동안으로 작성한다.
2) 활동 내용은 〈가네〉의 교수학습사태 9단계에 의거 작성한다.
3) 누리과정 요소 및 창의성 교육, 인성의 교육적 요소를 교사의 상호작용 발문에서 포함되도록 작성한다.
4) 자료 및 유의점을 포함하여 작성한다.

단위활동계획안					
생활주제	유치원과 친구	주제	유치원에서 만난 친구	소주제	친구와 다른 점 알아보기
활동유형	이야기 나누기	활동명	친구와 다른 점이 있어요	소요 시간	30분

활동목표	3.1 나와 친구의 같은 점과 다른 점을 안다. 3.2 나와 친구의 같은 점과 다른 점을 살펴본다. 3.3 나와 친구의 다른 점을 존중한다.	
	활동 내용	자료 및 유의점
활동 방법	**〈도입 단계: 주의집중하기〉** (대집단 형태로 앉도록 안내하고 '그림에서 달라진 점 찾기'로 주의집중한다.) • 선생님이 처음 보여주는 그림을 잘 살펴보도록 해요. 어떤 것들이 보이나요? • 이번에는 다른 그림을 보여줄 텐데 처음 보여준 그림과 어떻게 달라졌는지 살펴볼까요? • 처음 그림과 나중에 보여준 그림의 어떤 점이 달라졌나요? **〈도입 단계: 학습목표 고지하기〉** (오늘은 각자 소중한 존재로서, 친구와 나에 대해 서로 알아보는 활동을 할 것임을 안내한다.) • 어제 동시에서는 친구와 내가 다르지만 좋은 친구 사이가 될 수 있다는 내용을 감상했는데, 오늘은 같은 반 친구들에 대해 서로 자세히 알아보는 시간을 가지려고 해요. **〈도입 단계: 선행학습 재생자극하기〉** (사전활동으로 진행한 동시 「달라도 괜찮아」의 내용에 대하여 회상한다.) • 우리가 어제 함께 감상해 본 동시의 내용 기억하나요? • 어떤 제목이고 어떤 내용의 동시였나요? • 어떤 내용이 제일 기억에 남아요? **〈전개 단계: 자극자료 제시하기〉** 융판과 우리 반 친구들 정면 사진 자료를 보여주고, 융판과 친구들 정면 사진 자료를 활용해 학습 활동 방법을 간략히 소개한다. **〈전개 단계: 학습안내 제공하기〉** ▶ (융판의 우리 반 친구들 사진 자료를 보며) 친구와 내가 어떤 점이 다르고 같은지를 생각해 보고 이야기를 나눈다. • 이번에는 우리 반 친구들 사진을 같이 살펴볼까요? • ○○과 @@는 어디가 닮았나요? • @@와 ○○의 다른 점은 어디인가요? • 나와 키가 비슷한 친구는 누구인가요? • 나처럼 눈에 쌍꺼풀이 있는 친구는 누구일까요? ▶ 나는 어떤 사람인지 생각해 보고 이야기 나눈다.	**자료** : 융판, '그림에서 달라진 점 찾기' 그림 자료 2개 **자료** : 융판, 우리 반 친구 정면사진자료

	• 스스로 나는 어떤 사람인지 생각해 본 적이 있나요? • 나의 모습은 어떻게 생겼나요?, 나는 어떤 일을 할 수 있나요?, 나의 마음은 어떤가요? 그런 나는 어떤 사람일까요? • 그렇군요. @@이야기처럼 나는 아주 소중한 사람이네요.	
	〈전개 단계: 수행 유도하기〉 친구들 2명씩 짝지어서 서로 같은 점과 다른 점을 찾아보고, 그런 나/친구들에게 어떤 마음이 생겼는지 이야기 나누게 한다. (친구 간 이야기 나눌 내용) • 좋아하는 색이나, 사는 곳이 같은 친구는? • 좋아하는 음식은? • 좋아하는 장난감/동물/꽃은? • 친구와 나와의 같은 점과 다른 점은?	**유의점** : 창의성 및 다양성. 우리는 서로 같은 점, 다른 점이 있는 다양한 특성을 가진 사람들이라는 내용의 발문이 이뤄지도록 한다.
	〈전개 단계: 피드백 제공하기〉 (나와 친구의 생각이 다를 때 서로 다른 의견을 존중해 주는 태도를 기르도록 이야기를 이끌어낸다.) • 나와 같은 점이나 다른 점을 가진 친구에게 어떤 마음이 생겼나요? 친구와 잘 지낼 수 있나요? • 자신과 다른 생각을 하는 친구가 나의 의견을 들어준다면 나의 마음은 어떨까요? • 서로 다른 생각을 하는 친구의 의견을 존중해 준다면 사이좋은 친구가 될 수 있을 것 같아요.	**유의점** : 창의성 교육에 대한 내용 중에서 '문제해결력'에 대한 내용에 준하여 교사의 발문이 이뤄지도록 한다.
	〈정리 단계: 수행 측정하기〉 (활동에 대하여 평가한다.) ▶ 친구와 같은 점과 다른 점을 찾아보니, 어떤 느낌이 들었니? ▶ 같은 점과 다른 점이 있는 친구에게 어떤 태도를 가지면 좋을까? ▶ 나와 생김새도 다르고 생각도 다른 주변 친구들을 알아보면서 서로의 다른 생각을 들어주고 이해해 주는 것을 '존중'이라고 해요. 다른 사람과 함께 살아가기 위해서는 '존중'의 마음이 중요한데 우리 **반에서는 서로 존중하며 지냈으면 좋겠어요.	**유의점** : '존중'이라는 단어를 단순히 외우기보다는 그 의미를 활동 속에서 유아들이 자연스럽게 익히도록 평가한다.
	〈정리 단계: 파지 및 전이 촉진하기〉 (확장 활동과 사후활동을 소개하며 활동을 마무리한다.) ▶ 자유선택활동 시간에는 각자 좋아하는 것들과 자신을 소개하고 싶은 내용을 담아서 책으로 만들어 언어영역에서 볼 수 있도록, 오늘 이야기 나눈 내용을 바탕으로 '우리 반 친구들 이야기' 책을 만들어 보도록 해요.	**유의점** : 정리 단계에서는 확장 활동을 진행한다(경험 + 반성적 사고=온전한 지식으로 안내).

표 7.2 누리과정 교수–학습과정안(단위활동계획안)

<table>
<tr><td>활동 13</td><td colspan="3">민들레 씨앗 되어보기</td></tr>
<tr><td>활동 형태</td><td>대 · 소집단 활동</td><td>유형</td><td>신체</td></tr>
<tr><td colspan="2">목 표</td><td colspan="2">3세 누리과정 관련 요소</td></tr>
<tr><td colspan="2">• 민들레 홀씨에 대해 관심을 갖고 탐색해 본다.
• 신체를 이용하여 민들레 홀씨의 움직임을 다양하게 표현한다.</td><td colspan="2">• 신체운동 · 건강: 신체활동에 참여하기–자발적으로 신체활동에 참여하기
• 예술경험: 예술적 표현하기–움직임과 춤으로 표현하기
• 자연탐구: 탐구하는 태도 기르기–호기심을 유지하고 확장하기</td></tr>
<tr><td colspan="4">(창의 · 인성 관련)
• 창의성: 성향적 요소 - 개방성
동기적 요소 - 호기심 · 흥미</td></tr>
<tr><td colspan="4">가. 활동 자료
민들레 홀씨 날리는 동영상, 음원

나. 활동 방법
1) 민들레 홀씨를 날리는 동영상을 보고 홀씨가 바람에 날아가는 모습에 대해 이야기를 나눈다.
• 무엇을 보았니?
• 민들레 홀씨를 날려 본 적이 있니?
• 민들레 홀씨가 어떻게 날아갔었니?
• 민들레 홀씨가 바람에 날아가는 모습이 어떠니? 무엇과 비슷하니?
2) 몸, 손, 다리 등 다양한 신체를 이용하여 홀씨가 날아가는 모습을 표현해 본다.
• 민들레 홀씨가 훨훨 나는 것을 몸으로 표현해 본다면 어떻게 표현해 보고 싶니?
• 위로 날아가는 모습은 어떻게 하면 좋을까?
• 이번에는 몸이 이리 저리로 흔들리는 것을 표현해보자.

(신체 표현을 위한 이야기)
바람이 천천히 불어옵니다.
민들레가 천천히 고개를 듭니다.
몸이 조금씩 하늘로 올라갑니다.
점점 바람이 세게 붑니다.
몸이 이리저리로 흔들립니다.
민들레 홀씨가 위로 올라갑니다.</td></tr>
</table>

3) 모둠을 정해 한 명은 홀대가 되고, 여러 명은 홀씨가 되어 날아가는 모습을 표현해 본다.

4) 유아들이 민들레가 날아가는 표현에 익숙해지면 민들레 홀씨가 날아갈 때의 모양과 비슷한 낙하산 날개 소품을 활용하여 민들레가 날아가는 모습을 표현해 본다.

다. 활동의 유의점

1) 따뜻한 날 바깥 놀이를 하며 민들레 홀씨를 직접 바람에 날려본 후 활동을 하는 것이 좋다.
2) 민들레 홀씨가 날아갈 때의 모양과 비슷한 낙하산 날개 소품은 교사가 미리 만들어 제시한다.

라. 활동 평가

1) 민들레 홀씨에 대해 관심을 갖고 탐색하는지 평가한다.
   가) 민들레 홀씨의 생김새에 관심을 갖는가?
   나) 민들레 홀씨의 움직임에 관심을 갖는가?
2) 신체를 이용해 민들레 홀씨의 움직임을 다양하게 표현하는지 평가한다.
   가) 몸, 손, 다리 등 신체의 다양한 부분을 이용하여 표현하는가?

마. 확장 활동

1) 언어영역에서 날아간 민들레 홀씨에게 무슨 일이 있는지 상상하며 이야기 꾸미기를 해본다.

출처: 3세 누리과정, 신체 영역(2021).

2) 수업 방해꾼을 내 편으로 만들기

유아교사가 얼마나 적극적으로 유아를 이끌어 들이느냐에 따라 유아의 학습 참여 분위기는 달라지며, 이것은 유아의 학업성취와 직결된다. 그런데 교사가 수업을 진행할 때 유아 전원이 참여하도록 유도하는 것이 쉽지만은 않다. 수업을 진행하다 보면 수업 분위기를 흐리는 유아가 있기 마련이다. 유능한 교사는 이런 유아들을 배척하기보다는 자기편으로 끌어들일 수 있는 능력을 갖추고 있어야 한다.

(1) 특별한 관심을 보여라

수업을 진행하기 시작할 때, 가장 먼저 부딪히는 문제는 주의가 산만한 유아들에 대한 문제이다. 정도의 차이는 있지만, 어느 교실에나 문제아 또는 수업 방해꾼들은 있다. 현실적으로 이런 유아들을 내 편으로 만드는 것이 수업 분위기를 잡는 데 매우 중요하다. 짜증이 나고 미워져서 야단을 치기 전에 머리를 쓰다듬고, 관심을 기울여주는 특별한 노력이 필요하다. 칭찬이나 관심을 받아본 일이 없는 이 유아들은 조그만 친절과 배려에도 금방 약한 모습을 보이기도 한다.

(2) 자리를 재배치하라

수업 중에 짝이나 주변이 산만하여 일시적인 제재가 필요한 경우에는 자리를 재배치하는 것이 가장 좋다. 서로 다툼이 있거나 갈등이 있는 경우에는 공개적으로 충분히 문제로 삼아 이야기해 보게 한다. 단순한 장난 위주의 산만함이면, 야단을 치기보다 바로 자리를 따로 앉혀 줌으로써 잠시 갈등 관계를 차단할 필요가 있다. 간혹 수업에 집중하지 못하는 유아들을 산만하다고 하여 벌을 주거나, 밖으로 내보내는 일은 비교육적이고 효과도 없음을 인식해야 한다.

(3) 개인지도를 하라

문제가 있거나 수업을 제대로 못 하는 유아들의 경우는 특별히 개인적 상담을 통해 인지적 · 정서적 장애, 가정형편, 원(시설) 생활, 교우관계 등을 적극적으로 파악하는 일이 중요하다. 수업에 대한 흥미를 잃은 유아의 경우에는 방과 후 개인 보충 지도를 몇 번 실시함으로써 수업에 대한 관심과 흥미를 높일 수 있다. 일단 개인지도를 통해 교사에 대한 애정과 관심을 느끼게 되면 수업에 대한 호감도가 높아진다. 수업 태도가 좋지 않다는 이유로 남게 하면 어색할 수 있으므로, 수업을 마치고 형성평가나 관찰평가를 실시하고 나서 일정 기준 이하의 유아들을 남게 하여 보충 지도를 하면서 관심을 기울여 볼 수 있다. 또 과제 제출이나 수업 중 활동한 내용이 미흡한 경우에도 남게 하여 개별지도를 함으로써 유아와의 관계를 돈독히 할 수 있다. 중요한 것은 관심을 기울여주고, 미흡한 부분을 도와준다는 점이다. 수업에 흥미가 없는 유아일수록 교사의 관심과 지도 효과는 높아진다.

(4) 수업에 참여할 기회를 주어라

산만하고 어수선한 유아일수록 어떤 형태로든 튀고 싶어 한다. 또 아주 소심한 유아의 경우도 자신감을 갖고 여러 사람 앞에 나서거나 수업에 적극 참여하고 싶어 하는 것은 모두 똑같다. 다만, 능력이 부족하고, 사전 지식이나 지능이 부족하여 수업을 이끌어갈 수가 없다. 하지만 앞에 나와 동화책 읽기 같은 것은 비교적 쉽기 때문에 자발적으로 참여할 수 있게 유도한다. 퀴즈식 수업이나, 낱말 맞히기 게임 등 주제 내용을 조금만 바꾸면 웬만한 유아들은 모두 참여할 기회를 갖게 된다. 즉, 일탈 유아들을 체제 내로 끌어들일 수 있는 일들을 다양하게 만드는 것도 하나의 수업전략이다. 질문을 할 때는 그 유아가 대답하기 좋게 질문을 만들거나, 아주 쉬운 것을 물어서 자신 있게 대답할 수 있도록 하고 칭찬을 해주면 자신감이 생겨 적극적으로 수업에 동참하게 된다. 물론 만화나 그림, 영화와 같은 매체를 수업에 도입하면 이 유아들도 수업을 이끌어갈 수 있는 계기가 생긴다. 이런 적극적인 활동들을 끊임없이 일깨우고, 실기 평가에 좋은 점수를 얻도록 지속적으로 도와준다.

6. 유아의 동기유발 방법

수업 활동 간에 유아의 동기유발 방법에 대하여 몇 가지를 제시하면 다음과 같다.

1) 성공적이고 의미 있는 경험을 제공하기

"만일 당신이 배를 만들고 싶다면 사람들을 불러 모아 목재를 가져오게 하고 일을 지시하고 일감을 나눠주는 등의 일을 하지 말라.
대신 그들에게 저 넓고 끝없는 바다에 대한 동경심을 키워줘라" - 생텍쥐페리

유아의 동기에 영향을 미치는 가장 핵심적인 방법이기도 하다. 과제를 성공적으로 수행한 유아는 대개 비슷한 종류의 과제를 더 많이 하려고 한다. 하지만 실패한 유아들은 그 후에 비슷한 유형의 과제를 시도하기를 꺼린다. 하지만 학급의 모든 유아에게 성공적인 경험을 제공하는 것은 생각보다 어려운 문제다. 한 학급의 유아들은 저마다 능력이 다양하고 교육과정이 복잡하기 때문에 모든 유아들이 모든 과제에서 성공할 것이라고 단언하기 어렵다는 것이다. 또한 유아들로 하여금 가장 금기시되는 요소는 실패에 대한 두려움이다. 어느 정도의 실패는 불가피할 수도 있으나, 잦은 실패는 주의 깊게 고려되어야 하고, 유아로 하여금 그 모든 책임을 지게 해서도 안 된다. 만일 유아들이 성공하기에 좋은 기회라고 지각한다면 교사들은 유아들

이 과제수행을 완수하도록 동기화해야 한다. 성공이란 내적 동기화와 외적 동기화 양쪽 모두에 있어서 필수적이며 유아 학습에 있어 중요한 활력소이기 때문이다.

2) 적절한 학습 목표 제공하기

대부분의 유아들은 그들의 요구와 관계있는 학습 목표를 수행할 때 동기화된다. 학습 목표는 학습을 장려하는 방법으로써 유아들 앞에 던져진 행동 목표인 셈이다. 유아들은 일반적으로 그들이 재미있고 현실적이고 획득할 수 있는 것으로 지각하는 목표를 성취하려 한다. 가끔은 목표 자체가 중요한 내적인 동기 요소가 되고 다른 인위적이거나 또는 사회적인 자극들은 상대적으로 중요하지 않게 된다. 다른 경우에는 목적들이 중요한 외적 동기 요소가 되어 유아들은 목적을 달성하기 위해 흥미가 없는 과제들도 수행하게 된다.

3) 활동 주제에 대한 교사의 열정 불어넣기

가르치는 것과 배우는 것에 열정적인 교사들은 대개 유아들에게 매우 훌륭한 동기부여의 모델을 제공한다. 만약 교사들이 특별한 활동에 흥미가 있어 그것을 하는 것으로 보이면 유아들은 자주 그들의 열정을 본받게 된다. 가르칠 활동 주제에 대해서 열정적인 교사는 유아들에게 활동 주제와 관련된 높은 정서를 고무시키는 경향이 있다.

4) 유아들과 적극적인 정서적 관계 맺기

유아들에 대한 교사의 적극적인 관심은 거의 항상 유아들로부터 상호작용적 반응을 이끌어낸다. 만약 교사가 유아들에게 관심 있는 태도를 보인다면, 교사와 관련된 정서가 좋아질 것이고, 이에 따른 교과에 대한 유아들의 성취동기도 증가할 것이다. 유아들에게 관심을 기울이고 도움을 주는 모든 행동은 교사와 유아 간의 관계를 향상시키고 학습 동기를 증가시키는 결과를 낳을 것이다.

5) 강화와 처벌을 사용하기

어떠한 형태의 강화라도 실제로 효과가 있기 위해서는 적시적소에 적용되어야 한다. 교사들은 무엇을, 언제 그리고 어떻게 강화할 것인지를 명확하게 계획을 세울 필요가 있다. 동기부여의 기술은 계획된 교수전략에 따라 각 학습의 시작 · 중간 · 종결 부분에서 투입되어야 한다. 보상과 처벌체제는 또한 조심스럽게 검토되어야 할 것이다. 교사들은 끊임없이 모든 강화 절차의 효과와 어떤 강화 요소가 가장 큰 효과를 갖는지에 대하여 평가해야만 한다. 단, 처벌은 긍정적 피드백이 될 수 있어야 하고, 교육적 효과가 없다든가 유아에게 상처가 된다든가 하는 처벌은 삼가는 편이 바람직하다.

6) 유아가 노력에 대한 중요성을 알게 하기

유아들이 자신의 성공이나 실패를 유전적인 능력이나, 다른 사람의 행운 같은 통제할 수 없는 외부의 힘으로 돌리기보다는 자신의 노력으로 돌릴 때, 내적으로 동기화되기 쉽다. 유아들의 통제에 대한 지각은 동기에 간접적이지만 강력한 영향을 주기 때문이다. 교사들은 유아 학습에서 노력과 인내의 중요성을 유아들에게 설명할 필요가 있고, 그 노력과 인내는 타고난 능력보다는 더 중요한 결정적인 요소임을 상기시켜줘야 한다.

7) 잘 설계된 의사소통 수업체계 갖기

효과적인 의사소통과 교수-학습 활동은 교사와 관련 또는 교과와 관련됨으로써 유아의 내적 동기를 강화시킨다. 교과 내용을 분명히 설명할 수 있고, 그것을 재미있고 도전적으로 만들 수 있는 교사들은 유아들을 높은 수준으로 동기화하도록 자극하는 경향성이 크다. 교과와 관련된 또는 유아교사와 관련된 긍정적 정서를 가진 유아들은 그 교과에서 성공할 수 있도록 동기화된다. 또한 의사소통이 잘 이루어지는 효과적인 수업 활동은 유아들에게 높은 수준의 효능감을 갖게 하고, 지각된 효능감은 내적 동기를 유발시킨다.

7. 유아교사의 효과적인 발문방법

1) 주의를 끌면서 발문하라

유아교사의 발문에 대한 예고, 유아의 궁금증 유발, 주의집중에 대한 효과적인 발문 방법은 중요하다. 유아교사는 어떤 상황에서든 유아의 주의를 끌 수 있도록 발문해야 하는데, 그 예를 들어 보면 다음과 같다.

- "자 여기서 중요한 질문을 하나 하겠어요."
- "자 여기서부터 문제예요. 그다음은 어떻게 될까요?"
- "자, 여기를 보세요, 저 뒤쪽 신애야 여기 좀 보자."

2) 발문처리 단계를 늘려라

유아들은 아직 발문에 대한 논리적인 답을 제시하기엔 한계가 있다. 그러므로 발문처리 단계를 늘리는 것이 논리적 사고를 기르는 데 도움이 된다. 예컨대, '발문→반응→재차 발문→요약 · 설명, 반응의 명료화, 입증 요구' 등으로 진행하거나, 또는 '개인에 대한 지적 발문→반응→또 다른 유아의 지적 발문→반응→두 유아의 반응 내용에 대하여 전체 유아를 대상으로 재차 발문→반응 내용을 종합 정리' 순으로 진행할 수 있다.

3) 발문의 대상을 다양화해라

유아 전체를 대상으로 진행한 발문, 개인을 대상으로 진행한 발문, 소집단을 대상으로 진행한 발문 등으로 그 대상을 다양화함으로써, 최대한 많은 유아가 발문의 대상에 참여할 수 있게 되고, 확장된 발문으로 그 범위와 깊이를 넓혀 갈 수 있다.

4) 발문에 대해 반응하도록 유도하라

유아의 다양한 개인차를 고려하여 발문의 수준을 낮추거나, 힌트 혹은 참고 자료 등을 최대한 제공해 준다.

- "다시 한번 묻겠어요."
- "질문이 어려운가 본데, 힌트를 하나 줄까요?"
- "자, 그림 동화책 10쪽의 윗부분을 보면 그 답이 있습니다."

5) 발문결과에 대한 처리를 확실히 하라

유아가 반응한 결과에 대하여 교사의 적절한 요약, 재차 발문, 적절한 보상, 보완 설명 등을 통해 유아가 발문 결과를 구체적으로 자기 개념화하도록 도와야 한다.

- "여러분이 말한 내용을 종합하여 말하면…"
- "지금 이렇게 말했는데, 그렇다면 이런 경우에는 어떻게 될까요?"
- "네, 아주 멋진 답변이에요. 이것에 대한 의미를 확실히 알고 있군요."

6) 발문 후 대답할 수 있는 시간을 줘라

유아에게 발문을 했다면, 어느 정도의 여유를 갖고 대답할 시간을 기다려 주는 것이 좋다. 유아는 아직 경험이 부족하여 즉시적이고 논리적인 생각을 표출하는 데 한계가 있다.

- "자, 1분간 시간을 주겠어요. 다른 친구도 함께 생각을 해봐요."
- "아직도 생각이 안 나나요. 조금만 더 시간을 줄까요?"

7) 온정적인 발문 분위기를 조성하라

유아교사는 유아가 편안하게 생각하고 발표할 수 있는 분위기, 즉 교사의 따뜻한 표정과 어투를 사용함으로써 유아들이 갖는 긴장감이나 두려움 등을 제거할 수 있다.

- 성현아 "그래, 아름답게 그림을 잘 그리네. 와~ 멋지다. 선생님이 성현이가 그린 그림에 대하여 생각을 듣고 싶은데, 들려줄 수 있을까요?"

8) 유아 수업 시 발문 오류를 제거하라

유아교사는 사소하지만 다음과 같은 발문 오류를 거듭하면 유아들은 쉽게 학습 흥미를 잃게 된다. 가급적 다음과 같은 오류를 범하지 아니하고 유아와 상호작용이 잘 이뤄지도록 노력해야 한다.

유아에게 발문 시 수업 오류

① 같은 형태의 발문만 반복한다.
② 발문의 요지가 애매모호하다.
③ 교사가 기대하는 답만을 받아들이려 고집한다.
④ 교사가 묻고 교사가 답한다.
⑤ 동의를 구하는 단발성 발문을 반복한다.
⑥ 아예 발문하려고 시도하지 않는다.

이상에서처럼 교사의 발문은 수업의 흐름, 수업의 효과, 유아의 수업 참여와 태도 등에 적지 않은 영향을 준다. 그러므로 유아교사는 유아에게 발문 시에 주의를 기울여야 한다. 예컨대, 존슨, 크리스티와 야키(Johnson et al., 1999)는 놀이지도 시 교사는 발문의 최소 개입자(비참여, 방관자) 또는 최대 개입자(지시자, 교수자)의 역할을 하게 되는데, 수업 상황의 크기, 형태, 장소 등에 따라 달라져야 한다고 강조한다. 수업 활동 전에 유아교사와 유아 간의 다음 대화를 읽고, 존슨 외의 놀이지도 시 교사의 발문 과정상의 개입 역할은 무엇이고 문제점은 무엇인지를 생각해 봅시다.

유아교사와 유아 간의 발문과정

교사: 민정아, 너 모자를 찾니? 이걸 써보는 게 어떨까? 이건 생일 축하할 때 쓰는 고깔모자란다.

혜영: 난 그런 것 집에도 있어요.

교사: 그래? 그런데 민정아, 우리 이 모자를 쓰고 생일 축하 놀이를 하면 어떨까?

지금이 네 생일이라고 하자. 음… 철민아, 넌 달력을 만들고 수민이는 케이크를 그려올래?

민정, 철민, 수민: 네, 선생님.

교사: 얘들아 어떻게 됐니?

생일 축하 놀이에 참석하기로 한 유아들이 처음에는 교사의 지시에 따라 달력과 케이크를 만들다가 그 과정에서 자신들의 관심을 끄는 다른 놀이영역으로 가버린다.

☞ 존슨, 크리스티, 야키(Johnson et al., 1999)의 놀이지도 발문과정

학습정리

1. 유아 교수-학습 원리로 구체성의 원리, 다양성 및 융통성의 원리, 통합성의 원리, 개별성의 원리, 자발성의 원리 등이 있다.

2. 유아 주도적 수업으로는 개별학습법, 개념학습법, 탐구학습법, 협동학습법, 토의학습법 등이 있다.

3. 유아교사의 효과적인 수업 기술을 위해 교수-학습 활동을 도입-전개-정리로 구조화하고, 단계별 수업 기술과수업 방해꾼을 교사 편으로 만드는 방법이 중요하다.

4. 영유아의 동기유발 방법
   1) 성공적이고 의미 있는 경험 제공하기
   2) 적절한 학습 목표 제공하기
   3) 활동 주제에 대한 교사의 열정 불어넣기
   4) 영유아들의 적극적인 정서 관계 맺기
   5) 강화와 처벌을 사용하기
   6) 영유아가 노력에 대한 중요성을 알게 하기
   7) 잘 설계된 의사소통 수업체계 갖기

5. 유아교사의 효과적인 발문 방법
   1) 주의를 끌면서 발문하라
   2) 발문 처리 단계를 늘려라
   3) 발문의 대상을 다양화하라
   4) 발문에 대한 반응을 유도하라
   5) 발문 결과에 대한 처리를 확실히 하라

6) 발문 후 대답할 수 있는 시간을 주어라

7) 온정적인 발문 분위기를 조성하라

8) 영유아 수업 시 발문 오류를 줄여라

4. 존슨, 야키와 크리스트의 놀이지도

1) 최소 개입: 비참여, 방관자

2) 최대 개입: 지시자, 교수자

생각의 나무

1. 효율적인 수업을 위한 유아교사의 역할이 무엇일지를 생각해 봅시다.
2. 유아의 동기유발 방법과 효율적인 발문방법에 대하여 조별로 토론해 봅시다.
3. 유아 주도적 수업에는 어떤 방법이 좋을지에 관하여 사례를 들어 설명해 봅시다.

Chapter 08

유아교사의 인간관계 형성

학습개요

인간은 사회적 존재로 다른 사람과 관계를 맺으며 살아간다. 이러한 인간관계는 개인에게 만족감을 줄 수도 있고 때로는 불만족감을 줄 수도 있다. 유치원이나 어린이집 같은 교육기관도 다른 조직과 마찬가지로 여러 가지 인간관계가 발생하게 되며, 이는 교사들의 이직에도 영향을 미친다. 즉, 유아교사들과 원장의 관계, 동료 교사들과의 인간관계에서 만족감을 얻지 못할 때 재직 기관을 그만두거나 다른 기관으로 이직사례가 높게 나타났다. 또한 인간관계는 직무 만족도와 밀접한 관련이 있어 조직에 대한 만족이 높은 교사가 직무 만족도도 대체로 높았다. 이 장에서는 유아교육기관에서 유아교사들의 인간관계의 중요성과 인간관계 기술을 살펴보고자 한다. 이 장을 마치고 나면, 여러분은 유아교육기관에서 인간관계에 대한 중요성과 다양한 인간관계 기술을 이해할 수 있을 것이다.

학습목표

1. 유아교육기관에서 교사의 인간관계의 중요성을 인식할 수 있다.
2. 유아교사와 구성원 간의 인간관계 기술을 습득할 수 있다.

1. 유아교사의 인간관계 중요성

인간은 사회적 존재로 다른 사람과 관계를 맺으며 살아간다. 이러한 인간관계는 개인에게 만족감을 줄 수도 있고 때로는 불만족감을 줄 수도 있다. 유치원이나 어린이집 같은 교육기관도 다른 조직과 마찬가지로 여러 가지 인간관계가 발생하게 되며, 이는 교사들의 이직에도 영향을 미친다. 즉, 많은 교사들이 원장과의 관계, 동료 교사들과의 인간관계에서 만족감을 얻지 못할 때 원을 그만두거나 다른 원으로 옮기게 된다. 또한 인간관계는 직무 만족도와 밀접한 관련이 있어 조직에 대한 만족이 높은 사람은 직무에 대하여 만족도가 대체로 높다. 그리고 이러한 조직에 대한 만족을 좌우하는 요인은 바로 교사-행정가, 동료 교사들 간의 인간관계라 볼 수 있다(최애경 외, 2016).

우리나라 유아교육기관의 조직은 다른 상급 학교기관과 비교해 볼 때, 규모가 작고 직원 수가 적으며 모든 권한이 원장에게 독점된 전문성이 미약한 조직의 특성을 갖는다. 이러한 유아교육기관의 특성상 다른 상급 교육기관과는 달리 언제나 갈등이 상존(尙存)하며, 발생된 갈등은 여러 측면에서 교사에게 적지 않은 영향을 준다.

(1) 인간관계에서 오는 갈등은 교사의 이직에 영향을 준다.

이직이란 구성원 스스로 의사에 의한 자발적 이직을 말하며, 자신이 근무하던 유아교육기관에 대한 불만이 원인이 되어 유아교육기관을 그만두거나 다른 유아교육기관으로 이직하는 것을 의미한다. 플라이셔(Fleisher, 1985)는 교사에게 필요한 정보, 즉 교사 훈련이나 유치원 정책에 대한 원장의 이해 또는 지지의 부족이 교사 이직률의 중요 원인임을 밝혔다. 즉, 원장의 지지 부족은 낮은 성취를 가져오고 명확한 피드백을 거의 받지 못하기 때문에 직장을 떠나는 교사가 발생한다. 이를테면, 원장과의 관계에 대한 만족 정도나 원장의 인정 유무 등이 교사의 이직에 영향을 준다고 본다. 또한 동료교사와의 관계에 대한 만족감 역시 이직에 잠재적으로 심대한 영향을 준다고 보았다. 동료교사들의 지지가 많은 집단의 교사들일수록 교직 생활에 잘 적응하고 응집력도 강하다고 한다.

(2) 인간관계의 갈등은 조직풍토에 영향을 미친다.

유아교육기관의 조직풍토(organization climate, 組織風土)란 한 유아교육기관이 다른 유아교육기관과 구별되는 그 교육기관만의 독특성이라고 말할 수 있으며, 조직풍토는 오랜 기간에 걸쳐 형성되고, 일단 형성된 분위기는 쉽게 변화되지 않고 유지되는 경향성이 강하다. 유아교육기관의 조직풍토에 영향을 미치는 인간관계 관련 요인들을 살펴보면 다음과 같다(Jorde-Bloom, 1989).

① 동료교사와의 관계는 교사들이 서로 우호적이고, 지지적이며, 신뢰하는 정도를 말하는 것으로 교사들의 동료 결속을 의미한다. 동료교사들 간에 강한 결속력이 있는 학교에서는 교사들이 단합된 팀 정신과 집단적인 효율성을 보이며 상호작용이 원활하고, 개인 생각을 자유롭게 표현할 수 있는 분위기가 조성된다.

② 교사에게 명확한 기대, 지지, 격려를 제공해 주는 원장의 지도력은 교육환경에 결정적인 요소가 되며, 교사의 개인적 · 전문적 변화에 방향을 제시해 준다. 유아교육기관을 운영 · 관리하는 원장은 유아교육기관의 운영에 있어서 민주적이고 합리적인 의사결정을 내려야 하고 민주적이며 개방적인 태도를 지녀야 한다.

③ 인간관계는 직무 만족도에 영향을 준다. 직무 만족도란 개인의 태도와 가치, 개념 및 욕구 등의 수준이나 차원에 따라 직무를 수행하고 경험하는 바를 평가하여 얻는 유쾌한 감정적 태도라고 설명할 수 있다. 조직에 대한 만족이 높은 사람은 직무에 대해서도 만족한다. 국내외의 많은 연구에서 교사들의 직무 만족도와 관련된 요인 중 하나로 동료 및 상사와의 인간관계를 꼽고 있다.

개념 보충 클릭 조직문화와 조직풍토의 구분

- **조직문화**(organization culture, 組織文化): 조직 내에서 개인과 집단이 협력하는 방식을 결정짓는 가치, 신념, 행동 양식을 포함하는 총체적인 개념을 말한다. 조직문화는 좋든 나쁘든 중장기적으로는 조직풍토로 연결된다.
- **조직풍토**(organization climate, 組織風土): 조직의 여러 본질적인 특성이나 속성에 대한 구성원들의 상대적이고 주관적인 지각의 총체이다. 따라서 조직 분위기 또는 조직풍토는 객관적인 조직의 특성 그 자체가 아니라 주관적인 지각의 결과로 나타내는 상대적인 개념이다. 조직문화가 장기간에 걸쳐 정착된 결과물이다.

2. 유아교육기관 조직문화의 특성

1) 유아교육기관의 가시적 특성

유아교육기관의 조직문화에 나타나는 가시적 특성을 제시하면 다음과 같다.

- 유아교육기관은 설립 주체가 다양해서 시설의 운영 현황과 특성, 그리고 재정의 상황 등이 복잡하다.
- 유아교육기관에서 유아교사의 업무 성격이 매우 독립적이고 개인적인 반면에 업무량이 많아서 상호교류나 소통의 시간이 절대적으로 부족하다.
- 유아교육기관은 교육과 함께 유아를 건강하고 안전하게 돌보는 것이 중요하므로 다른 학교조직에 비해 학부모와 기관 간, 교사와 유아 간의 친밀감, 관심, 지원 등이 강조된다.
- 유아교육기관 조직구성원의 50% 이상이 20~30대의 젊은 층이 주류를 이룬다.
- 유아교육기관 대부분은 국공립보다 민간 주도의 사립으로 이루어졌다.
- 유아교육기관은 다른 조직에 비해 그 규모가 작고 조직의 인적 구성이 단순하여 과학성, 합리성, 체계성이 강조되기보다는 가족적 분위기가 강조된다.

2) 교직문화의 개선방안

- 사회심리적으로 특별한 대우를 받지 못하는 유아교사들의 협력관계로서의 교사문화 형성을 위해서는 교육정책의 수립과 교육환경의 개선이 우선시 되어야 하겠다. 예컨대, 교원의 승진, 근무 여건, 후생 복지 개선 등의 배려와 보조교사, 서무 직원의 우선 배치를 통해 업무 감소를 위한 노력이 있어야 한다.
- 기술적 차원에서는 전문적 교사 문화 개선을 위한 교수-학습 방법 체계를 구축해야 한다. 예컨대, 동료교사 간의 모임을 통해 전문적 자질을 키우는 학습공동체를 구성하여 교사 상호 간에 좋은 정보를 주고받는다거나, 수업에 대한 동료 장학 및 토론, 독서 모임, 글쓰기 등을 활성화해야 한다.
- 지속적인 학습 과정 참여를 통해 교사들은 비전을 공유하고 협력관계를 형성하며, 집단 안에서 자기를 발견하고 계발하며 토론문화를 형성할 수 있게끔, 교사들 스스로가 지속적으로 공동체학습 과정에 적극 참여토록 유아교육기관 차원에서 지원이 우선되어야 한다.
- 유아교육기관의 조직문화에 영향을 미치는 요인들이 정상적으로 작동하도록 기관과 구성원 모두 공동노력을 기울여야 한다. 유아교육기관의 조직문화에 영향을 미치는 요인들을 정리하여 제시하면 표 8.1과 같다.

표 8.1 유아교육기관의 조직문화에 영향을 미치는 요인들

구분	주요 내용
원장과의 관계	교사에게 명확한 기대, 지지, 격려를 제공해 주는 원장의 지도력은 교육환경에 결정적인 요소가 되고 교사의 개인적·전문적 자질에 방향을 제시해 준다.
동료교사와의 관계	유아교사가 우호적이고 지지하며 신뢰하는 정도를 의미하는 것으로, 교사들의 결속력이 매우 중요하다.
조직 기능의 선명성	조직 기능이 선명하게 잘 드러나는 경우 조직구성원 간에 의사전달이 일관성 있고, 명확하고, 개방적으로 이루어진다.
프로그램의 목적	프로그램의 목적에 대한 유아교사 간의 일치와 공유가 중요하다.
업무수행	조직 내에서 실현가능한 바람직한 계획이 수립되고, 실행 과정에서 효율성을 담보하고 구성원 간의 역할 분담이 명확해야 한다.
의사결정	조직 구성들이 의사결정에 가급적 많은 수가 참여하고 자유롭게 의견을 제시 및 존중하는 개방적 문화가 형성되어야 한다.
개혁성	조직 구성들이 대내외 환경에 대응하고 적응할 새롭고 독창적인 업무수행을 할 수 있도록 분위기가 조성되어야 한다.
전문성 향상	유아교사의 전문성 향상은 수업 활동의 질을 결정하고 교사들이 교직에 대한 직무 만족도를 높일 수 있는 계기로 작용한다.
보수, 승진 제도	보수, 승진, 연수 등 교사의 신분에 영향을 미치는 요소들은 항상 공정하고 공평하게 운영되어야 한다.
물리적 환경	유아교육기관의 물리적 환경은 유아교사뿐만 아니라 유아들에게도 수업활동, 건강, 안전, 안정성 등에 영향을 준다.

3. 유아교사와 구성원 간의 인간관계

유아교사와 구성원 간의 인간관계 중에서도 교사-유아와의 관계, 교사-학부모와의 관계, 동료교사와의 관계, 교사-원장과의 관계, 교사-원감(주임교사)과의 관계는 매우 중요하다. 이들 인간관계를 제시하면 다음과 같다(심성경 외, 2017; 김희수, 2018).

1) 교사-유아와의 관계

교사는 인간관계에 대한 기초지식과 원활한 의사소통 방법을 잘 모르는 유아들과 인격적이면서 친밀한 관계를 형성해야 한다. 교사와 유아 간의 바람직한 상호작용 관계를 제시하면 다음과 같다(박은혜, 2011).

- 유아교사와 유아는 독립된 인격체 간의 관계이다. 교사와 유아는 독자적인 인격체이며 특수한 애정 결합의 관계이다. 교사는 유아가 존중받고 사랑받을 권리를 가졌다는 점을 인식해야 한다. 이를테면, 교사 및 또래와의 공동체 생활을 영위해 나가는 권리의 주체라는 사실적 인식을 바탕으로, 교사는 유아를 보호하고 교육할 의무가 있음을 한시라도 잊어서는 안 된다.
- 교사와 유아는 목표가 있는 관계이다. 교사와 유아의 만남은 근본적으로 유아의 성장과 발달을 돕고 보호하고 양육할 목적으로 형성된 목적적 관계이다. 교사는 유아와 상호 신뢰로운 특별한 관계 속에서 의도적

인 교육활동뿐만 아니라 일상의 언어적 · 정서적 · 학습적 욕구를 지원해 주고 지속적인 보호와 교육을 제공해 주는 중요한 존재임을 지각해야 한다. 유아교육기관에 재원 중인 유아는 자신의 건강 · 영양 · 안전 · 놀이 · 활동 등을 매개로 교사와 하루 대부분의 시간을 보낸다. 이런 관계 속에서 교사가 유아들 개개인에게 민감하게 반응해 주고 격려를 보내주는 행위는 유아 스스로가 더 가치 있는 소중한 존재로 여기게 한다.

그러므로 유아교사는 유아의 발달적 특성을 충분히 이해하고 유아의 민감성, 의존성, 개인차의 관점에서 깊이 이해하고 도움을 주는 데 헌신해야 한다.

개념 보충 클릭 유아의 발달적 특성

- **민감성**: 유아기는 신체, 인지, 사회, 정서, 언어, 창의성 등 발달에서 가장 민감성이 큰 시기다. 이에 교사는 발달에 자극을 주고 성취감을 갖도록 하여 발달을 촉진해줄 뿐만 아니라 다음 단계로의 발달이 순조롭게 진행되도록 도움을 주어야 한다.
- **의존성**: 유아는 스스로 자립할 수 있을 때까지 부모로부터 사랑받고 안전하게 보호받으며, 주변에 관심을 주는 주요 타자들이 존재할 때 비로소 심리적 안정감을 갖게 되고 건전하게 성장할 수 있다. 교사는 유아의 자립을 돕는 적극적인 지지자가 되어야 한다.
- **개인차**: 유아의 개인적 수준에 알맞은 기술, 행동 양식, 가관을 학습할 수 있도록 교사는 충분히 기회를 제공해야 한다.

2) 교사-학부모와의 관계

교사와 학부모는 유아를 매개로 형성된 관계로 다른 상급 교육기관보다 밀접한 관계를 형성하고 있고, 갈등과 협력이 공존하는 특별한 관계이다. 교사가 학급 운영 및 원아 지도를 위해서 최선을 다한다고 해도 학부모가 이를 인정하지 않고 비판하면 교사는 좌절과 어려움에 직면한다. 효과적이고 원활한 학급 운영 및 유아 지도를 위해서는 학부모와의 상호 이해 및 존중의 긍정적 관계를 형성·유지하는 것이 무 중요하다. 교사-학부모 간의 바람직한 상호작용의 관계를 제시하면 다음과 같다(윤기영, 2005).

- 교사-학부모의 인간관계는 한계가 불투명한 관계이다. 교사와 학부모의 역할은 한계를 분명히 할 수 없는 부분이 많다. 유아에게 문제가 발생하면, 교사와 학부모는 책임의 소재를 놓고 갈등을 일으키게 되고 원만하지 못한 해결 과정에서 서로 책임을 전가하기 쉽다. 이러한 갈등 상황을 개선하기 위해서는 기본적으로 학부모와 교사가 충분히 정보 교환을 통해 상호 신뢰 및 이해의 관계를 유지하는 것이 필요하다.
- 교사-학부모의 관계는 유아가 그 기관에 재원하는 동안에만 유지되는 일시적 관계이며, 졸업이나 퇴소를 통해 종결되는 비영구적 관계이다. 교사가 유아를 교육하는 동안 최선을 다할 수 있겠지만, 다른 한편으로는 적당히 시간을 보내려는 태도에 안주할 위험성도 있음을 시사한다. 교사나 학부모 모두 일시적인 관계일지라도 유아를 위해 신뢰를 줄 수 있는 태도를 견지해야 한다.
- 교사-학부모의 관계는 둘만의 직접적인 관계라기보다는 유아를 매개로 하는 간접적 관계이므로 오해를 불러일으킬 소지가 많다. 즉, 언어표현이 제한적인 유아를 통해 소통하게 됨으로써 학부모와 교사 사이에 오

해를 발생시킬 수 있다는 관점에서 기본적인 신뢰 관계 형성은 무엇보다 중요하다.

이처럼 교사-학부모와의 바람직한 상호작용이 중요함을 인식하고, 유아교사는 유아를 가장 잘 아는 학부모와의 협력적 관계를 유지할 필요가 있다. 특히, 교사는 학부모와의 협력적 관계 형성을 위해서 예의 있고 친절한 태도로 부모를 대하고, 또 유아에 대한 정보를 제공하거나 상담 및 교육을 할 때도 어렵고 전문적인 용어 사용은 가급적 지양하고 학부모가 이해하기 쉬운 용어로 간결하고 논리적인 설명을 하는 게 좋다. 유아교사가 학부모와 인간관계 맺기의 기본 요소로 외모, 복장, 언어, 태도 요소를 꼽을 수 있다. 이들 요소에 대하여 살펴보면 표 8.2와 같다.

표 8.2 유아교사가 학부모와 인간관계 맺기 기본 요소들

요소	내용
외모	• 너무 진한 향수 피하기 • 밝고 명랑한 모습으로 학부모 대하기 • 품위 있는 모습 보이기 • 너무 진한 화장보다 가볍게 화장하기 • 손톱은 청결을 유지하고 매니큐어는 바르지 않기 • 헤어스타일은 단정히 하되, 긴 머리는 얼굴을 가리지 않게 묶기 • 긴 귀걸이는 가급적 일과시간에는 피하기
복장	• 가급적 차분한 단색의 복장을 착용하기 • 속옷이 비치거나 가슴 파인 옷, 속살이 드러나는 옷은 피하기 • 양말은 꼭 착용하기 • 말끔히 차려입은 옷매무새 • 복장에 가급적 장신구를 부착하지 않기
언어	• 부모가 이해하기 쉬운 언어를 선택 사용하기 • 명료하고 간결하고 논리적으로 의사 전달하기 • 유아 행동의 사실에 입각하여 상담하기 • 학부모의 자존감을 손상하는 대화는 삼가기

태도	• 학부모와 대화 시 학부모의 말에 집중하며 시선을 맞추기 • 발을 모으고 바르게 서기 • 관심 어린 표정으로 주의를 기울이기 • 손을 앞으로 가지런히 모으기 • 작은 음성으로 대화하고 대화 내용을 존중하기 • 간단한 응대의 말이나 비언어적 메시지를 지속적으로 표현하기 • 적절한 상황에 반영, 경청, 공감의 언어를 사용하기

개념 보충 클릭 **유아교사가 겪는 학부모와의 어려움**

- 동료 교사들과의 비교하는 행동
- 유아교육에 대한 인식 부족
- 학부모의 반말이나 무시하는 행동
- 안전사고에 대한 거센 항의
- 교사를 보모로 대하는 행동
- 학부모의 개인적 사유로 장시간 유아를 떠맡기는 행동
- 학부모들의 무리한 요구 및 학습에 대한 지나친 요구
- 교사에 대한 선입관 및 부정적 시각을 갖는 행동

3) 동료교사와의 관계

유아교사는 유아의 교육과 보육을 함께 담당해야 하므로 하루일과 속에서 사적 용무를 위한 시간적 여유가 부족하다. 다시 말해서 초·중등교육과는 다르게 휴식 시간이 별도로 없는 상황에서 장시간 근무에 노출되므로, 교사 스스로를 돌아볼 여유조차 없고 동료교사와의 관계도 소홀해지기 쉽다. 하지만 동료교사와의 상호 신뢰와 존중, 지원의 인간관계는 유아교사의 역할수행에 중요한 요인이 된다. 동료교사 간에는 사랑과 질투의 개인적인 인간관계, 또 경쟁과 협력의 공적인 인간관계가 공존한다. 특히, 교사들 간의 질투·경

쟁과 같은 부정적인 요소는 표면적으로는 잘 드러나지 않는 특성을 갖는다.

교육 현장에서 동료교사와의 인간관계 특성을 제시하면 다음과 같다(박은혜, 2011; 염지숙 외, 2008).

(1) 소집단 안에 공존하는 사적 · 공적 관계

집단의 크기가 작으며 구성원의 수가 적은 그룹 안에 속해 있는 유아교사들의 사적 관계는 친밀도가 높아 가족과 같은 분위기를 형성한다. 이러한 사적 관계는 직무의 효율성을 높이기도 하지만 때로는 공적인 업무수행에 있어서 방해로 작동하기도 한다. 반면에 공적인 관계가 너무 강조될 경우, 서열과 위계질서만 부각되어 교사의 융통성 있고 탄력적인 업무수행에 방해가 될 수 있다.

(2) 유아교육 전문가로 함께하는 관계

동료교사와의 관계는 가르치는 일을 잘할 수 있는 방향으로 유지되어 각자 소유한 지식과 능력에 대한 상호 존중과 공유, 교수-학습에 대한 협력관계가 지속될 수 있어야 한다. 이를 통해 유아교사는 각자의 능력보다 높은 수준의 성취를 발현할 수 있으며 전문가로서의 높은 성장을 이룰 수 있다.

(3) 공동업무를 협력하는 관계

유아교육기관에서는 부모와 가족이 함께 참여하는 다양한 행사와 견학, 차량 지도, 기관평가 준비 등 동료교사와 공동으로 작업해야 하는 업무가 많다. 힘들고 어려운 상황에서 서로 먼저 다가와 도와주고, 이해해 주는 동료교사와의 관계는 업무의 효율성을 높이는 필수요인이다. 반면에 공동체 의식이 없이 개인적 성취를 중심으로 상호 무관심하거나 경쟁적 관계만 형성될 경우, 업무수행에 지대한 장애와 반목 현상이 나타날 수 있다.

(4) 다양한 배경의 복잡한 관계

동료교사와의 관계는 출신 학교나 취미, 성장 과정 등에 따라 개인적 관계가 작용하는 다양하고 복잡한 관계로 이루어져 있다. 즉, 표면적으로 드러나는 공적인 관계보다 심리적 요인이 작용하는 개인적 관계가 더 복잡할 수 있다. 유아교육은 지식을 전달하는 기능뿐만 아니라 전인 발달과 밀접하게 관련되었다는 점에서 동료교사와의 인간관계는 여타의 작업에서보다 더 강조되어야 한다. 공적 · 사적 관계 모두를 유지하기 위해서는 교사 상호 간에 서로 존중하고 협력하는 마음이 요구된다.

동료교사와의 바람직한 인간관계 형성을 위해 유아교사가 준수해야 할 사항을 제시하면 다음과 같다(심성경 외, 2017).

- 상대 동료교사가 없는 곳에서는 뒷담화하지 않기
- 행동보다 말을 앞세우지 않기
- 동료교사의 의견을 경청하고 상황을 있는 그대로 말하기
- 고마운 일이 있을 때는 감사의 표현을 하고, 도움 준 것에 대해서는 생색내지 않기
- 대화할 때는 따뜻하고 친절한 어투로 말하기
- 맡은 업무를 성실하게 책임지기
- 서로 협력하고 격려하기
- 서로의 사생활에 간섭하지 않기
- 성이나 연령, 종교, 인종, 가치관 등에 따라 파벌을 조성하지 않기

- 교사의 소모임을 포함한 공동체 생활에 필요한 모임에 적극적으로 참여하기
- 서로의 의견이 일치하지 않더라도 상호 의견을 존중하고 끝까지 경청하려는 태도를 견지하기

동료교사와의 인간관계는 기관 내에 어떤 지도자(최고, 중간 관리자)가 있느냐에 따라 큰 영향을 받게 된다. 즉, 적절한 지도자가 있는 경우 서로 긍정적 감정과 친밀감, 소속감과 화합을 높일 수 있는 분위기를 형성해 준다. 반면에 지도자가 파벌적 인간관계를 형성하거나 기관 밖의 인간관계만을 중시하는 경우 동료 교사와의 인간관계가 어려워질 수 있다. 이런 경우에 직무 만족도는 떨어지고 업무 효율성도 낮아질 수밖에 없다. 동료교사들 간에 서로 지지해 주고 친목을 도모할 기회와 교실 내 혹은 유아의 문제를 협의하기 위한 모임 등을 충분히 제공해 줌으로써, 동료 교사들 간에 친밀감을 끌어올려 줄 유아교육기관의 지도자 역할은 무엇보다 중요하다.

개념 보충 클릭 **유아교사 간에 바람직한 인간관계 형성의 중요성**

- 새로운 정보나 지식의 습득
- 실적인 교실 문제해결
- 공동체 의식 함양을 통한 긍정적 조직문화 형성
- 통합적 수업 운영 실현
- 각종 행사 시 협조적 관계 유지
- 교직에 대한 애정과 만족감 형성

4) 교사-원장과의 관계

원장은 기관 운영의 책임자이고 교사는 원장의 지도 및 감독을 받는 위치에 있다. 이에 교사와 원장과의 관계 속에서는 늘 갈등이 존재할 가능성이 있다. 원장과 교사 간의 갈등은 일반적으로 교사가 원장으로부터 신뢰나 지지를 받지 못한다고 생각하는 것들이 결정적인 원인으로 작용한다. 유아교육기관에서 원장의 행동은 교사와의 관계에 영향을 주는 중요한 요인이 된다. 원장은 최고 관리자로서의 덕성과 자질을 갖추고 효율적인 대인관계 기술과 전문능력을 갖추고 교사와의 만족스러운 인간관계를 유지할 수 있어야 한다. 인간관계는 상대적인 것으로 원장과 좋은 인간관계를 유지하기 위해서는 교사의 노력 또한 중요하다. 출근 시간에 지각하거나 퇴근 시간이 가까워지면 시계만 보는 교사, 핑계와 말대답을 자주 하는 교사, 교사로서의 기본적인 태도가 방정하지 못한 교사는 원장과의 원만한 관계 유지가 어려울 것이다. 교사의 입장에서도 인격적인 비하나 낮은 보수, 무리한 수업 장학(참관), 다른 교사와의 비교 등 원장이 부적절하게 대우할 때는 원장과의 좋은 인간관계 유지가 어렵게 된다. 교사와 원장 모두 자기만의 일방적인 강요나 주장은 삼가야 한다.

우선, 원장과 교사 간의 좋은 인간관계를 위한 교사의 바람직한 태도를 제시하면 다음과 같다(민성혜 외, 2012).

- 교사는 원장의 철학과 신념을 이해하고 공감하려는 노력이 있어야 한다. 이러한 이해와 공감은 기관을 운영하는 데 같은 방향을 바라보게 하고, 서로 협력할 수 있게 한다. 그러므로 임용 전에 충분한 대화를 통해서 서로의 철학과 신념에 대하여 점검해 보는 것은 바람직하며, 임용 후에는 원장의 철학과 신념을 이해하고 함께하기 위한 공동체 의식이

필요하다.

- 교사는 기관의 전반적인 운영을 숙지해야 한다. 교사로 임용된 후 기관의 전반적인 운영과 개별 업무분장에 대하여 빠르게 숙지하는 것이 서로 도움이 된다. '꼭 이걸 해야 할까?, 주말에 꼭 행사를 해야 할까?' 하는 등의 일상적 불평불만은 원만한 인간관계를 방해한다. 궁금하거나 이해가 안 되는 것, 모르는 것에 대해서는 원장에게 허심탄회하게 묻고 이해하는 과정이 필요하다.
- 기관 운영에 대한 정기적인 회의와 개별 면담을 적절하게 활용한다. 정기적인 회의 시간에 원장과 교사가 모두 참여해서 개방적으로 의견을 나누고 협의하는 것도 좋지만, 불편하거나 개인적인 심기를 건드릴 수 있는 이야기는 공개적인 장소보다 개별 면담을 신청해서 얘기하는 게 바람직하다.

다음으로, 직무 만족도와 관련하여 교사가 기대하는 좋은 원장의 태도와 원장이 기대하는 좋은 교사의 태도를 제시하면 표 8.3과 같다.

표 8.3 교사들이 기대하는 좋은 원장의 태도와 원장이 기대하는 좋은 교사의 태도

구분	내용
교사들이 기대하는 좋은 원장의 태도	• 교사가 어려운 일에 직면했을 때 심리적 지지를 해주고 공감하며 문제를 함께 해결하려는 적극적인 태도를 보이는 원장 • 교사를 대함에 있어 공평하고 공정하게 대하려는 원장(보수, 승진, 업무분장 등) • 교직의 정체성과 자부심을 느낄 수 있도록 유아교육의 환경을 충분히 제공해 주는 원장 • 학부모나 외부인들의 앞에서 교사를 무시하지 않고 존중해 주는 원장
원장이 기대하는 좋은 교사의 태도	• 학부모로부터 민원이 발생하지 않는 교사 • 언행에 신뢰로운 교사 • 자신에게 부여된 과업을 정해진 시간에 완수하는 책임감 있는 교사 • 안전사고 예방 관리가 철저한 교사 • 현재에 긍정적이고 미래에 비전을 갖는 교사 • 밝고 겸손하고 헌신적인 태도를 보이는 교사

5) 교사-원감(주임교사)과의 관계

유아교육기관에서 원장보다 실질적으로 상호작용이 많이 이루어지는 중간 관리자인 원감 및 주임교사와의 관계 속에서 교사 활동은 적지 않게 영향을 받는다. 그러므로 교사가 평상시에 원감이나 주임교사와의 갈등이 발생하지 않도록 행동은 중요하다. 상호 협력관계를 유지한다면 그만큼 교직 생활은 즐거움과 만족감이 배가될 수 있음이다. 다음의 표 8.4는 원감 또는 주임교사와의 바람직한 관계를 제시한 것이다.

표 8.4 원감 또는 주임교사와의 바람직한 관계

관계	내용
원감과의 관계	• 원감은 원장의 지시를 교사들에게 있는 그대로 전달하는 역할이 아닌 원장과 교사들 사이에서 완충적 · 조절적 역할수행을 해야 한다. • 원장과의 갈등보다 원감과의 갈등으로 교직 생활을 그만두거나 이직하는 사례가 증가하는바, 원감은 교사들을 이해하고 지지해 주는 중간 관리자의 역할수행을 해야 한다(교사들의 성공과 실패, 교사들의 애로사항 파악 및 지원, 편견과 선입관이 없이 교사들을 대하는 태도 등).
주임교사와의 관계	• 교사들이 사명감과 책임감이 없다고 탓하기 이전에 교사들의 입장에서 무엇을 도와줄 것인가를 늘 고민해야 한다. • 주임교사라는 권위적인 모습을 버리고 수업 활동과 학급 운영의 멘토로서의 역할수행을 해야 한다. • 초임교사나 경력이 짧은 교사들은 주임교사에게 자신을 낮추고 예의를 갖추어 겸손한 마음으로 다가가는 태도를 취해야 한다.

학습정리

1. 유아교육기관이 인간관계 미치는 영향으로 1) 갈등은 이직에 영향을 주고, 2) 조직풍토에 영향을 주고, 3) 교사들 간의 결속에 영향을 주고, 4) 교사의 개인적 · 전문적 변화에 영향을 주고, 5) 직무 만족도 등에 영향을 준다.

2. 유아교육기관에서 교사의 인간관계는 교사-유아와의 관계, 동료교사와의 관계, 교사-부모와의 관계, 교사-원장과의 관계, 교사-원감(주임교사)과의 관계 등이 있다.

3. 다른 사람과 어울려 더불어 지내는데 필요한 기술을 대인관계 기술이라고 한다. 예컨대, 미소 짓기, 공감하기, 칭찬해 주기, 도와주기, 협력하기, 상황에 맞는 적절한 인사말 하기, 예의 지키기 등이 있다.

3. 대인관계 기술은 정서 인식이 전제되어야 한다. 감정이입은 타인의 감정이나 기분을 마치 자신의 것처럼 느끼는 것을 말한다.

4. 교사는 원장의 철학과 신념을 이해하고 공감하려는 태도를 가져야 한다. 또 원장은 기관 운영의 책임자이고, 교사는 원장의 지도 감독을 받는 위치에 있다.

생각의 나무

1. 다음의 〈제시문〉을 읽고, 이야기 속에서 유아교사가 관계를 맺어야 할 대상은 누구일지를 생각해 봅시다.

> **〈제시문〉**
>
> 아이들은 정말 예뻐요. 물론 힘들 때도 있지만 아이들과 함께 하는 부분에 대해서는 심각한 갈등을 느끼지 않은 것 같아요. 문제는 부모예요. 어제는 부모가 연락도 없이 7시까지 오지 않는 거예요. 연락도 안 되고… 더 황당한 건 늦었음에도 별 미안하다는 기색도 없었어요. 이러한 대접을 받고 교사를 해야 할까 회의가 들더군요. 감정이 너무 상해서 부모에게 제대로 말을 못 하는 저 자신에게 더욱 화가 났습니다.
>
> (경력 2년 차 교사)

2. 유아교사와 구성원 간 인간관계의 가장 중요한 덕목은 무엇이며, 왜 그렇게 생각하는지를 설명해 봅시다.

Chapter 09

유아교사의 생활지도와 상담

학습개요

최근 유아교육기관에서는 유아 생활 부분에 많은 관심과 비중을 두어 지도하고 있다. 사실 핵가족 및 결손가족 등과 같은 다양한 가족구조가 형성되면서 과거 가정에 일임되어 온 유아들의 기본생활습관 지도 부분이 유아교육기관의 중요한 역할로 인식되고 있다. 특히, 공교육의 증가와 장시간 유아교육기관에서 생활하는 유아들의 수가 증가하면서 유아교육기관은 가정에서 충분히 경험하기 어려운 갈등, 규칙, 친사회적 행동 등 집단생활에 필요한 사회적 기술들을 지도할 역할을 담당하고 있다. 이 장에서는 유아교육기관에서 유아들의 기초적인 생활지도와 상담에 대한 방법 및 절차를 제시하고 있다. 이 장을 마치고 나면, 여러분은 유아 생활지도와 상담에 대한 기초적 지식과 기술을 습득할 수 있을 것이다.

학습목표

1. 유아 생활지도의 일반적 원리를 현장에서 적용할 수 있다.
2. 유아 상담에 대한 기초적인 절차와 방법을 이해할 수 있다.

최근 유아교육기관에서는 유아 생활 부분에 많은 관심과 비중을 두어 지도하고 있다. 사실 핵가족 및 결손가족 등과 같은 다양한 가족구조가 형성되면서 과거 가정에 일임되어 온 유아들의 기본생활습관 지도 부분이 유아교육기관의 중요한 역할로 인식되고 있다. 특히, 공교육의 증가와 장시간 유아교육기관에서 생활하는 유아들의 수가 증가하면서 기관에서는 가정에서 충분히 경험하기 어려운 갈등, 규칙, 친사회적 행동 등의 집단생활에 필요한 사회적 기술들을 지도할 역할을 담당하고 있다.

이 장에서는 유아교육기관에서 유아들의 생활지도와 상담에 대한 기초적인 방법과 절차를 살펴보고자 한다.

1. 유아 생활지도의 개념 및 필요성

1) 유아 생활지도의 개념

유아의 생활지도는 흔히 훈육, 유아 지도, 유아 행동 지도, 버릇 들이기 등 다양한 용어로 사용되어왔다. 전통적으로는 훈육이라는 개념이 많이 사용되고 있으며, 훈육은 유아의 행동을 변화시키거나 통제하려는 시도로 이루어지는 모든 행동이나 말로 정의되기도 한다(Marion, 1991).

훈육(discipline)이란 라틴어의 'disciplina'에서 유래된 것으로 지시하거나 가르치는 행위를 의미한다(Morrison, 2001). 전통적인 관점에서 훈육은 본보기가 되는 대상을 관찰하고 행동을 배우도록 하는 것이었고, 유아가 바람직한 행

동을 하도록 이끌어주고 바로잡는 일이라고 간주하였다. 그러므로 유아들은 권위나 통제에 순종하여 부모나 교사들이 바라는 것이나 옳다고 생각하는 것을 따르고, 바람직하지 못한 행동을 하였을 때는 벌이나 체벌을 통해서 통제받아야 한다고 보는 관점이었다. 이러한 전통적인 훈육의 의미는 점차 발달심리의 연구와 아동 중심적 사상의 확산을 계기로, 어른에 의한 일방적인 훈육보다는 유아 자신의 자율적인 자기 통제에 의한 훈육의 개념으로 수용되어왔다. 지금에 이르러 훈육보다는 생활지도로 사용하는 경향이 강하다(Gatre, 1994).

일반적으로 생활지도라는 개념은 지도(guidance), 지시(direction), 안내(pilot), 관리(management), 조성(steering) 등의 다양한 의미를 갖고 있다(Shertzer & Stone, 1981). 생활지도는 개인이 긍정적인 행동을 하도록 돕는 것을 의미한다. 생활지도는 교육과 관련하여 유아들 스스로가 자신의 문제를 보다 심도 있게 이해할 수 있게끔 다양하고 풍부한 경험을 제공한다. 이재창(1995)에 따르면, 생활지도란 개인으로 하여금 자기 자신과 주위 세계를 잘 이해해서 현명한 선택과 적응을 하여 건전한 사회의 일원으로서 성장 · 발달할 수 있도록 하는 일련의 지속적인 조력 과정이라고 하였다. 사실 유아들은 지적 · 정서적 · 신체적 · 사회적으로 미성숙하고, 발달해 나가는 과정에 있으므로, 생활 속에서 부딪히게 되는 여러 문제나 위기를 스스로 해결해 나가기는 어렵다. 그러므로 부모와 교사는 유아들의 문제를 바르게 인식하고, 해결해 나갈 수 있도록 지원해야 한다.

학자마다 유아 생활지도의 의미를 다양하게 언급하고 있으나 유아 생활지도의 개념을 종합해 보면, 유아 생활지도는 유아들이 전 생애에 걸쳐 유용한 기술을 발달시키도록 돕는 과정이며, 유아의 성장 발달과 사회적 요구에 기초한 가르침이며, 자기 이해를 돕는 과정이라고 정의할 수 있을 것이다.

2) 유아 생활지도의 필요성

유아기는 변화 가능성이 높은 인생의 초기 단계이다. 이 시기의 바람직한 생활지도는 유아의 미래 성장과 발달에 크게 영향을 줄 수 있다. 그러므로 유아들이 장차 직면하게 될 다양한 변화에 대응하여 적응할 수 있도록 적극적인 생활지도가 필요하다. 유아 생활지도의 필요성을 사회적인 차원과 개인적·발달적 차원으로 구분하여 제시하면 다음과 같다.

(1) 사회적 차원

사회가 급속히 변화함에 따라 유아 생활지도의 필요성이 증대되고 있다. 사회적 필요성으로는 가족구조의 변화, 문제행동의 증가 및 기관에서의 생활지도 비중의 확대를 꼽을 수 있다.

- **가족구조의 변화로 인해 생활지도가 필요하다.** 유아들은 미숙하고 의존적인 경향성을 갖고 있으므로 가족의 영향을 많이 받을 수밖에 없다. 하지만 작금의 가정은 부모와 자녀만의 가족으로 구성되어 있다. 대가족 제도의 조부모와 여러 형제 사이에서 자연스럽게 이루어졌던 교육적 기능과 사회적 기능을 수용할 수 없는 구조이다. 더욱이 최근에는 여성의 사회 진출이 두드러지면서 어머니가 제공하는 양육이나 교육의 기회가 줄어들고 있다. 또 증가하고 있는 부모의 이혼은 유아에게 심리적 위해 요인으로 작용한다. 이러한 사회적 현상은 교육기관의 교육적 기

능의 확대 및 생활지도의 필요성을 높이고 있다.

- **유아의 문제행동의 증가로 유아기 생활지도가 필요하다.** 사회적으로 보면 청소년 비행이 높은 수준이지만 그 연령이 점차 낮아지는 추세이다. 청소년 비행의 원인은 유아기에서 비롯된다는 여러 학자들의 종단적 연구에서도 밝혀져 왔다. 인성의 기본적 틀이 형성되는 유아기부터 생활지도를 통한 바람직한 행동 지도가 더 요구된다.
- **유아교육의 확대에 따라 유아교육기관에서의 생활지도의 비중이 증대되고 있다.** 유아교육이 점차 일반화되고 공교육화되어감에 따라 대부분의 유아가 유아교육기관에서 교육받을 기회가 확대되고 있다. 이에 보다 체계적이고 효과적인 생활지도가 이루어질 경우 유아의 성장에 많은 도움이 될 것이다.

(2) 개인적 · 발달적 차원

개인적 · 발달적 차원에서의 생활지도의 필요성은 성격 형성, 개인의 잠재능력 발달 및 기본생활습관의 형성 측면에서 설명할 수 있다.

- **유아기 성격 형성을 위한 생활지도가 필요하다.** 프로이트(Freud)는 인생 초기의 경험이 성격 형성에 절대적인 영향을 미친다고 주장하였다. 또 에릭슨(Erickson)은 신뢰감, 자율성 및 주도성과 같은 기본생활습관과 성격 요인이 유아기를 비롯한 어린 시절에 이루어져야 할 최대 과업이라고 하였다. 그러므로 유아기에 원만한 성격 형성이 이루어지도록 지도하는 것이 개인의 성장 발달의 근거를 마련하고, 문제 예방과 성장 촉진에 도움이 될 것임을 주지해야 한다.
- **생활지도는 개인별 잠재능력의 발달을 돕기 위해 필요하다.** 인간 발달의

원리 측면에서 유전과 환경은 상호작용하며 개인의 발달에 영향을 준다. 유아는 생활지도를 통해 자신의 발달을 이루어가고, 자신의 잠재능력을 발견할 기회를 갖게 된다. 즉, 유아는 생활지도를 통해 전인으로서의 인간 발달을 조장받게 되고, 이를 바탕으로 유아의 감춰진 능력을 점진적으로 신장시킬 수 있다.

- **생활지도는 유아의 기본생활습관 형성을 위해 필요하다.** 생활지도를 통해 유아의 기본생활습관 형성은 전인 발달의 초석이 된다. 올바른 기본생활습관을 유아기에 형성해 주는 것은 중요하다. 우리 속담에 '세 살 버릇 여든 간다.'라는 말을 새겨볼 일이다.

2. 유아 생활지도의 목표

올바른 생활지도

- 생활지도는 유치원 규칙을 잘 지키고 교사의 말을 잘 듣게 하는 표면적인 행동수정에 그 목적이 있는 것이 아니다.
- 유아가 다른 사람과의 관계에서 긍정적인 방식으로 자신의 문제를 해결할 수 있는 자기통제능력을 키워주고 그 과정에서 겪을 수 있는 상황적인 좌절과 어려움에 탄력적으로 대응할 수 있는 회복능력(resilience)을 키워주는 것에 목적을 두어야 한다.

유아 생활지도의 목표는 유아 스스로가 자신이 처한 생활이나 사회를 이해하고, 교육적 · 사회적 · 신체적 · 도덕적 문제 등을 해결할 능력을 함양토록 돕는 과정이다. 많은 사람들은 유아가 바람직한 행동을 할 수 있도록 유아기의 지도 필요성에 동의한다. 하지만 바람직한 행동이 무엇인지를 규정하는 기준은 사람마다 다르고 시대나 문화, 그리고 유아의 연령에 따라서도 각기 다르다. 부모나 교사가 유아를 지도할 때 어떤 유형의 사람으로 자라기를 바라는지를 먼저 생각해 봐야 할 문제이다.

이런 관점에서 유아 생활지도의 목표를 설정함에 있어 어른이 다루기 쉬운 유아의 개념보다는 유아가 사회구성원으로서 그 역할수행을 잘 해낼 수 있도록 지도하는 데에 중점을 두어야 하는 것이다. 그러므로 유아의 장기적인 생활지도 목표는 다음과 같아야 한다(Fields & Boesser, 1994).

- **유아가 긍정적인 자기 존중감을 갖고 성장하도록 적극적으로 도와야 한다.** 자기 존중감은 자신에 대한 가치, 자신의 능력, 자신의 영향력이라는 3 요인에 의해 결정된다(Marion, 1991). 이는 자신뿐만 아니라 타인으로부터 가치를 인정받고 존중받으며, 자신이 상황을 조절할 수 있도록 허용될 때 길러진다고 한다. 특히, 긍정적 자아감은 타인으로부터 유아가 존중받고 정당하게 평가받는 것에서 출발하므로, 유아가 어떻게 취급받는가는 매우 중요한 문제이다. 이에 생활지도는 유아를 한 인격체로서 존중하는 것에서 출발해야 하며, 이를 통해 긍정적인 자아감을 갖도록 지원해야 한다.
- **유아가 자기 통제력을 갖도록 성장시켜야 한다.** 유아를 위한 생활지도의 목표는 타인이 강요해서 따르게 하는 것이 아닌, 개인적 가치와 사회적 기대에 부합하게 자신의 행동을 내적·자발적으로 조절할 수 있는 자기 통제력을 증대시키는 것에 있다.
- **유아에게 도덕적 자율성을 갖게 해야 한다.** 생활지도는 벌칙이나 보상체계와는 상관없이 다른 사람의 관점을 고려하여 스스로 도덕적 판단과 결정을 내리는 능력, 즉 도덕적 자율성을 함양하게 하는 것이다. 그러므로 도덕적 자율성을 발달시키기를 원한다면, 생활지도 시 벌이나 보상을 사용하여 행동을 통제하는 방법 대신에 스스로 자신의 도덕적 가치를 구성하도록 격려해야 한다.

3. 유아 생활지도의 일반적 원리

유아 생활지도에서 교사가 고려해야 할 일반적인 원리들을 제시하면 다음과 같다(조운주, 최일선, 2004).

- **유아 생활지도는 정상적인 모든 유아를 대상으로 하는 활동이다.** 이는 극히 일부의 문제를 발생시키는 유아의 부적응 행동이나 이상행동에 대한 치료적 지도가 아닌, 정상적이고 건전한 모든 유아를 대상으로 하는 적극적인 교육활동이다.
- **유아 생활지도는 유아의 자율적, 자발적 행동을 돕는 데 있다.** 유아들이 당면한 문제를 교사가 대신 해결하는 것이 아닌, 유아 스스로가 해결할 수 있도록 기회를 마련해 주어야 한다. 즉, 유아의 자율적 행동에 가치를 두고 스스로의 행동에 대한 책임이 수반되는 자기 지도(self-guidance)를 할 수 있게 도와야 한다.
- **유아 생활지도의 기본 성격은 처벌이 아닌 지도 노력이라는 점이다.** 흔히 훈육(discipline)이라는 명목하에 바람직하지 않은 행동에 대하여 처벌을 가해 지도하고 있으나 이는 지양되어야 한다. 유아 생활지도는 유아 개개인의 인격을 존중하며 그의 특성에 관심을 가져주고 도와줘야 한다는 교육적·인간적 지도 노력을 말한다.
- **유아 생활지도는 예방을 목적으로 한다.** 유아 생활지도는 유아에게 발생할 수 있는 교육적·사회적·정서적 문제를 예방하는 데 중점을 두어야 한다. 그러므로 문제가 발생한 후 문제를 제거하거나 교정하는 일보다 예방의 기능을 우선시 해야 한다.

- 유아 생활지도는 편견이 없는 정확하고 객관적인 절차에 의해 이루어져야 한다. 유아 생활지도 활동은 복잡한 유아의 행동 문제와 관련된다. 유아를 이해하기 위하여 다양한 검사를 실시하기도 하고 심층적인 자료를 수집하기도 한다. 여러 가지 도구와 방법, 객관적인 분석을 통한 계획적 노력에 의해서 그 지도 효과를 기대할 수 있다.

4. 유아 생활지도의 영역과 활동

유아 생활지도는 유아의 발달단계와 발달과업을 중심으로 그 영역이 정해진다. 유아기에는 기본생활, 집단생활, 문제행동 등 이 시기에 배우지 않으면 안 될 기본적인 생활지도가 이뤄져야 한다. 생활지도 영역과 활동에 대하여 제시하면 다음과 같다.

1) 유아 기본생활습관

유아기의 기본생활습관은 인간이 살아가는 데 기본이 되는 생활 전반의 지식과 기술 등을 포함한 행동 양식을 익혀 습관화하는 시기이므로 중요하다. 이는 인간의 개인적 필요 차원을 넘어 더불어 살아가는 사회인으로서 주변 환경과의 관계를 잘 관리하는 덕목을 갖춘다는 점이다.

올바른 기본생활습관은 그 사람의 성격 형성이나 성장과 더불어 사회화에 매우 긍정적인 영향을 끼침으로 유아기 초기부터 잘 형성되도록 지도해야 한다. 유아기는 발달의 가소성을 가지고 있으므로 습관이 어느 한 시점에 고착되기 이전에 좋은 습관을 기르도록 지도해 주어야 함이다. 유아 기본생활습관의 영역별 지도내용 및 지도원리를 제시하면 다음과 같다.

(1) 유아 기본생활습관의 영역별 지도내용

유아 기본생활습관의 영역에는 식사지도, 배변지도, 수면지도, 청결지도, 안전지도 및 예절지도가 있다. 유아교육에서 다루어야 할 기본생활습관 지도

내용을 제시하면 표 9.1과 같다.

표 9.1 유아 기본생활습관의 영역별 지도내용

구분	지도내용
식사 지도	• 음식을 만드신 분들에게 감사하는 마음을 갖는다. • 식사 시간 전에 손을 씻는다. • 식사는 조용히 앉아서 먹는다. • 편식하지 않고 음식을 골고루 먹는다. • 음식을 남기지 않고 먹는다. • 음식을 흘리지 않는다. • 입안에 음식물을 넣은 채 이야기하지 않는다. • 음식은 조금씩 먹고, 천천히 꼭꼭 씹어 먹는다. • 다른 사람이 식사를 마칠 때까지 기다린다. • 식사 후에는 반드시 식기와 수저 등을 정돈하여 놓는다. • 식당에서는 돌아다니지 않고 음식이 나올 때까지 자리에서 기다린다.
배변 지도	• 화장실을 깨끗하게 사용한다. • 화장실에 있는 기기의 정확한 사용법을 안다. • 화장실 내의 휴지를 아껴 쓰고 쓰레기통에 버린다. • 규칙적으로 대소변을 보는 습관을 기른다. • 대소변 후에는 손을 씻는다. • 화장실에 들어가기 전 노크를 한다. • 화장실을 나올 때는 문을 닫는다. • 화장실에서만 배변한다.
수면 지도	• 일찍 자고 일찍 일어난다. • 자기 전에 음식물을 먹지 않는다. • 자기 전에 대소변을 보고, 양치질 및 세수를 한다.
청결 지도	• 매일 아침 · 저녁으로 양치질하고 세수한다. • 목욕을 자주 한다. • 식사 전 · 후나 대소변 후에는 손을 씻는다. • 길이나 아무 곳에 침이나 가래를 뱉지 않는다. • 길에서 껌이나 휴지를 함부로 버리지 않고, 쓰레기통에 버린다. • 공공시설물을 깨끗이 사용한다. • 벽이나 책상에 낙서하지 않는다.
안전 지도	• 교통사고를 예방한다. • 낙상사고를 예방한다. • 화상사고를 예방한다. • 질식사고를 예방한다.

	• 화재사고를 예방한다. • 감전사고를 예방한다. • 물놀이사고를 예방한다.
예절 지도	• 부모님과 어른께 높임말과 고운 말을 사용한다. • 웃어른이 말씀하실 때는 잘 듣고 끝나기를 기다렸다가 공손히 대답한다. • 도움을 받거나 잘못했을 때 적절하게 말한다. • 여럿이 모여 있을 때 말하고 싶으면 끝나기를 기다렸다가 말한다. • 친구와 관련된 언어 예절을 지킨다. • 잠자기 전이나 일어나서 인사를 한다. • 외출할 때나 돌아올 때 인사한다. • 상황에 맞게 인사한다. • 대상에 맞추어서 인사한다. • 웃어른께 물건을 드리거나 받을 때 공손히 두 손으로 드리거나 받는다. • 자기 물건이 아닌 것은 허락받고 만지거나 사용한다. • 친구 집에 갈 때 어른의 허락을 받는다.

(2) 유아 기본생활습관의 지도원리

유아에게 좋은 생활 습관을 형성해 주기 위한 지도원리를 제시하면 다음과 같다(장선철, 1995).

- **유아의 자율성을 신장하는 데 초점을 맞추어야 한다.** 명령과 지시에 의한 맹목적인 복종을 요구하거나 강화나 보상의 원리만을 강조한 훈련은 장기적인 효과를 기대하기 어렵다. 그러므로 유아 스스로 자신을 자율적으로 통제하고 문제를 자발적으로 해결할 힘을 길러주어야 한다.
- **유아들의 협동심을 신장하는 데 초점을 맞추어야 한다.** 유아의 기본생활습관은 자신과 관계된 사람이나 주변 환경과의 관계를 통해서 형성되므로, 서로의 공동의 목표에 필요한 협력의 성향을 길러주어야 한다.
- **실제 경험을 통한 체험교육이 되어야 한다.** 실생활에서 유아들에게 바른 생활습관을 경험할 기회를 제공함으로써, 유아 자신의 생각과 느낌을 표현하고 교환할 수 있는 올바른 생활 습관을 형성할 수 있다.

- **체계적이고 지속적인 교육이 일관성 있게 이루어져야 한다.** 기본생활습관은 한 가지 행동을 반복하는 과정에서 획득한다. 유아 스스로가 생활 속에서 습관이 자연스럽게 정착될 수 있도록 규칙적으로 반복 · 연습할 때 비로소 형성된다. 이러한 습관이란 하루아침에 형성되는 것이 아니므로 조급히 서두르지 말고 끈기와 인내로서 지도해야 한다.
- **유아에게 부모나 교사가 행동의 모범을 보여야 한다.** 언어를 통한 일반적인 지시나 훈육보다 어른이 보여주는 모범은 유아들의 생활 습관 형성에 선한 영향을 준다.
- **유아들이 스스로 하고자 하는 의욕인 동기유발을 고려해야 한다.** 이를 위해 교사와 부모는 유아 스스로 참여할 수 있는 환경을 조성하고, 유아가 바람직한 행동을 보일 때마다 적극적인 칭찬과 격려를 제공함으로써 기본생활습관을 형성하도록 유도해야 한다.
- **유아 개개인의 발달단계 및 습관 형성의 시기를 고려해야 한다.** 유아들은 개인별 발달 속도 및 개인차가 있으므로 개인 수준에 적합한 내용을 선정하여 지도해야 한다.
- **유아의 기본생활습관 형성에 대한 주기적인 평가가 이루어져야 한다.** 주기적인 평가를 통해 유아 개인별 특성 수준을 파악하고, 이를 교육활동에 반영함으로써 질적 변화를 도모해야 한다.

2) 유아 집단생활

유아는 혼자서 생활하는 것이 아닌 가정의 구성원으로서, 유아교육기관의 구성원으로서, 그리고 지역사회의 구성원으로서 생활해야 한다. 그러므로 유아가 속해 있는 집단 속에서 유아에게 주어진 규칙이나 규범을 지켜나가는 것은 매우 중요하다. 집단생활지도는 집단에 소속된 유아가 자신의 문제가 무엇인지를 발견하고, 이 문제를 해결하는 과정에 자발적으로 참여하여 유아 스스로의 문제해결 능력을 길러주는 데 있다. 집단생활 지도내용 및 지도원리를 제시하면 다음과 같다.

(1) 유아 집단생활의 지도내용

유아교육기관에서 다루어지는 집단생활영역으로 집단규칙, 갈등, 친사회적 행동을 꼽을 수 있다. 영역별 지도내용을 살펴보면 표 9.2와 같다.

표 9.2 **집단생활의 영역별 지도내용**

영역	지도내용
집단규칙	• 가정에서의 규칙 알고 지키기 • 유아교육기관에서 놀이 규칙 알고 지키기 • 공공장소에서 규칙 알고 지키기
갈등	• 소유 갈등 감소시키기 • 규칙 위반에 대응하기 • 침해 행동에 대처하기 • 친구의 공격성에 대응하기 • 힘겨루기 최소화하기 • 친구 놀리지 않기
친사회적 행동	• 도와주기 • 양보하기 • 기다리기 • 바르게 행동하기 • 나누어 갖기 • 협동하기 • 감정 이입하기

(2) 유아 집단생활의 지도원리

유아 집단생활 지도를 위한 지도원리를 제시하면 다음과 같다(박성수, 유효순, 1995).

- **규칙을 정한다.** 규칙은 매우 구체적으로 분명하게 설정한다. 하지만 위협적인 전달은 바람직하지 않으며 규칙이 왜 필요한지를 제시해야 한다.
- **유아의 자기 통제의 지원으로 유아 스스로 잘못된 행동을 고치고 좋은 행동 습관을 기르도록 격려해야 한다.** 헛기침, 주시 등과 같은 신호, 접근 통제, 관심을 환기시키거나 유머를 사용하는 방법 등이 있다.
- **상황적 원조로 어려움을 극복하도록 돕거나 일상적인 일을 예측 가능토록 구조화하여 처벌이 아닌 추방, 제지, 자극의 제거 등을 통해 지도해야 한다.**
- **현실과 가치평가로 유아가 긍정적인 행동에 이르도록 격려하고 그 결과를 예측해 보도록 해야 한다.** 예컨대, 행동과 결과의 관련성에 대하여 직접적으로 호소를 하거나, 비평과 격려를 하거나, 규칙에 대한 한계를 설정하거나, 감정이 고조되거나 불안감이 조성된 상황 등에 대한 사후 분석을 통해 유아의 행동수정을 도와야 한다.
- **처벌의 사용은 부정적인 영향이 크므로 신중해야 한다.** 처벌을 사용할 때는 분명하게 그 이유를 밝혀야 하며, 처벌에는 특권의 억제 혹은 박탈, 격리 혹은 배제, 개별 면담 등의 방법이 있다.

3) 유아 문제행동

(1) 유아의 사회성 문제

발달이 왕성한 유아기는 한 개체로서 살아가려는 생리적인 욕구뿐만 아니라 애정, 소속감, 사회적 승인, 독점 등 인격적 · 사회적 요구가 강하게 나타나는 시기이다. 이 시기의 유아들은 그를 둘러싸고 있는 사회의 공통목표, 즉 사회적 행동의 규준이나 기대되는 역할과 행동에 맞게 생활하도록 해야 한다(김충기, 장선철, 2002). 그렇지 못한 경우 사회적인 문제행동을 표출할 수 있다. 사회성 문제행동 유형 및 지도원리를 다음과 같다.

① 문제행동 유형

일반적으로 유아의 사회성 문제행동 유형에는 공격성, 고립, 훔치는 행동, 거짓말이 있다. 사회성 문제행동의 유형 및 특성을 제시하면 표 9.3과 같다.

표 9.3 사회성 문제행동의 유형 및 특성

유형	특성
공격성	다른 유아 또는 동물에 상처를 입히거나 물건을 파괴하는 부정적인 행동을 보이는 경우
고립	또래와 관계를 형성하지 않거나 다른 유아로부터 배척당하는 경우
훔치는 행동	자신의 소유물이 아닌 것을 소유하고 있는 경우
거짓말	진실이 아닌 말을 의도적으로 하는 경우

② 문제행동의 지도원리

유아의 사회적인 문제행동은 사회환경에 적응하기 위한 생활 능력과 기술을 습득하지 못했거나, 부모의 잘못된 양육 태도로 인해 사회화되어야 하는 행동에 여러 가지 어려움을 초래한 것이 원인으로 작용한다. 사회적 문제행동을 하는 유아의 지도원리를 제시하면 다음과 같다.

- 사회적 문제를 예방하는 데 중점을 두는 지도원리이다. 사회적 문제가 표출되기 이전 단계인 초기 잠복 상태에서 정확하게 문제를 찾고, 진단하여 예방하는 게 효과적이다.
- 외형적인 변화나 일시적인 개선보다는 심리적인 변화가 일어나도록 지도한다. 위협이나 벌을 사용하면 외현적으로는 즉각적인 효과를 얻을 수 있다. 하지만 지속적인 효과를 기대할 수는 없음을 인식하여 유아의 심리적인 변화가 동반되도록 지도해야 한다.
- 유아가 나타내는 문제행동은 언어로 표현할 수 없는 심리적인 긴장을 행동으로 표현한 것이므로, 표면적인 증상이 아닌 문제행동의 본질을 이해하고 근본적인 원인을 해결하도록 지도해야 한다. 이를 위해 유아의 내면세계를 이해하고 공감하려는 태도가 필요하다.

(2) 유아의 정서 문제

발달 초기에 유아는 어머니와의 기본적인 정서 관계에서 그리고 그 후에는 유아를 둘러싼 가족이나 또래 관계의 정서적인 교류에서 심리적인 갈등이 커지면 정서 문제가 발생한다. 유아는 외부로부터의 정서적인 자극에 대해 극복할 만큼 자아가 성숙하지 못하므로 문제행동이 발생하게 된다(김나영, 이승희, 2002). 정서적 문제행동 유형 및 지도원리를 제시하면 다음과 같다.

① 문제행동 유형

유아의 정서 문제와 관련된 문제행동 유형에는 격리 불안, 대물 애착, 강박

관념, 주의력 결핍 과잉행동, 스트레스, 성적 문제, 우울 등이 있다. 정서 문제 유형 및 특성을 제시하면 표 9.4와 같다.

표 9.4 정서 문제 유형 및 특성

유형	특성
격리 불안	양육자의 지속적인 유대감 결핍으로 양육자가 없어지면 심한 불안감을 나타내는 경우
대물 애착	양육자의 지원을 받지 못한 유아들이 환경을 탐색하는 과정에서 불안감을 해소하기 위해서 물건에 애착을 보이는 경우
강박적 행동	어떤 사실에 충실해야 한다는 생각에 잠겨 자신의 행동을 지나치게 제한하는 경우
주의력 결핍 · 과잉행동	주의력의 부족, 충동적인 행동과 과잉행동을 보이는 경우
스트레스	긴장, 불안, 좌절, 압박, 걱정으로 인한 생리 · 심리적인 반응이 나타나는 경우
성적 문제행동	성에 대한 호기심이 증가하면서 부적절한 성적 행동을 나타내는 경우
우울	지속적으로 우울한 증세를 나타내 보이는 경우

② 문제행동의 지도원리

정서 문제는 심리적으로 적응에 실패한 상태를 말한다. 정서상의 문제는 그대로 방치하면 왜곡된 성격으로 고착될 수 있기에 조기 발견하고 지도할 필요성이 있다. 여러 유형의 정서 문제행동의 발생을 예방하기 위해서는 충분한 정서적 교류가 요구된다. 부모나 교사는 유아와의 관계에서 공감하려는 마음을 갖는 게 우선되어야 한다. 교사나 부모는 표면적인 행동만으로 전체를 평가한다거나, 자신의 주관적 혹은 감정적 평가를 자의적으로 내리는 경우가 있으므로 유의해야 한다. 유아의 정서발달 지도가 바람직하게 이루어지기 위해서는 정서발달에 영향을 주는 다음의 요인들을 검토할 필요성이 있다.

- **유아의 신체적 상태를 점검해야 한다.** 유아는 신체적으로 건강한 경우 즐거움을 느끼고 강화를 받지만, 신체가 허약한 경우는 불쾌감이나 무력감을 갖기 때문이다.
- **유아의 감정 상태를 파악해야 한다.** 부모나 교사는 유아가 자신의 감정과 생각을 인식하도록 하는 과정을 통해서 타인의 감정과 생각을 고려하도록 격려해야 한다. 그리고 즐거운 정서를 갖고 일상생활을 영위할 수 있도록 사전에 부정적인 정서의 발생 요인을 차단해 주어야 한다.
- **유아의 주변 환경을 점검해야 한다.** 유아가 자신의 정서적인 어려움을 자연스럽게 표현하고, 감정을 전달할 수 있는 수용적 분위기를 조성해 주어야 한다.

(3) 유아의 인지 및 언어 문제

인지 및 언어 문제는 사회 · 정서적 문제행동과는 달리 선천적인 요인에 의해 형성되는 경우가 많다. 이러한 문제행동은 조기에 발견하여 적절한 지도가 이루어진다면 문제 해결의 가능성이 상대적으로 높아질 수 있다. 그러므로 교사와 부모는 유아의 인지 및 언어 문제행동에 지속적인 관심과 노력을 기울여야 한다. 인지 및 언어 문제의 행동 유형 및 지도원리를 제시하면 다음과 같다.

① 인지 및 언어 문제행동 유형

유아의 인지 및 언어 문제와 관련된 행동 유형에는 자폐, 학습장애 및 언어장애 등이 있다. 인지 및 언어 문제행동 유형 및 특성을 제시하면 표 9.5와 같다.

표 9.5 인지 및 언어 문제행동 유형 및 특성

유형	특성
자폐	주변 사람과의 관계 형성을 거부할 뿐만 아니라 일상 행동에서 여러 가지 문제를 자주 발생시키는 경우
학습장애	지능은 비교적 보통 수준이나 학습을 해갈 수가 없어 지속적으로 학업의 저하를 보이는 경우
언어장애	또래에 비해 현저하게 어휘, 문장, 발음, 이해 및 의사소통에 문제를 유발하는 경우

② 문제행동의 지도원리

유아의 인지 및 언어 문제를 해결하기 위한 지도원리를 제시하면 다음과 같다.

- **불안이나 긴장을 제거하여 자유롭고 허용적이고 개방적인 대화 분위기를 조성해야 한다.** 이러한 분위기에서 교사나 부모는 유아의 인지 · 언어적인 문제를 인정하면서 서서히 수정하도록 지도한다.
- **어른이 훌륭한 모델이 되어야 한다.** 교사나 부모는 항상 정확한 언어를 구성하여 유아에게 좋은 모범을 보여야 한다.
- **개별적인 수준을 고려하여 지도한다.** 언어 · 인지적인 문제를 가진 유아들은 개인차가 크므로 개별적으로 지도하는 것이 바람직하다.
- **적극적으로 칭찬과 격려를 해야 한다.** 문제행동 지도 시 칭찬과 격려와 같은 적절한 반응을 하여 유아가 자신감을 갖게 해준다.

5. 유아 상담

1) 유아 상담의 개관

유아 상담은 성인 상담과 동일한 방법으로는 이루어질 수 없다. 유아는 성인처럼 자신의 어려움을 토로하기 위해 스스로 상담실을 찾는 일이 없고, 자신의 어려움을 해결하기 위해 상담자와 테이블을 마주하며 상담하는 것도 흔치 않기 때문이다. 만약 상담이 이루어진다고 해도 상담자에게 말을 먼저 건네는 유아는 거의 없을 것이고, 설령 상담자의 물음에 대답하더라도 아주 제한적일 수밖에 없다.

유아는 자신의 문제에 대한 인식이 전혀 없는 상태에서 부모에게 이끌려 상담실을 찾게 된다. 유아가 자신의 고통스러운 문제에 대하여 자유스럽게 말하게끔 유도하려면, 상담자는 언어적 상담 기술과 함께 여러 치료적 매체를 도입해야 한다. 유아의 변화는 이 같은 매체와 함께 상담자의 언어적 상담 기술이 결합할 때 가능하게 된다. 그러므로 상담자는 유아 상담의 목적과 특성에 대한 충분한 이해가 선행되어야 한다. 이를 통해 유아 상담의 목적을 분명히 설정할 수 있고, 상담 목적이 어떻게 달성될 수 있을지에 대하여도 실질적인 판단을 내릴 수 있을 것이다.

(1) 유아 상담의 목표

상담자가 유아와 실현 가능한 상담을 진행하기 위해서는 유아 상담의 목표를 명확하게 정해야 한다. 유아 상담의 목표를 제시하면 다음과 같다.

- 유아가 고통스러운 정서 문제를 치유할 수 있도록 설정한다.
- 유아가 생각, 감정, 행동에서 어느 정도 일치를 할 수 있도록 설정한다.
- 유아 자신의 장점은 장점대로 단점은 단점대로 수용하여 자신을 긍정적으로 받아들이게 설정한다.
- 유아가 부정적 결과를 가져왔던 행동을 변화시킬 수 있게 설정한다.
- 유아가 환경(예: 유아교육기관, 가정 등) 안에서 편안하게 행동할 수 있게 설정한다.
- 유아가 발달적 이정표를 성공적으로 수행할 기회를 최대화하도록 설정한다.

(2) 유아와 상담자 간의 관계

유아 상담에서 유아와 상담자 간의 관계는 성인 상담 이상으로 중요하다. 상담자는 유아와의 라포(rapport) 형성이 성공적인 상담관계를 이끄는 중요 열쇠인 만큼 이점에 주목해야 한다. 유아와 상담자와의 관계는 부모와 상담자 간에 영향을 주고받는다는 점에서 유아 상담은 성인 상담과는 다른 독특성을 갖는다. 효과적인 상담을 위한 유아와 상담자 간의 관계 특성을 제시하면 다음과 같다(조운주, 최일선, 2004).

- 상담자는 유아의 세계와 만나야 한다.

유아는 자신이 처한 환경을 그들의 부모와 다른 방식으로 지각한다. 상담자는 유아 지각의 세계와 만나서 작업해야 한다. 유아와의 작업은 상담자의 가치, 믿음, 태도에 영향을 받아서는 안 되고, 상담자는 자의적인 어떤 판단이나 비판 없이 유아의 지각 세계에 머물러야 한다.

• 유아와 상담자 간의 관계는 둘만의 독점적 관계여야 한다.

유아와 상담자 간의 신뢰로운 관계는 둘만의 독점적 관계를 형성해야 한다. 유아는 상담자와 부모 혹은 형제, 그 어떤 타인에게도 방해받거나 위태롭게 되지 않는 관계를 경험해야 한다. 부모가 이 같은 유아와 상담자 간의 독점적 관계를 수용하기 위해 부모에게 유아상담의 일반적 특성을 이해시키는 것 또한 상담자의 역할이다. 상담 회기에서 다루어지는 모든 내용은 비밀이 유지됨을 재차 확인시켜 줌으로써, 유아가 감추고 있는 감정이나 생각을 자유롭게 표현하도록 돕는다.

• 유아와 상담자 간의 관계는 안전해야 한다.

상담자는 유아가 안전감을 느끼도록 행동하고 자신의 감정을 자유롭게 표현하게끔 허용적 환경을 제공해야 한다. 유아가 안전함을 느끼도록 상담자는 허용적 상담구조가 필요하다. 상담구조에는 유아, 상담자, 상담 시간, 상담이 종료되는 시간을 지키도록 하는 것 등이 포함되어야 한다.

• 유아와 상담자 간의 관계는 진실해야 한다.

유아와 상담자 모두 정직하고 솔직할 때만이 실질적인 상담이 가능하다. 상담자가 자신의 본래 모습이 아닌 다른 사람으로 가장할 때는 진실한 관계를 형성할 수 없다. 상담자가 자신의 모습을 솔직하게 보여줄 때, 유아도 자신이 아닌 다른 사람으로 가장할 필요를 포기하게 되고 내적 모습을 그대로 보여주게 된다. 진실한 관계가 되기 위해서는 상담에서 다루는 문제의 심각성이나 이에 수반되는 강한 정서로 인해 진지해질 수도 있다. 또한 진실한 관계는 유아와 상담자 간의 흥미 있고 즐거운 상호관계를 촉진하기도 한다.

• 유아와 상담자 간의 관계는 비밀스러워야 한다.

유아가 안전함을 느끼면서 자신의 생각이나 감정을 상담자와 공유하기 위해서는 어느 정도의 비밀스러움이 필요하다. 비밀스러움이란 유아와 상담자 간의 공유된 정보가 다른 사람에게 노출되지 않음을 의미한다. 하지만 유아는 아직 보호자의 도움이 필요한 만큼 상담 초기에 비밀 유지의 한계에 대해 유아와 논의하는 것이 필요하다. 어떤 정보를 누구에게 어떤 방법으로 노출할 것인지를 규정해야 한다.

• 유아와 상담자 간의 관계는 침입적이어서는 안 된다.

상담 과정에서 상담자의 많은 질문은 어떠한 경우라도 바람직하지 않다. 유아는 누구와도 나누기 싫은 것에 대해 질문을 받는 것을 두려워한다. 이런 두려움을 느끼게 되면 유아는 침묵하게 된다. 하지만 유아에게 질문하고 유아의 가정환경 등에 대해 탐색하는 것이 유아의 세계를 이해하는 유일한 방법이므로 상담자는 유아에게 조심스럽게 다가서는 태도를 가져야 한다.

• 유아와 상담자 간의 관계는 목적을 가져야 한다.

유아가 왜 상담자를 만나러 오는지를 정확히 인식할 때 상담 과정에 열의를 갖고 참여할 수 있다. 대부분의 부모들은 유아의 불안 심리를 유발하지 않기 위해 유아가 상담실 문 앞에 도착할 때까지 '왜 오는지'에 대하여 말하지 않는다. 이때 유아는 어떤 일이 벌어질지 몰라 더 당황해하고 불안해할 수 있다. 그러므로 상담자는 유아에게 정확한 이해를 갖도록 도와야 한다. 유아가 상담을 받으러 온 사유를 명확히 인지할 때 상담은 계획적이고 목적적 관계로 넘어갈 수 있다. 또한 상담 회기 동안에 포함되는 놀이나 다른 여타의 활동이 의도적 과정이 될 수 있도록 이끄는 것도 상담자의 과제이다. 하지만 이는 놀이가 상담자에 의해 지시된다는 것을 의미하는 것은 아니다.

놀이는 유아에 의해 전적으로 만들어지고 통제되어야 하며, 이런 과정에서만 이 놀이가 치유적인 힘으로 발휘될 수 있다.

(3) 유아 상담에 있어서 매체 활용

유아는 자신의 문제, 생각, 감정을 언어로 표현하기 힘들다. 언어로 표현할 수 있는 유아들이라도 대화만으로의 만남은 곧 지루해하고 싫증을 낼 수 있다. 그러므로 유아 상담에는 유아가 이야기를 자연스럽게 하도록 다양한 매체와 활동이 도입되어야 한다. 이것이 치료적 효과를 가져올 수 있는 방식으로 다뤄져야 하기 때문이다. 언어적 상담 기술과 매체가 함께 사용될 때만이 유아가 그들의 이야기를 매체에 투사하면서 자신들의 감정과 만나고 이를 표현할 수 있게 된다. 매체와 활동의 도입은 다음과 같은 점에서 상담에 긍정적 효과를 줄 수 있다.

- 유아가 상담 회기 동안 감추고 있는 이야기를 표출하도록 한다.
- 유아가 현재 상담 안에서의 경험과 과거의 사건을 관련짓도록 돕는다.
- 유아가 정서적으로 미해결된 문제를 탐색하도록 돕는다.
- 유아가 억압된 감정에 접근할 수 있도록 돕는다.

유아 상담에 도입되는 매체들로 가상놀이 도구, 상징놀이 도구, 조작적 놀잇감, 미술 활동 재료, 작은 모형의 사람과 동물, 점토, 부드러운 천 인형, 치료용으로 개발된 각종 게임 도구, 다양한 이야기책, 모래 상자, 각종 지필 자료(worksheet) 등이 있다. 이러한 매체들은 질적 속성에 따라 다음의 4가지 범주로 분류될 수 있다.

① 개방적이고 확장적인 매체

아무런 제약이나 경계 없이 표현의 자유를 줄 수 있는 매체들이다. 유연하고 유동적이며 촉각적 요소를 경험할 수 있게 해주는 매체들도 이에 속한다. 예컨대, 상상적 가상놀이는 비구조적 이야기를 만드는 과정에서 유아가 원하는 변화를 만들어가며, 핑거페인팅이나 점토 등은 촉각적 요소를 경험하게 하고 완성을 위해 특정 기술이 필요하지 않기 때문에 유아는 실패의 경험을 하지 않아도 된다.

② 기능적이고 조작적인 매체

세부적인 것에 주의를 기울이며 작업하면서 기대하는 결과물을 만들어 내야 하므로 유아에게 다소의 긴장감과 함께 도전감을 경험하게 한다. 블록 놀이의 종류들이 대표적인 예라고 할 수 있다.

③ 친숙하고 안정적인 매체

단순히 반복적이고 전형적인 놀이 경험을 제고해 주는 매체들이다. 유아들은 매체를 사용하면서 안정감을 느끼고 무엇인가 예측할 기회를 갖는다. 예컨대, 대부분의 유아들은 상징적 가상놀이를 하면서 이미 친숙한 주제를 반복한다. 이러한 활동은 혼란스럽고 불안정한 환경을 경험한 유아들에게 특히 유용하다.

④ 교육적인 매체

규칙의 학습과 규칙의 수용과 거부를 동시에 경험할 기회를 제공해 주는 매체이다. 치료용으로 개발된 각종 게임이나 지필 매체(워크시트) 등이 이에 속한다. 목적을 향한 활동을 하는 과정에서 문제해결력과 지식을 쌓을 수 있다.

2) 상담의 이론적 접근

유아상담의 이론적 접근은 내담자가 유아임을 고려하여 복잡한 상담이론보다 실제 접목 가능한 주요 이론으로 다뤄져야 한다. 이에 주요 상담이론 중 매우 기초적인 내용 중심으로 제시하고자 한다(김희수, 2010).

(1) 정신분석적 상담

프로이트(Sigmund Freud, 1856~1939)

정신분석적 상담은 프로이트(Freud)에 의해 창시되고 개발되었다. 상담과 심리치료에서 최초로 체계화되어 적용된 이론이다. 정신분석학적 접근은 비정상적인 행동을 이해하고 치료할 뿐만 아니라 정상적 인간 행동을 이해하고 인간의 무의식적, 의식적인 정신생활 내면을 탐구하기 위한 접근방법이다. 프로이트는 의식만을 대상으로 하는 종래의 전통적 심리학으로만 인간 행동의 동기를 탐구하기는 한계가 있다고 보았다. 인간의 사고와 행동을 지배하는 보다 큰 힘을 무의식으로 간주했기 때문이다. 무의식 속에 숨어 있는 본능을 중심으로 인간 정신생활의 내면을 깊이 분석하는 게 필요하다고 본 것이다. 마음의 구조를 살펴보면 그림 9.1과 같다.

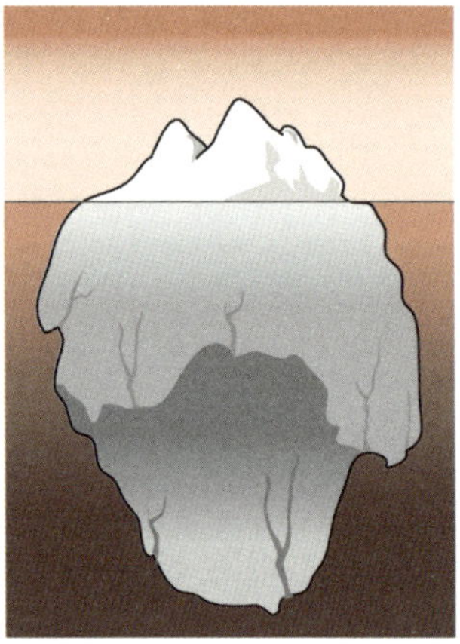

- **의식**: 인간이 깨닫고 있고, 쉽게 인출할 수 있는 재료를 담고 있는 차원으로 현상에 대한 느낌
- **전의식**: 주의를 기울이지 않아서 잠시 인식 밖에 있는 내용 → 스스로 노력하면 의식으로 끄집어 올릴 수 있음
- **무의식**
  - 사회적으로 용납되지 않는 욕망, 충동 등이 의식으로 떠오르지 못하도록 억압되어 있어 의식 영역 밖에 존재
  - 자신이 경험했지만 깨닫지 못하고 있는 정신의 일부
  - 자유연상이나 꿈의 분석 → 무의식의 탐색 겨냥

그림 9.1 **마음의 구조**

프로이트는 인간의 정상적 성격 발달을 성 심리의 발달단계인 '구강기(oral) → 항문기(anal) → 남근기(phallic) → 잠복기(latency) → 성기기(genital)'의 성공적인 해결과 통합에 기초해야 한다고 보았다. 아울러 성격 구조의 기초는 쾌락 원리에 기반한 원초적 본능(id), 현실 원리에 기반한 자아(ego), 이상적 원리에 기반한 초자아(super-ego)에 의해 이루어진다는 관점을 강조하였다. 한편, 불안한 기본적 갈등의 억압 결과로 퇴행, 합리화, 투사, 반동형성, 승화 등을 꼽았고, 이들 자아방어기제들은 불안을 통제하기 위해 발달된 수단들로 간주하였다.

정신분석적 상담 치료의 목표는 무의식을 의식화하는 것이고, 기본적인 성격을 재건하는 것이며, 과거의 초기경험을 재생하여 억압된 감정을 해소함으로써 지적 각성에 이르게 하는 것이다. 정신분석가와 내담자의 관계에 있어서 내담자는 정신분석가에게 자신의 마음을 투사한다. 어릴 때의 미련(unfinished business) 때문에 현재를 왜곡하며 정신분석가에게 전이하는 가운데, 그리고 합리적인 통제를 하는 가운데 발생하는 저항감, 즉 무의식적인 것을 산출하여 치료를 방해하는 것에 초점을 둔다. 내담자는 장기간 집중적인 분석을 받으며 갈등을 발견하기 위해 자유연상(free association)을 사용한다. 이를 통해 정신분석가는 내담자가 말하는 가운데 통찰력을 발휘한다. 정신분석가는 과거의 경험과 연결된 현재 행동의 의미를 가르쳐 주기 위해 이에 대한 해석을 하게 된다.

정신분석적 상담에서 주로 사용되는 치료기법으로는 해석, 꿈의 분석, 자유연상, 저항 및 전이 분석 등이 대표적이다. 먼저, 정신분석적 상담 과정을 제시하면 다음과 같다.

- (1단계) 상담 관계의 시작으로 유아의 문제를 경청하고 상담의 목표를 세운다.
- (2단계) 전이의 발달단계로서 유아는 상담 장면에서 갈등과 부정적 감정을 표출하기 시작하며 신경증적 증세를 보인다.
- (3단계) 전이의 해결로서 유아는 상담 장면에서 부정적 · 신경증적 표출이 심해지며 상담자는 그 행동을 해석한다.
- (4단계) 전이의 해결로서 상담자는 유아의 반응을 격려하고 유아는 차츰 신경증적 반응이 감소 되고, 이성적 자아의 통찰을 통해 현실적이고 합리적인 태도를 보여간다.

다음으로, 정신분석적 상담의 주요 상담기법을 제시하면 다음과 같다.

① 자유연상법

유아를 편안한 긴 의자에 눕히고 떠오르는 대로 자유롭게 말하게 한다. 유아가 표현한 말 가운데 무의식적 동기의 단서가 되는 것을 찾아내고 해석하는 자료를 찾는다.

② 해석

상담자가 유아의 꿈, 자유연상, 상담 관계, 자유연상 등에서 나타난 행동의 의미를 지적하고 설명하는 것은 정신분석적 상담의 기본절차이다. 그러므로 유아의 자아를 일깨워 무의식적 갈등을 찾아내도록 촉진한다. 상담이 진행되는 가운데 상담자는 해석의 수준을 심화시켜 저항과 방어를 지적하고 무의식적 감정과 갈등까지도 해석한다.

③ 꿈의 분석

무의식적으로 억압된 문제를 찾아냄으로써 유아로 하여금 무의식적 욕구를 알게 하여 통찰을 얻게 하는 절차이다. 잠자는 동안에는 방어가 약해져 억압된 감정들이 표면화된다. 꿈은 유아가 부딪치는 갈등과 장애의 반영이므로, 꿈을 분석할 때는 꿈의 내용이 아닌 꿈에서 나타나는 상징적 의미에서 갈등을 찾는다.

④ 저항의 분석

저항은 상담의 발전을 저해시키고, 유아가 무의식적 욕구를 표출하는 것을 방해한다. 그러므로 상담 시간을 어기거나 엉뚱한 핑계를 대거나 트집을 잡는 등 여러 가지 부정적 표현을 하게 되는데, 이는 자신의 무의식이 노출되는 것이 불안하기 때문이다. 이에 상담자는 유아로 하여금 이러한 저항에 용감하게 직면하고 자신을 통찰 및 수용할 수 있도록 유도한다.

⑤ 전이의 분석

전이란 유아가 과거에 중요한 인물에게 느꼈던 감정을 상담자에게 옮기는 것을 말한다. 상담이 진행됨에 따라 유아는 과거에 경험한 타인과의 관계 특히, 부모-자녀 간에 이루어졌던 관계를 상담자에게 옮겨가게 되는데, 이러한 전이가 정신분석적 상담의 고비가 된다. 이때 상담자는 유아를 이해하고 전이를 해소시켜 줌에 따라 유아는 과거의 영향으로부터 벗어나 장차 자아가 성숙하게 된다.

개념 보충 클릭 자아 방어기제의 유형

① **억압:** 사건이나 경험이 의식하기에 너무나 고통스럽고 충격적이어서 무의식 속으로 억눌러 버리는 것.
② **억제:** 의식적으로 생각과 느낌을 눌러 버리는 것
③ **부인:** 고통스러운 현실을 수용하기가 힘들어서 그것을 인정하지 않고 회피함으로써 현실에서 그런 일이 일어나지 않았다고 생각하는 것
④ **퇴행:** 현재의 스트레스나 좌절을 직면하여 해결하기보다 덜 불안하고 책임이 적었던 어린 시기의 행동으로 후퇴하는 것
⑤ **치환:** 스트레스를 받은 대상에게 직접적으로 표현하지 못하고 보다 덜 위협적이고 안전한 대상에게 자신의 감정을 발산하는 것
⑥ **반동형성:** 수용할 수 없는 무의식적 소망이나 충동을 억압하고 그것에 대한 감정을 실제와는 반대로 나타내는 것
⑦ **합리화:** 실제 이유를 인정하기에는 너무 고통스러워서 자기 행동에 대한 그럴듯한 이유나 변명을 붙이는 것
⑧ **승화:** 사회적으로 용납할 수 없는 충동 행위를 사회적으로 용인되는 형태로 바꾸어서 해소하는 것
⑨ **투사:** 자신이 받아들이기 어려운 느낌, 생각, 충동 등이 타인이 소유하고 있는 것처럼 생각하고 행동하는 것
⑩ **동일시:** 혼자서 불안하므로 자타일체감을 갖고 싶어 하는 것. 유유상종의 의미임.
⑪ **고착:** 다음 단계로 나아가는 것이 불안해서, 현 단계에 그냥 머물러 있는 것
⑫ **전환:** 용납되지 않은 충동은 자율신경근육 계통과 감각 계통의 신경 흥분 또는 금지로 전환되는 것. 히스테리성 마비, 눈이 멀거나 귀가 먹음, 호흡곤란, 무감각증 등
⑬ **지성화:** 감정을 생생하게 표출하는 것이 두려울 때 추상화시켜 표현하는 것. 가을에 외로운 사람이 떨어지는 낙엽을 보며 자신을 불사조처럼 생각하는 것이 그 예임.

(2) 행동주의적 상담

스키너(Burrhus Frederic Skinner, 1904~1990)

행동주의적 상담은 파블로프(Pavlov)와 왓슨(Watson)의 고전적 조건화, 손다이크(Thorndike)와 스키너(Skinner)의 조작적 조건화에 기초한 행동주의 학습이론을 특정의 행동장애의 치료에 적용하는 행동수정 개념의 상담적 접근법이다. 이를테면, 행동이라는 학습조건을 조작하여 새로운 학습조건을 제시함으로써 변화시킬 수 있다고 본다. 그러므로 모든 부적응 행동도 조건형성의 법칙인 강화, 소거, 일반화와 변별의 원리에 따라 소거시킬 수 있다고 믿으며, 바람직한 새로운 행동도 형성할 수 있다고 본다. 이를테면, 학습을 통해 문제해결이나 성장을 촉진시키고 새롭게 형성된 바람직한 행동을 발달시킨다고 보는 관점이다. 우선, 행동주의 상담과정을 제시하면 다음과 같다.

〈행동주의 상담과정〉

- (1단계) 변화시켜야 할 행동을 분명히 하고 이를 자세한 행동 용어로 구체화한다.
- (2단계) 기대하는 목표 행동의 방향을 설정하고 이를 자세한 행동 용어로 구체화한다.
- (3단계) 목표 행동이 일어나도록 상담 상황을 조정한다.
- (4단계) 내담자에게 강화될 수 있는 자극이나 사건을 확인한다.
- (5단계) 바람직한 목표 행동이나 그 행동에 접근하는 행동을 강화한다.
- (6단계) 목표 행동의 변화를 기록하고 검토하여 상담 효과를 평가한다.

다음으로, 행동주의 상담에서 사용되는 행동수정 기법인 인지적 모델링과 사고통제, 체계적 둔감법과 근육이완훈련, 토큰법, 인지적 재구조화, 타임아웃, 행동 계약, 포만, 혐오자극과 역조건화 등을 제시하면 다음과 같다.

① 인지적 모델링과 사고통제

상담자가 제시한 과제를 모델로 하고 유아는 그 모델이 되어 자기 스스로를 지도하게 된다. 자신에게 큰 소리로 모델의 모습을 말하며 과제를 수행해 나간다. 사고통제는 유아가 비생산적이거나 강박적인 사고를 통제하기 위해 사용된다. 상담자가 명령적으로 지도할 수도 있고 유아가 자기 자신에게 제시하는 방식으로서 과제수행에 접근할 수 있다.

② 체계적 둔감법과 근육이완훈련

체계적 둔감법은 공포나 불안을 제거하는 데 쓰이는 기법이다. 공포나 불안을 가장 낮은 단계부터 높은 단계로 끌어올리며 심상화 또는 현상에 노출시킨다. 근육이완훈련은 정신적 불안과 신체 근육의 이완이 양립할 수 없다는 이론에 근거하여 유아의 불안 치료를 위해 근육이완훈련을 실시하게 된다. 이때 강도가 낮은 불안부터 점차 높은 단계로 상상하며 동시에 근육이완훈련을 진행한다. 이 과정에서 작은 불안에도 민감하게 긴장하던 근육이 점차 둔화되면서 불안에 대한 저항력이 강해지게 된다.

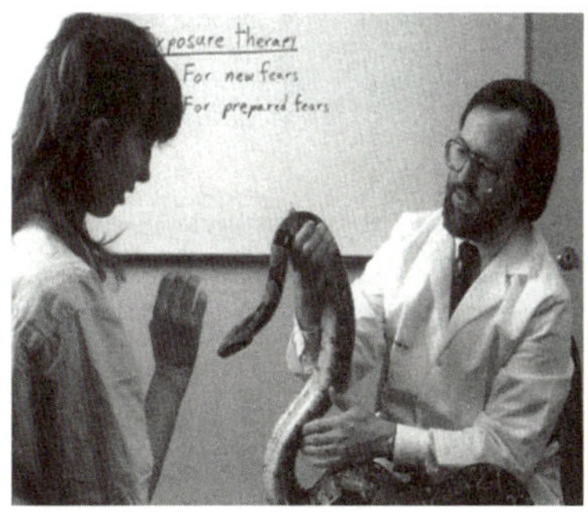

출처: 김희수(2022).

③ **토큰법**

토큰법은 스키너의 강화원리에 의한 조작적 조건형성을 적용한 것으로 행동주의 기법 중 가장 광범위하게 사용된다. 바람직한 행동을 보일 때 직접적으로 강화하지 않고 유아가 기대하는 여러 가지 물건과 교환가능한 토큰으로 보상한다. 토큰법은 상담전문가나 비전문가와 상관없이 폭넓게 사용할 수 있다. 하지만 수정된 행동을 이후에 어떻게 유지 시키느냐는 중요한 관건이 된다.

④ **인지적 재구조화**

유아가 부정적이고 자기 패배적인 사고 대신에 자기 진보적 사고를 갖도록 지도하는 체계적 행동수정 기법이다. 즉, 자신의 마음속에 부적 자아를 찾아내어 건설적이고 생산적인 모습으로 자기 진술하는 기법이다.

⑤ **타임아웃**

바람직하지 못한 행동을 했을 때 자극이 없는 장소에 잠시 격리함으로써 정적 강화의 기회를 박탈하여 그 행동의 빈도를 줄이거나 없애는 방법을 말한다. 주로 분노를 가라앉히거나 생각하는 시간을 갖게 하는 데 쓰인다.

⑥ **행동 계약**

행동 계약이란 상담자와 내담자가 함께 어떤 행동 목표를 정하고 내담자가 그런 행동을 실천하겠다고 서약하는 것을 말하며, 수행과정에서 이행 내용을 수시로 점검받을 수 있다.

⑦ 포만

포만은 바람직하지 못한 행동을 할 때 그 행동을 질릴 정도로 계속하게 만드는 것을 말한다. 예컨대, 밥을 잘 먹지 않고 사탕만 먹는 유아에게 사탕이 질릴 정도로 사탕만 주는 행동을 말한다.

⑧ 혐오자극과 역조건화

혐오자극은 혐오적 자극을 통해 바람직하지 못한 행동을 소거시키는 기법이고, 역조건화는 혐오자극에 대한 반대급부로 좋은 자극과 연합시키는 기법을 말한다.

혐오자극 장면

역조건화 장면

(3) 인본주의적 상담

인본주의적 상담은 인간 개개인의 독특성에 무게 중심을 둔다. 그래서 로저스(Rogers)와 알포트(Allport)는 인간의 존재와 성장에 관심을 가졌다. 로저스는 인간이란 계속적으로 성장하는 역동적 존재로 간주하였으며, 각기 독특하게 성장하는 과정을 가지는 특수 개체라고 강조하였다.

인본주의 학자들의 입장에서 인간이란 본래 선하고 개인의 견해와 태도에 따라 환경의 영향을 선별적으로 받아들인다는 점을 전제로 하였다. 이에 인

로저스(Carl Ransom Rogers, 1902~1987)

간에게 인본주의적 관점의 창의성과 자기 발전의 환경을 조성해 주면 자기 스스로 선하게 능동적으로 성장해 나갈 수 있다는 것이다. 그러므로 인간은 심리적 부적응 요인들을 자각하는 능력과 부적응 상태에서 벗어나 심리적 적응의 상태로 지향하는 능력과 경향성을 가진다고 전제한다. 이러한 능력과 경향성은 상담관계에서 길러진다고 본다. 상담은 내담자로 하여금 자기 자신에 대한 통찰과 자기이해를 발달시키도록 돕는 과정이다. 위협이 없고 허용적인 분위기에서 이루어지는 의사소통 및 인간관계의 경험을 통해 자아의 발견과 수용을 이룩하는 상담이 바로 인본주의적 상담이다.

인본주의적 상담은 자기실현 경향성의 좌절, 조건적 가치와 실현 경향성의 충돌, 자기 개념과 경험의 불일치로부터 심리적 증상이 형성된다. 심리적 증상의 형성과정을 제시하면 그림 9.2와 같다.

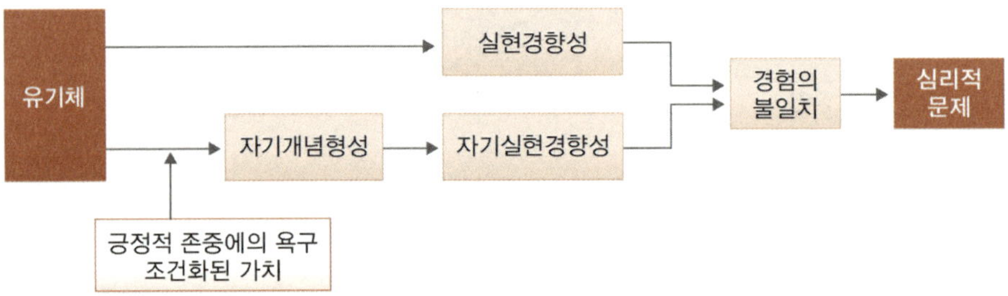

그림 9.2 심리적 증상의 형성과정

인본주의적 상담은 상담자와 내담자 사이에 이루어지는 만남의 인간관계와 내담자의 개인적 세계를 선악의 판단 없이 있는 그대로 이해하고 수용하는 것이 중요하다. 이에 상담자의 온화하고 관심 있는 태도의 의사소통을 가장 중시한다. 또 비지시적 상담을 중시한다. 상담자의 말과 행동 자체보다는 인간관계 경험을 더 강조한 셈이다. 인본주의적 접근 상담에서 지켜야 할 3가지의 필수 조건을 제시하면 다음과 같다.

① 진실성

상담자의 태도를 진실성 혹은 일치성에 의미를 둔다. 진실성이란 상담 시 상담자와 유아 간의 관계가 진지하고 진실하게 일치를 보이는 것을 말하며, 자유로운 분위기 속에서 두 당사자가 거짓 없이 의사소통될 때 유아는 자아개념과 일치하는 상태로 모든 것을 설명할 수 있게 된다.

② 정확한 공감적 이해

상담 과정에서 유아는 의사소통 혹은 상호작용하는 동안 경험과 감정에 대하여 민감하므로, 상담자가 유아를 정확하게 이해하는 노력과 능력을 갖추어야 한다. 상담자가 인내심을 가지고 유아의 정확한 감정을 파악하려는 주의력으로 유아의 말에 경청하는 공감적 이해가 문제해결의 핵심이 된다.

③ 무조건 긍정적 존중

상담 관계에서 상담자가 유아를 차별, 비교, 편견, 평가, 비판 등의 관점으로 보지 않고, 유아의 모든 면을 있는 그대로를 받아들이며 소중히 여기며 존중하는 상담자의 태도를 말한다.

(4) 합리적-정서적 행동치료

합리적-정서적 행동치료(REBT: Rational-Emotive Behavior Therapy)는 잘못된 사고와 신념 체계가 개인 문제의 근원이라고 보며, 이에 적합한 상담 및 심리치료기법을 의미한다. 이 치료 방법은 임상심리학자인 엘리스(Ellis)에 의해서

엘리스(Albert Ellis, 1913~2007)

제안되고 널리 보급된 기법이며 매우 적극적 · 지시적 · 교육적이다. 또한 인지적 · 정의적 · 행동적 접근을 종합한 감정을 갖게 한다. 이 접근기법의 기본 철학은 인간의 심리적 고통을 대부분 잘못된 사고와 신념 체계에 의한 부정적 정서 반응으로 보고, 사고와 신념 체계를 합리적으로 개선함으로써 부정적인 정서인 적개심, 분노, 열등감, 죄책감, 불안 등을 제거하거나 감소시키는 상담 및 심리치료기법이다.

그러므로 본 상담에서는 사고 · 판단 · 분석 · 행위 · 재결정은 인간의 인지적 · 행동적 측면을 강조하며, 치료기법은 전반적으로 교훈적이고 재교육의 과정처럼 보인다. 즉, 내담자들의 사고 형태를 교정하고 비합리적인 사고를 합리적인 사고로 대치시킴으로써 정신 건강을 유지하도록 돕는다.

이 접근기법의 치료 목표는 내담자의 자기 패배적 인생관을 제거하고, 통상적이고 합리적인 인생관을 획득하도록 돕는다. 그리하여 내담자가 인지적 · 정의적 · 행동적 조화된 삶을 영위하도록 하는 데 있다. 인간이 불행함을 느끼거나 신경증 발생, 그리고 심리적으로 병들게 되는 것은 비합리적인 신념 때문이라고 주장한다. 이 같은 비합리적 신념은 다음과 같은 인지적 사고에서 기인한다.

- 인간은 모든 중요한 사람으로부터 사랑받고 인정받아야 한다.
- 인간은 스스로 가치 있다고 생각하려면 모든 영역에서 빈틈없이 유능하고 성공을 거두어야 한다.
- 나쁘고 사악한 사람은 반드시 벌을 받아야 한다.
- 원하던 일이 실패로 돌아가면 매우 끔찍하고 슬픈 일이다.

- 인간의 불행은 외적 조건에 의한 것이고 사람은 자신의 불행을 극복할 능력이 전혀 없다.
- 위험한 일이 일어날지도 모를 때에는 관심을 갖고 실제 일어날 것에 철저히 대비해야 한다.
- 삶의 어려움이나 책임질 일은 직면보다 회피하는 것이 훨씬 쉽다.
- 인간은 타인을 의지해야 하며 자신이 의지할 수 있는 강력한 사람이 필요하다고 믿는다.
- 인간은 문제가 있을 때 완전한 해결책을 찾아 해결하지 못하면 너무 슬픈 일이다.
- 인간은 과거 영향에 의해 현재 행동의 결과를 초래하고 그것은 계속될 것이라는 믿음이 있다.

이처럼 엘리스는 비합리적인 신념들이 부모에게서 배우고 사회에서 강화된 것으로 보았다. 또 인간이 이러한 현상에 계속 노출되게 되면 정서적 장애를 일으킨다고 본다. 특히, 유아기에 중요 타인으로부터 신념이 학습되거나 유아 스스로 비합리적인 신념이 근거 없는 믿음을 만드는 결정적 계기가 된다. 문제행동의 발생과정을 제시하면 그림 9.3과 같다.

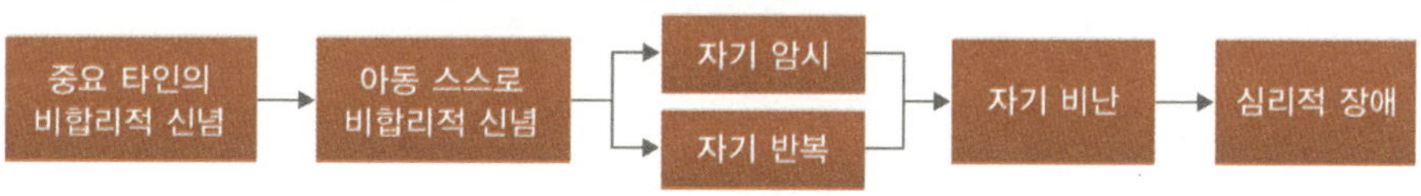

그림 9.3 문제행동의 발생과정

결과적으로, 상담자는 유아에게 자기 왜곡된 지각과 비합리적 사고에 의해 심리적인 문제가 발생하게 된 것을 바로잡아주고 현실적이고 융통성 있는 사고로 재조직하도록 교육하는 것이다.

합리적-정서적 행동치료의 상담체계를 도식화하여 제시하면 그림 9.4와 같다.

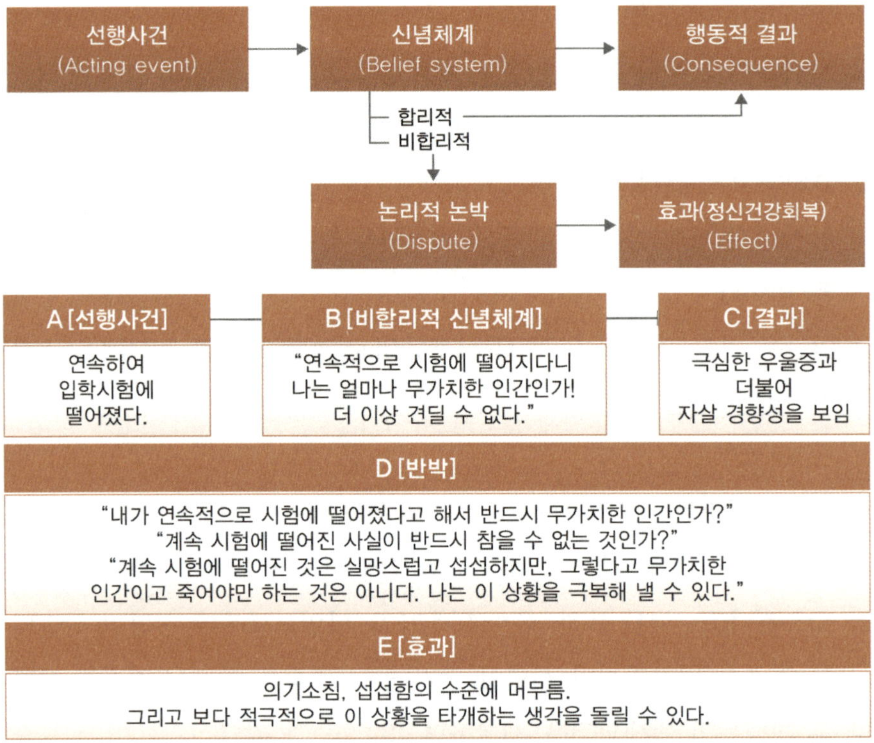

출처 : 김희수(2022).

그림 9.4 합리적-정서적 행동치료의 상담체계

개념 보충 클릭 합리적-정서적 행동치료의 주요 상담기법

- **인지적 기법:** 비합리적 신념 논박하기, 인지적 과제 부여하기, 언어를 변화하기 등
- **정서적 기법:** 합리적 정서를 상상하기, 유머의 활용, 역할연기, 수치심 제거하기 등

(5) 현실치료적 상담

글라써(William Glasser, 1925~2013)

현실치료적 상담은 글라써(Glasser)가 처음 제안하였으며, 그는 정신과 의사로서 정신질환에 대한 당시 개념을 비판하면서 정신병과 신경증 같은 증상을 보이는 환자의 행동을 파악하고자 하였다. 현실치료의 목표는 자신에 대한 무책임한 사람으로 하여금 책임감을 갖도록 도와주는 데 상담목표를 두고 있다.

치료와 상담 목표는 내담자로 하여금 현실적이고 책임있는 행동을 학습하여 성공적 정체감을 발달시키도록 하는 데 있다. 또한 행동에 대한 가치판단을 하도록 돕고, 동시에 변화를 위한 행동계획을 결정하도록 하는 것이다. 이 상담에서 상담자 혹은 내담자의 주요 과제는 내담자의 현재 행동을 평가하고 현실의 문제를 분석한다. 결과적으로, 내담자가 기대하는 특정의 변화가 설정되면 계획이 수립되고 실천되며 결과가 평가된다.

현실치료적 상담은 기본적으로 적극적 · 지시적 · 교육적 기법의 하나로 볼 수 있다. 많이 사용되는 기법으로 흔히 약속이나 행동 계약이 사용된다. 하지만 의학적 진단이나 평가는 사용되지 않는다. 주로 상담자 자신이 해석하고 가치판단을 한다. 글라써에 의하면. 내담자들은 자신의 주위를 둘러싸고 있는 현실을 부정하는 공통적인 특징이 있으므로, 내담자의 현실 세계의 요구에 대해서 성공적으로 대처하도록 도움을 제공해야 한다고 주장한다. 현실치료에서 상담자는 내담자로 하여금 현실 세계를 수용하도록 도와야 하고 그의 욕구들을 충족시켜야 한다고 본다. 이렇게 될 때 상담자는 장차 현실 세계의 존재를 부정하지 않게 된다. 현실치료적 상담의 치료 논리는 그림 9.5와 같다.

그림 9.5 현실치료적 상담의 치료 논리

이 접근기법은 교사들의 생활지도 및 상담, 심리치료에 널리 사용되고 있다. 현실치료 상담의 기본과정과 특징을 제시하면 다음과 같다.

- **현실치료적 상담에서는 정신장애나 신경증을 독특한 병으로 인정하지 않고 무책임의 결과로 본다.** 그러므로 심리검사 등의 진단은 배제하고 있으며 정신 건강은 책임감 있는 행동으로 간주한다.
- **현실치료적 상담에서 상담자는 감정보다 태도를 태도보다는 행동을 중시한다.** 현재의 행동이 현실적으로 목표 달성에 적합한가를 지각하게 하여 행동 변화에 따른 태도 변화를 강조한다.
- **현실치료는 과거에 초점을 두지 않고 현재에 역점을 둔다.** 과거는 고칠 수 없지만 현재와 미래는 변화 가능하다고 본다.
- **현실치료적 상담은 가치관을 강조한다.** 그러므로 유아가 자기 행동을 판단할 수 있고 가치관에 따라 새로운 선택할 수 있도록 돕는다.
- **현실치료적 상담은 상담 관계에서 서로 인격적이고 진지한 관계를 구축함으로써 현재의 욕구를 성취시키는 데 조력자가 될 수 있다.**
- **현실치료적 상담은 의식적인 면을 강조하여 성공적인 정체감을 위해 어떤 행동을 할 것인가를 일깨우는 적극적이고도 지시적인 교육 방법이다.**
- **현실치료적 상담은 체벌, 질책 등을 배제하고 행동 결과가 어떻게 되는가**

를 스스로 알게 한다.

- 현실치료적 상담은 책임감을 강조하며 책임감은 욕구를 충족시키는 방법임을 알게 한다. 유아의 기본욕구, 정체감, 책임감, 욕구 충족, 행동, 태도, 정서, 관여, 성장력, 대안, 학습 등을 중요하게 다룬다.

다음으로, 현실치료적 상담의 상담과정을 도식화하여 제시하면 그림 9.6과 같다.

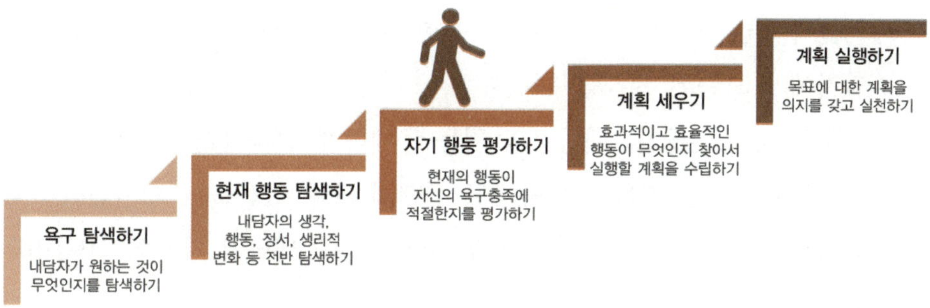

그림 9.6 현실치료적 상담과정

〈단계별 상담과정〉

(1단계) **욕구 탐색하기**: 내담자가 원하는 것이 무엇인지를 인식하도록 돕는다.

(2단계) **현재 행동 탐색하기**: 자신의 욕구와 원하는 것을 충족하기 위하여 현재 하고 있는 전체 행위인 '행동, 사고, 느낌, 생리적 반응'을 탐색하게 한다.

(3단계) **자기 행동 평가하기**: 내담자의 현재 행동이 자신의 원하는 욕구를 충족시키는 데 효과적인지를 평가하게 한다.

(4단계) **계획 세우기**: 욕구 충족과 관련하여 내담자의 현재 행동 중에서 비

효과적이고 부정적인 것들을 찾아 효과적이고 긍정적인 것으로 고치기 위해 계획을 수립한다.

(5단계) **계획 실행하기**: 목표에 대하여 실천 의지를 통해 적극 실천한다.

마지막으로, 현실치료적 상담의 주요 기법을 제시하면 다음과 같다.

- **질문**: 내담자의 욕구와 원하는 것이 무엇인지, 내담자의 욕구 반응적 행동이 어떠한지, 행동의 효과가 적절한지 등을 평가하고 탐색한다.
- **역설적 기법**: 내담자가 실행하지 못한 계획에 대하여 논박하기 위해 내담자에게 모순된 지시를 내린다.
- **긍정적 행동 이끌기**: 내담자의 행동을 새롭게 변화시킬 목적으로 내담자 주위의 모든 것들은 내담자의 선택에 달려 있음을 주지시킨다.
- **동사와 현재형으로 표현하기**: 느낌이나 감정도 내담자 자신의 선택이라는 것을 깨닫게 해준다.

학습정리

1. 생활지도는 유아들이 전 생애에 걸쳐 유용한 기술을 발달시키도록 돕는 과정이고, 유아의 성장 발달과 사회적 요구에 기초한 가르침이며 자기 이해를 돕는 과정이다.

2. 생활지도의 필요성은 사회적 차원과 개인적, 발달적 차원으로 구분한다.

3. 유아 생활지도의 목표는 긍정적 자아감을 형성하고 성장하도록 도와주며, 자기 통제력을 갖게 하며, 도덕적 자율성을 갖도록 돕는다.

4. 유아 생활지도의 영역과 지도 활동은 기본생활습관, 집단생활, 문제행동(사회적 문제, 정서적 문제, 인지 및 언어 문제)으로 구분하고 있다.

5. 유아 상담의 목표는
   1) 상담자는 유아의 세계와 만나야 한다.
   2) 유아와 상담자의 관계는 둘만의 독점적 관계여야 한다.
   3) 유아와 상담자의 관계는 안전해야 한다.
   4) 유아와 상담자의 관계는 진실해야 한다.
   5) 유아와 상담자의 관계는 비밀스러워야 한다.
   6) 유아와 상담자의 관계는 침입적이어서는 안 된다.
   7) 유아와 상담자의 관계는 목적을 가져야 한다.

6. 유아 상담의 매체 유형에는 개방적이고 확장적인 매체(핑거페인트나 점토 등), 기능적이고 조작적인 매체(블록놀이 유형), 친숙하고 안정적인 매체(상징적 가상놀이), 교육적인 매체(지필 매체, 워크시트 등)가 있다.

7. 상담의 이론적 접근으로 프로이트의 정신분석적 상담, 행동주의자들의 행동주의적 상담, 로저스의 인본주의 상담, 엘리스의 합리적-정서적 행동치료, 글라써의 현실치료적 상담이 있다.

생각의 나무

1. 유아 생활지도의 일반적 원리, 상담 영역 및 활동을 설명해 봅시다.
2. 유아 상담이론에 근거하여 '책임감이 없는 유아에게 책임감을 길러 주기 위한 상담이론과 상담기법'은 무엇일지를 제시해 봅시다.

Chapter 10

유아교사의 교직 입문하기

학습개요

교직이란 교육활동을 수행하는 직업으로 교직만이 가지고 있는 특징이 있다. 특히, 교사란 지식이나 기능만을 가르치는 것이 아닌 유아들로 하여금 전인적 인간으로 성장 발달하도록 돕는 역할을 해야 한다. 이런 의미에서 초임교사의 마음가짐이나 유아와의 관계 설정을 어떻게 하느냐가 매우 중요하다. 이 장에서는 초임교사의 교직에 대한 입문, 초임교사가 가져야 할 마음가짐 등을 살펴보고자 한다. 이 장을 마치고 나면, 초임교사가 갖는 부담감을 떨치고, 교사로서 무엇을 어떻게 준비해야 할지를 이해하게 될 것이다.

학습목표

1. 초임교사가 교직 입문 단계에서 가져야 할 태도를 설명할 수 있다.
2. 초임교사의 고민거리가 무엇일지를 파악할 수 있다.
3. 초임교사가 유아와의 공동체적 삶이 무엇일지를 파악할 수 있다.

1. 유아교사로서의 교직 입문

유아교사라는 직업은 보람되고 가치 있는 전문직이지만 그만큼 노력과 책임이 수반되는 결코 쉬운 길만은 아니다. 특히, 교직 생활을 처음 시작하는 초임교사에게는 더욱 그러하다.

모든 조직 사회에 새롭게 입문하는 사람은 새로운 위치에서 요구되는 행동을 학습해야 하고 특히, 조직 사회의 위계적 구조에도 익숙해져야 하는 중요한 단계에 있다. 초임교사들도 오랜 학교생활을 거쳤지만, 학생이 아닌 교사로서의 입문과정을 희망과 기대는 물론 두려움과 걱정 또한 맞게 된다. 초임교사들은 오랜 기간의 학교생활 경험과 교생 실습 경험 때문에 다른 직장에 입문하는 것에 비해 교직에 적응하는 것이 훨씬 수월하게 보일 수 있다. 하지만 학생의 신분에서 교사의 신분으로 전환된다고 함은 교육받는 편에서 교육하는 편으로, 질문받는 쪽에서 질문해야 하는 쪽으로 역할이 바뀌는 것이다. 그러므로 학생 신분에서 이루어진 무의식적 관찰만을 가지고 교사의 역할을 수행한다는 것은 어려움이 뒤따를 수밖에 없다(염지숙 외, 2008).

기관의 장이나 동료교사 또는 부모와 학생들은 초임교사가 부임 첫날부터 오랜 경험을 갖는 교사가 하는 것과 동일하게 행할 것을 기대한다. 그들은 초임교사가 직전 교육을 통해 교사가 되기 위한 기초를 형성했으므로, 외부로부터 아무런 도움 없이도 학급에서 교사로서의 역할수행을 잘하리라고 생각한다. 물론, 초임교사는 직전 교육을 통해 교수활동에 관한 여러 가지 내용을 학습하지만 이러한 것은 교사가 되기 위한 필수 조건에 불과한 것이다.

초임교사는 가르친다는 것이 얼마나 불확실하며 복잡한 환경에서 일어나는 것인지, 얼마나 가치 지향적이고 독특한 활동인지, 직전 교육을 통해 학습한 내용을 언제, 어떻게 활용할 것인지, 교실에서 일어나는 수많은 문제와 요구 중에서 어느 것에 우선순위를 두며 또한 이러한 것들을 어떻게 균형 있게 이루어 나가야 할 것인지를 알아야만 한다.

이러한 맥락에서 초기의 교직 경험은 특별한 의미를 갖는 시기라고 할 수 있다. 교직 초기 과정에서의 경험을 통해 교사로서의 정체성을 확립하며 교직이 지향하는 목표를 확인하고 이에 적응하게 된다. 교사들이 평소에 갖는 교육활동의 습성은 바로 입문 시기를 통해서 이루어진다고 할 수 있다. 결국, 입문 시기는 교사가 되기 위해 배우는 학생으로부터 교사가 되는 과도기적 시기로 직전 교육의 연장이며, 교직 전체에 걸친 전문성 발달이 시작되는 시기로 현직교육의 시작이라고 할 수 있다(이지영, 2000).

2. 초임교사의 고민

초임교사의 고민을 이 장에서 살펴보는 이유는 누구든 초임 시절을 다 겪었고 누구든 그 시절의 두려움을 경험했지만 그 두려움을 잘 극복하였다는 데 관심을 두고자 한다. 초임교사 시절에 실수하지 말자는 게 아닌 시행착오 자체도 좀 더 긍정적으로 바라보는 여유를 갖자는 데 의미를 부여하고 싶다. 초임교사의 두려움은 대부분 수업, 학급 운영, 학생 지도, 관계 형성, 다양한 역할의 수행 등 여러 가지 면에서 찾을 수 있다. 가능하면 시행착오를 하지 않기를 바라지만 시행착오를 하더라도 이를 바탕으로 보다 단단해지길 바라는 마음이다. 다만, 사전에 초임교사 시절에 직면하게 될 두려움에 대해 미리 한번 생각해 봄으로써 보다 준비된 교사로서의 밑그림을 그릴 기회를 갖길 바랄 뿐이다(염지숙 외, 2014).

1) 초임교사의 사고과정

초임교사는 교육 현장에 대한 통찰력을 가지고 있지 않아서 실제 교직을 경험하면서 부딪치는 여러 가지 문제를 원활히 처리해 나갈 수 없는 것으로 나타난다. 즉, 학생 지도, 교수활동, 자료 사용 등 교수 역할 실행과 관련된 문제뿐 아닌 조직풍토에 대한 적응, 부모와의 관계 형성, 다른 동료와의 관계 등에서 많은 스트레스를 받고 무력감을 느끼게 된다(박은혜 외, 2002).

가장 어려운 점의 하나는 초임교사의 사고 과정에서 찾을 수 있다. 숙련된 교사들은 의사결정을 할 때, 풍부한 경험을 바탕으로 한 도식을 갖고 있지만 초임교사들의 도식은 덜 정교화되고 수직적이다. 풍부한 도식을 갖는 숙련 교사들은 교수계획, 교수활동, 교수 이후 활동을 결정할 때, 상호관계성을 고려한다. 즉, 숙련 교사는 교수계획에서 유아의 경험, 반응에 따라 교수계획을 수정하고 유아들에게 맞는 교과, 자료, 방법을 계획한다. 하지만 초임교사는 이러한 통합적인 안목이 없으므로 전체 의사결정 과정에서 연계성이 부족하다. 초임교사는 교수계획에서 교육과정 목표만을 근거로 계획하고, 유아들에게 적절한 교수법을 알지 못한다. 교수활동에서는 계획에 의해서만 수업을 진행하여 유아의 흥미와 논의를 제한하고, 교육내용과 교수법에 대한 이해가 부족하다. 교수 이후에도 초임교사는 예상했던 목표와 기준에 따라서만 평가한다. 그리고 자신의 실천에 대해서 반성하나 초점이 잘 맞추어지지 않는다(박은혜 외, 2002).

2) 초기 대처의 미흡

초임교사들은 유아의 행동을 다루는 데 미숙하고 어려움을 갖는다. 유아들의 행동을 조정하기 위해서 경력 교사는 수업 진행 시 유아들의 행동적 단서를 인식하고, 유아들에게 동기를 유발하고 그들의 감정을 조절하는 실천 전략을 사용하여 여러 가지 문제들을 해결한다. 그러나 초임교사는 유아들의 위반 행동이 처음 발생하였을 때 대개 무시하고 행동이 더욱 과격해지면 유아를 비난하거나 또는 벌을 주는 등의 방법을 사용함으로써 유아들의 행동을 기본적으로 이해하지 못하며 적절한 예방과 조치를 취하지 못한다(서정림, 2006). 유아 행동 그 자체만 보는 것이 아니라 그 행동이 일어난 배경과 앞뒤 전후 상황을 파악하여 문제행동 발생의 원인을 조금 더 거시적인 안목에서 바라보지 못하기 때문이다.

3) 적절한 지원의 부재

대부분의 초임교사들은 임용 첫날부터 경력 교사들과 똑같은 역할수행을 요청받는다. 즉, 초임교사들은 교수, 학급 운영, 유아들의 동기유발, 부모와의 상호작용, 기타 행정업무 등 모든 업무에 대해 전체적인 책임을 지며 이 모든 업무를 도움 없이 스스로 해내도록 기대된다. 이런 과정에서 초임교사는 여러 가지 어려움에 직면하고 능력의 한계를 느끼면서 교사로서의 준비가 부족하다고 생각하게 되고 좌절감을 느낀다. 수업 지도와 유치원 업무를 처리하는 데 있어 동료교사 및 원장의 적절한 지원이 없는 경우, 혼자서 해결하다 보면 더 어려움을 느끼고 좌절하게 된다. 초임교사들이 겪는 고민을 제시하면 다음과 있다(염지숙 외, 2008).

- 초임교사들이 가지고 있는 비현실적인 낙관주의에 대한 도전이 있음을 발견하였다. 초임교사들은 직전 교육기관 동안에 교사로서의 가르치는 일에 대해 누구나 할 수 있고 그렇게 어려운 일이 아니라는 비현실적인 낙관주의를 발달시키다가, 직전 교육을 통해 배운 이론의 현장 적용에 어려움을 느끼며 유아지도와 통제의 어려움, 무한한 시간과 에너지를 요구하는 교직의 소모적인 특성, 유아의 개인차를 적절히 다루지 못하는 것에서 오는 교사로서의 자질과 능력에 대한 회의 등으로 직전 교육에서 형성된 이상과 신념을 무너뜨리게 된다고 한다.
- 초임교사들은 교사로서 교실 현장에서 실제적으로 사용하는 기술과 직전 교육을 통해 자신들이 학습한 이상 사이에는 커다란 차이가 있다는 것을 인식하기 시작하면서 당혹감을 느끼고, 수많은 시행착오를 거치면서 자신의 무력함을 탓하게 된다고 한다.
- 초임교사들은 가르치는 것에 대하여 자신감을 잃게 되고, 이러한 자신

감의 결여는 전문인으로서뿐만 아니라 개인으로서의 자신감도 상실하게 만든다.

강상이(2002)는 초임교사가 겪는 어려움을 자기이해, 지식과 기술, 생태적 측면으로 구분하여 조사하였다. 조사 결과, 자기이해 측면에서 초임교사들은 유아교사에 대한 낮은 사회적 인식으로 회의나 자격지심과 같은 어려움을 느꼈고 학급 운영 및 유아에 대한 책임이 전적으로 자신에게 있다는 것에 대해 심리적 부담감을 갖고 있었다. 지식과 기술 측면에서는 유아 발달에 대한 이해, 이론을 실제 수업에 접목시키기나, 제한적인 활동 아이디어, 학급 운영 및 교수 기술 측면에서 공통적으로 어려움을 느낀다고 하였다. 생태적인 측면에서는 과다한 업무로 인한 수업 준비 시간의 부족과 학부모와의 관계 형성에서 겪는 어려움, 인적 · 물적 지원의 부족이 초임교사들의 적응을 어렵게 하는 것으로 나타났다.

임진형(2000)은 유아 초임교사들은 업무와 영유아들의 활동 요인으로부터 가장 많은 직무 스트레스를 받았으며, 다음으로 행정적 지원, 경제적 안정, 대인관계, 개인 관련 요인의 순으로 스트레스를 받는다고 하였다. 그리고 유아 초임교사에 대한 사회적 지지와 자기효능감이 높을수록 직무 스트레스를 덜 받으며, 특히 사회적 지지가 높을 때 직무 스트레스를 덜 받는 것으로 나타나 사회적 지지가 초임교사에게 필요함을 알 수 있었다.

또 서정림(2006)은 초임교사들은 수업 준비에 비교적 많은 시간과 노력을 들였으나 이러한 노력에 비해 실제 수업의 진행은 자신의 계획이나 수업관대로 이루어지지 않음으로써 많은 어려움을 경험한다고 한다. 이 과정에서 초임교사들은 다양한 시행착오를 경험하고 수업에 대한 반성과 평가의 과정을 거치면서 나름대로 어려움의 원인을 찾고 이를 보완해 나간다고 한다. 그리고 이러한 과정을 통해 자신의 수업이 점차 향상되고 있음을 인식하였다.

이를 종합해 볼 때, 초임교사들은 수많은 시행착오를 경험하면서 교육에 대한 열의와 반성적 사고를 통하여 교사로서 정체성을 찾고 배워 나감을 알 수 있으며, 초임교사들이 갖는 초기의 열정과 헌신은 지속적인 교사로서의 삶에 밑거름이 되고 있다.

3. 초임교사의 태도

초임교사로서 가져야 할 태도는 일단 도전과 연구의 자세이다. 누구든 초임교사를 거친다. 초임교사 과정 없이 경력교사가 되는 경우는 없다. 이에 교사로서의 전체적인 삶에 있어서도 이 과정은 단 한 번밖에 없다는 긍정적인 태도로 받아들이면 될 것이다.

초임교사 과정에서 예견되는 문제에 대하여 심리적인 준비와 마음가짐을 통해 신임교사로서의 첫 출발을 훌륭하게 내디딜 수 있을 것이다. 서혜정 외(2005)는 예비교사가 교사로서 출발하기 전에 다음과 같은 부분을 마음에 새기고 준비한다면, 초임교사의 생활은 훨씬 활성화되고 교사로서 성장을 거듭할 것이라고 조언한다(염지숙 외, 2008).

- "도와드릴 일 있나요.", "오늘 할 업무가 무엇인가요?"라는 적극적인 자세를 갖는다. 유아교육기관에 들어와서 자료가 어디에 있는지, 무엇을 해야 할지 모르는 낯선 상황에서 선배교사가 친절하게 다가와 가르쳐 주지는 않는다. 무엇을 할지 모르면 선배교사에게 다가가서 물어보는 적극적인 태도를 취하고 우선해야 할 일과 나중에 해야 할 일을 구분하는 법부터 배우면서 일의 요령을 취득하는 것이 중요하다.
- "도서 자료실에는 무엇이 있을까?", "교재교구로는 무엇이 있을까?", "행사 기록 파일은 어디에 있지?" 하면서 유아교육기관을 구석구석 탐색한다. 새로 근무하게 된 기관을 빨리 파악하기 위해서는 뒤지고 다니면서 무엇이 어디에 있는지 일일이 알아가는 과정이 선행되어야 한다. 빨리 적응하기 위해서는 유아교육기관의 구조와 조직, 물품 등을 빨리 파악

해야 한다. 그래야 선배교사들에게 덜 물어보게 되고 독립적으로 알아서 일을 수행할 수가 있다.

- "난 할 수 있어.", "지금은 배우는 시기야."라고 위축되지 말고 즐기면서 배우는 태도를 갖는다. 학교에서 배운 이론은 멀게만 느껴지고 열심히 생각해서 한다고 하는데도 불구하고 교사의 계획대로 일이 진행되지 않는 것은 당연한 일이다. 첫해 교사로 근무하면서 실수하는 것은 자연스러운 성장의 한 부분이라고 받아들여야 한다. 그러나 같은 실수를 하지 않고 무엇이 잘못되었는지를 판단하여 성장할 수 있는 밑바탕을 마련하는 소중한 시간이라고 생각해야 한다. 위축된다는 것은 자신의 능력을 잘못 파악하고 있을 때, 또는 나의 커다란 목표를 무엇인지 잘 모를 때 갖는 심리적 작용이다. 좋은 교사가 되기 위해 계속해서 전문적 목표를 갖고 꾸준히 노력하는 고정 그 자체가 중요한 것이다. 이러한 과정 자체를 즐기는 것은 중요하다. 피할 수 없으면 즐기라는 말처럼 내가 하는 일에서 기쁨을 찾아보고 "실수를 했네.", "다음부터는 같은 실수는 하지 말아야지."라는 마음으로 수업료를 냈다는 생각으로 임하는 게 중요하다. 초임교사들이 초기의 어려움을 이겨내지 못하여 평생 보람을 가질 수 있는 직업에서 멀어지는 경우가 종종 있다. 초임교사 시절에 하게 되는 실수로 위축되지 말고 경험으로 받아들이고 어떤 부분을 보완해야 할지에 대해 미래지향적으로 생각해야 한다.
- '눈치'보다는 "선생님! 어떻게 하면 좋을까요?"라고 물어보고 확인하는 과정을 구하고 동료교사의 자문을 구해야 한다. 물어보지 않으면 알고 있는 줄 안다. 모르는 것을 모른다고 말해야 배울 기회가 주어진다. 물어보지 않는 사람들은 오히려 자신감이 없는 사람들인 경우가 많다. 이것도 모른다고 할까 봐 물어보지 않게 되면 일이 잘못될 확률이 더 높아지고, 결국은 '차라리 물어보고 확인할 것을'하는 생각이 든다. 유아교

육기관에서는 '초임교사를 지원해야 된다.'라는 인식이 부족하다. 그러므로 초임교사 스스로가 눈치껏 관찰하면서 배워야 하며 물어보는 과정이 요구된다. 초임교사에게 친절하게 안내해 주는 동료교사가 있거나 원장이 있다면 다행이지만 대부분은 초임교사가 스스로 적극적으로 배워야 한다.

- "우리 유치원은 너무 일이 많은 것 같아."라고 생각하기보다는 "우리 유치원은 배울 게 너무 많아."라고 생각하는 긍정적인 태도를 갖는다. 신임교사들이 같이 졸업한 동료들과 만나 이야기하면서 "내가 근무하는 기관은 일찍 퇴근해", "내가 근무하는 기관은 행사가 적어"하면서 나누는 말을 듣고서 남들이 편하다는 생각을 하며 부러워한다. 그러나 일 년간의 신임교사 경험은 평생 교사로서의 경험의 기초가 된다. 첫해에 제대로 배우는 것이 중요하고 다른 곳으로 갔을 때도 야무지게 배운 교사들을 선호한다. 따라서 행사가 많다고 불평하거나 수업할 때 들어와서 봐주는 원장님을 야속하게 생각하기보다는 나에게 좋은 배움의 기회로 생각하는 것이 중요하다.
- "땡 퇴근 시간이네."라고 칼같이 퇴근하기보다는 남아서 내일의 수업과 내가 할 일을 계획하고 오늘 있었던 일을 정리하는 시간을 갖는다. 초임교사의 특징은 경력교사가 10분 만에 해야 할 일을 한 시간 넘게 해야 한다는 것이다. 일이 익숙지 않고 요령이 없으므로 늦게 하는 것이다. 경력교사들이 일을 빨리 처리하고 정해진 시간에 퇴근할 수 있는 것에 비해 초임교사들은 시간이 항상 모자라게 되어있다. 그러므로 일거리를 들고 집에 가서 한다거나 원에 남아서 일을 더 해야만 그다음 날의 수업 준비가 제대로 이루어질 수 있다. 그러므로 항상 시간이 되었으니깐 퇴근한다가 아닌 내가 오늘 할 일을 다했는지 그리고 내일의 준비가 원활히 되었는지를 생각하고 일하는 자세를 가져야 한다. 시간

이 지나면 점점 빨라지게 되므로 처음부터 일하는 속도가 느리다고 낙담할 필요는 없다.

- "오늘 계획한 수업을 다했나."보다는 유아들의 반응을 살펴보는 것이 중요하다. 초임교사의 특징은 계획한 대로 다한다는 것이다. 유아들의 반응과 유아 교육기관의 상황에 맞추어 융통성 있게 움직이지 못하고 계획한 것을 그대로 실행한다는 점이다. 이것은 유아들의 반응에 민감하지 못하고 유아들의 요구를 읽을 줄 모른다는 것이다. 심리적인 여유가 없어서 앞뒤를 보지 못하기 때문에 발생하는 현상이다. 그러므로 내가 초임교사는 유아들의 반응을 잘 관찰하는 것이 필요하다. 유아들의 눈빛 언어, 행동 언어를 이해해야 한다. 그렇다고 계획을 세우지 말라는 것은 아니다. 초임교사들이 세우는 계획은 경험이 부족하므로 적정하게 세우는 일 자체가 어렵다. 내용이 어려울 수도 있고 시간이 더 많이 걸릴 수도 있고 유아들의 흥미가 떨어질 수도 있는 것이다. 실행하면서 교사의 반성적 사고를 통해 그다음 계획을 수정하거나 좀 더 일찍 끝낼 수 있는 융통성이 필요한데, 이것은 유아들의 반응을 살피는 것에서부터 시작되어야 한다는 점이다.
- "입학금을 나누어서 내면 안 될까요"라고 물어보는 학부모들에게 즉답을 피하고 다시 연락드리겠다고 말한 뒤, 시간을 갖고 적절하게 반응한다. 일반적으로 초임교사들은 학부모를 상대하는 데 어려움을 많이 느낀다. 학부모가 물어보는 내용을 잘 모르기도 하고 어떻게 대답해야 할지도 모르는 경우가 많다. 이런 경우에는 그 자리에서 대답을 바로 하지 않고 알아보고 연락을 드리겠다는 대답을 항상 준비해야 한다. 학부모가 물어본 내용을 동료교사나 원장과 의논하여 어떻게 대답할지를 궁리한 뒤에 학부모에게 답변을 주어도 늦지 않다. 급한 마음에 대답을 하고 번복을 하는 것이 오히려 교사에 대한 신뢰를 저버리는 경우가 된

다. 다른 선배교사들에게 물어보거나 원장과 상의하여 어떻게 대답해야 할지를 물어보고 대답하는 자세가 필요하다.

- "민수야, 네가 먼저 사과해"라고 말하기보다는 왜 그런 행동을 했을까에 대해 생각해 보도록 한다. 유아들의 문제행동 지도에 왕도는 없다. 유독 내가 맡고 있는 반에 말썽꾸러기들이 많다고 느낀다면 그것은 나의 잘못도 아니고 아이들을 미워할 것도 아니다. 말 잘 듣는 아이들만 있기를 기대하는 것 자체가 현실감이 없는 것이다. 어느 반에나 다루기 힘든 유아는 있으며 다루기 힘든 유아와 함께 서로 맞추어 가는 과정이 중요한 것이다. 또한 어떤 문제가 일어나기 이전에 예방하고 사전 지도라는 것이 중요하지만 100% 모두 그렇게 할 수는 없다. 초임교사는 문제가 일어날 상황을 내다보지 못하기 때문이다. 그러므로 초임교사는 문제를 미리 예측하고 방지하기보다는 문제가 발생한 뒤에 적절하게 처리하는 것이 더욱 중요하다. 또 자책하기보다는 어떻게 처리하는 것이 지금의 최선인가를 찾아보는 게 더 발전적인 교사가 되는 길이다.
- "도대체 모의 수업할 때는 이게 될 것 같았는데, 왜 지금은 아이들이 못 알아들을까?"라고 의문을 갖는 것은 중요하다. 하지만 학교에서 배운 이론이 쓸모없는 것도 아니며 틀린 것도 아니다. 이론은 추상적이며 일반화된 내용들로서 현장에서 경험하는 구체적, 실제적 현상들과 접목시키는 것이 중요하다. 아무도 직전 교육으로 아이들의 발달에 대해서 배워도 어느 특정 연령을 꼭 집어서 배우지 않는다. 그러므로 초임교사가 3세 반을 맡게 되었을 경우, 유아의 발달에 대해 막연히 5세를 기준으로 두고 3세 유아들을 다루는 경우가 있다. 5~6세의 발달과 3세의 발달은 차이가 크다. 그러므로 3세에 대한 공부를 따로 하고 관찰하고 계속적으로 담당한 반의 유아 특성에 대해서 이해하는 과정을 거쳐야 한다. 유아들의 발달적인 과정에 대한 이해를 높이는 것이 교사로서 수업을

준비하고 유아들의 행동을 지도하는 데 도움이 된다.

- 마지막으로, 교사에게 가장 중요한 것은 수업능력이다. 유아들을 가르치는 일은 교사 고유의 권한이며 유아들을 잘 가르치는 교사를 좋아한다. 잘 가르치기 위해서는 맡고 있는 반 유아들의 발달을 이해해야 한다. 그에 따라 어떤 교육 방법이나 매체가 결정되기 때문이다. 그러므로 초임교사가 아무리 시간이 없어도 사전에 수업을 계획하고 수업 자료를 준비해야 하며, 수업 시 상호작용 과정을 성찰하고 분석하는 과정을 걸쳐야 좋은 수업을 진행할 수 있음을 인식해야 한다. 교사의 최고 권리와 책임은 수업을 위한 노력임을 잊지 말아야 한다.

4. 성공적인 초임교사 되기

위에서 언급한 기본적인 태도를 바탕으로 초임교사가 첫해에 잘 지탱하고 성공적인 교사로서 힘찬 발걸음을 내딛기 위해서는 선배교사들의 조언이 필요하다. 성공적인 초임교사를 위한 선배교사의 조언을 소개하면 다음과 같다 (염지숙 외, 2014).

1) '나' 자신과 '유아'와의 관계

초임교사로서 '나' 자신과 '유아'와의 관계, '부모'와의 관계, '원내' 인간관계에 대하여 선배교사들의 조언을 제시하면 표 10.1과 같다.

표 10.1 **나 자신과 유아와의 관계**

구분	선배교사의 조언
[나] 자신	• 우리는 '교사'임을 잊지 말자 • 공(公)과 사(私)를 구분하자. • 교사다운 복장을 하자. • 유아들은 교사의 걷는 모습까지 닮는다는 것을 명심하자. • 나의 발전을 위해 시간을 할애하자. • 메모를 습관화하자. • 엉덩이가 가벼워야 한다.

[유아] 와의 관계	• 유아들과 스킨십을 많이 하자. • 유아를 혼낼 때는 공개적으로 하지 말자. 눈빛으로, 조용히 따로 불러 이야기 나누자. • 유아들은 재미있는 선생님을 좋아한다. 유머를 사용하자. • 유아와 부모를 진심으로 대하자. • 유아들의 이야기에 귀를 기울이자. • 유아에 대한 선입견을 버리자. • 유아의 감정 상태에 관심을 갖고 인정해주자. • 유아들을 늘 관찰하자. • 조용하고 눈에 띄지 않는 아이일수록 관심을 더욱 많이 갖자. • 편애하지 말자. • 교사도 감정의 동물. 하지만 일단, 크게 숨을 쉰 뒤 이야기하자. • 유아에게 칭찬을 아끼지 말자. • 유아들이 있는 곳에서 멀어지지 말자.
[학부모] 와의 관계	• 학부모님들을 친절하게 대하고 예의를 지키자. • 학부모님의 입장에서 생각해 보자. • 학부모님과 아이의 교육과 양육에 대해 함께 고민하자. • 유아에 대해서 부모님과 자주 의견을 교환하자. • 학부모님과 사적인 관계를 맺지 말자. • 결석했을 때는 반드시 안부 전화를 하자. • 학부모가 조금이라도 다쳤을 때는 학부모님에게 상세히 상황을 전하자.
[원내] 인간관계	• 교사들과 웃는 얼굴로 인사를 나누며 하루를 시작하자. • 경력 교사들의 행동, 태도 등을 비판적으로 수용하자. • 제3자의 험담을 통해 인간관계를 유지하지 말자. • 내 것만 챙기기보다는 다른 사람의 것을 먼저 챙겨보자. • 동료 교사에게 사소한 것에도 감사의 마음을 전하자. • 유아 또는 학부모와 문제 상황이 생기면 원장, 원감과 문제해결 방안을 함께 모색하자. • 경력자의 지도와 안내를 긍정적으로 받아들이자. • 건설적인 방향으로 의견을 교환하자. • 기분이 얼굴에 너무 솔직히 드러나지 않도록 하자. • 곰보다는 여우가 낫다. • 같은 대학교 출신과 특별한 관계가 있는 것을 드러내지 않는다. • 다른 교사의 수업 내용이나 기술에 대해 칭찬을 아끼지 않는다. • 스스로 열심히 하는 모습을 보이며 조언을 구한다. • 어느 자리에서나 원장님을 최우선으로 대우해 드린다. • 원장님을 부모의 친구분 대하듯 친근하게 대하자. • 비용이 많이 드는 자료나 교구 보수 문제에 대해서는 원장님께 직접 상의하기보다 원감이나 수석교사와 상의하자.

2) 수업 준비 및 참여

- 원에 있는 자료를 충분히 살펴보고 시간 날 때마다 서점에서 새로운 자료를 검토하자.
- 학부 때 배운 이론적 지식을 검토해보자.
- 다른 교사들의 수업 기술을 배우려고 노력하자.
- 자신의 수업을 계속적으로 모니터링을 해보자.
- 영유아들에게 많은 것을 알려주기보다는 함께 알아가는 자세를 갖자.
- 누구에게 보이기 위한 환경구성보다는 아이들을 먼저 고려하자.
- 항상 목표를 가지고 하루를 시작하자.
- 많은 정보를 얻고 비판적으로 받아들여서 내 것으로 만들자.

- 수업진행을 원활히 해야 할 의무
- 유아의 바람직한 행동변화를 위한 지도자
- 학급 전체를 잘 운영하는 통제자
- 교육결과를 평가하는 평가자

자의든 타의든, 크든 작든
유치원에서는
권위의 소유자

교사의 권위가 유아지도에 부정적 측면으로 해석되지 않도록 유의해야 한다.

5. 유아와 함께하는 초임교사

초임교사로서 성공적이고 보람 있는 일 중 하나가 유아들과 좋은 관계를 맺는 것이다. 유아를 가르치는 일, 지도하는 일, 상담하는 일 등 현장에서 일어나는 일상의 하나하나가 해당된다. 그런데 처음에는 누구나 이런 일들이 익숙하지 않아 낯설고 힘들다. 선배교사들도 그랬을 것이고, 앞 세대 교사들도 그랬을 것이다. 누구나 거치는 과정이다. 그럴 때마다 좀 더 가까이 있는 것에게 다가가 보자. 예컨대, 지금껏 내가 만났던 선생님들을 생각해 보자! 선생님이 미치는 영향력은 멀리서 찾을 것 없이 나의 은사님들을 떠올려 보면 된다. 잘 가르쳤던 선생님, 따스하게 배려해 주셨던 선생님들 속에서 나는 과연 어떤 선생님이 될 것인지 생각해 보자. 성인에 대한 의존도가 특히 높은 유아기, 선생님을 통해서 세상을 바라보는 유아들의 거울이 될 선생님이 되는 이 순간에 나는 무엇을 준비하고 어떤 자세를 가져야 할지 한번 상상의 나래를 펼쳐보자. 유아의 삶 속으로 들어가 보자.

유아와 함께하는 초임교사가 되기 위한 몇 가지 제언을 하면 다음과 같다(김희수, 2011).

- 어려움에 직면할 때마다 '할 수 있다'는 자신감을 갖자.
- 선배교사들에게 도움을 요청하고 문제의 실마리를 찾자.
- 선배교사들도 초임교사 시절 시련은 있었으므로, 이 과정에서 발생하는

시련은 자신을 더 단단하게 만들어 주기 위한 시험 무대라고 생각하자.

- 어느 직업이든 고통이 있음을 주지하고 반드시 극복하겠다는 강한 의지를 갖자.
- 어려움에 직면해도 밝은 모습, 편안한 마음을 잃지 않도록 여유로워지자.
- 조금 일찍 출근하여 오늘 해야 할 일을 미리 스케치해보자.
- 퇴근한 뒤에는 오늘 할 일을 꼭 스크린 해보고 문제 되었던 내용을 메모해 두자.

학습정리

1. 초임교사의 교직 입문에 있어서 교직의 중요성, 역할수행, 초기 대처 방안, 시행착오 감소방안 등이 제시되어 있다.

2. 성공적인 초임교사가 되기 위한 교사 자신과 유아와의 관계, 수업 준비 및 참여, 유아와의 공동체적 삶의 의미에 대하여 설명하고 있다.

생각의 나무

1. 초임교사가 교직 입문단계에서 가져야 할 태도가 무엇일지를 생각해 봅시다.
2. 초임교사의 고민거리가 무엇일지를 생각해 봅시다.
3. 초임교사로서 유아와의 공동체적 삶을 위해 관심을 기울여야 할 일들을 생각해 봅시다.

참고문헌

강상이 (2000). 교사발달 측면에서 본 유치원 초임교사의 어려움에 관한 연구. 한국교원대학교 교육대학원 석사학위 청구논문.

고미경 (2007). **전문성 향상을 위한 유아교사론**. 경기: 양서원.

곽영우 (1998). **교사론**. 서울: 교육과학사.

권건일, 신재흡 (2006). **유아교사론**. 경기: 양서원.

권성호 (2002). **하드웨어는 부드럽게 소프트웨어는 단단하게**. 서울: 양서원

교육부 (2018). 2018 교원자격 실무편람.

김경이 외 (2001). **교직의 이해**. 서울: 문음사.

김경희, 김현경, 우혜진 (2018). **유아교사론**. 경기: 공동체.

김규수, 임승렬 (2016). **교사의 전문성 발달을 위한 영유아교사론**. 경기: 공동체.

김나영, 이승희 (2002). **아동임상 및 상담심리**. 서울: 동문사.

김명수 외 (2010). **교직실무**. 서울: 학지사.

김명숙 (2020). **생활지도와 상담**. 서울: 동문사.

김순혜 (2005). **현대 아동상담**. 서울: 학지사.

김윤태, 서정화, 노종희 (1984). **교사와 교직 사회**. 서울: 배영사.

김재우 (1996). **교직교육론**. 서울: 양서원.

김종철 외 (1994). **최신교사론**. 서울: 교육과학사.

김진영, 백혜리, 최윤정 (2006). **유아를 위한 교수-학습방법론**. 경기: 양서원.

김진한 (2009). **교사를 위한 교직실무**. 서울: 학지사.

김희수 (2022). **노인상담의 이해**. 서울: 동문사.

김희수 (2018). **영유아교사론**. 서울: 동문사.

김희수 (2009). **교육방법 및 교육공학**. 서울: 일문사.

김희수, 홍성훈, 최정선 (2015). **교육학개론**. 서울: 일문사.

김희수, 조영미 (2016). **교육심리학**. 서울: 동문사.

박병량 (1999). **학교 · 학급경영**. 서울: 학지사.

박병량, 주철안 (2005). **학교 · 학급경영**(개정판). 서울: 학지사.

박병학 (1997). **사랑의 수업론**. 서울: 교육과학사.

박성희 (2005). **꾸중을 꾸중답게 칭찬을 칭찬답게**. 서울: 학지사.

박영태 (2004). **사랑의 학습지도법**(개정판). 서울: 학지사.

박은혜 외 (2002). **지식기반사회에서의 유아교사의 지식**. 서울: 창지사.

변영계 (2005). **교수 · 학습 이론의 이해**(개정판). 서울: 학지사.

보건복지부 (2018). **2018년도 보육사업 안내**. 서울: 보건복지부.

서울특별시 교육연구정보원 (2006). 교직실무 편람.

서정림 (2006). 유아교사의 초임 교직적응경험의 의미 탐색. 중앙대학교 석사학위논문.

성남시교육청 (2005). **수업의 효율성과 수업기술**(2005-14 장학자료). 경기: 성남교육청.

성영혜, 이상희 (2002). **최신 유아교육기관 운영관리**. 서울: 동문사.

심성경, 백영애, 송화진, 변길희 (2017). **영유아교사론**. 서울: 정민사.

양승희, 유지연, 조현정 (2012). **보육과정**. 서울: 동문사.

양옥승 외 (1999). **영유아보육개론**. 서울: 학지사.

염지숙, 이명순, 조형숙, 김현주 (2008). **유아교사론**. 서울: 정민사.

오욱환 (2005). **교사 전문성**. 서울: 교육과학사.

유봉호 (2004). **교육실습의 이론과 실제**. 서울: 학술정보원.

윤종건, 전하찬 (1998). **교사론**. 서울: 정민사.

이기숙 (1984). **유아교사 양성 대학 모형 교육과정연구**. 이화여자대학교 출판사.

이대균 (2022). **영유아교사론**. 서울: 공동체.

이상수 (2006). **효과적인 발문전략**. 제3회 도솔 아카데미.

이성진 (1993). **교육심리학 서설**. 서울: 교육과학사.

이성호 (1999). **교수방법론**. 서울: 학지사.

이윤석 외(2007). **교직과 교사**. 한국교원학회편. 서울: 학지사.

이은화, 배소연, 조부경 (1995). **유아교사론**. 경기: 양서원.

이지영 (2000). 유치원 초임교사의 지원 요구. 이화여자대학교 대학원 석사학위논문.

이칭찬 (1998). **교사론**. 서울: 동문사.

이현정 (2018). **유치원 교사를 위한 교직실무**. 경기: 공동체.

임규혁, 임웅 (2007). **교육심리학**(2판). 서울: 학지사.

임재택 (1999). **유아교육기관운영관리**. 경기: 양서원.

임진형 (2000). 유치원 초임교사의 사회적지지, 자기효능감과 직무스트레스와의 관계. 이화여자대학교 대학원 석사학위논문.

장상호 (1980). **인간주의 교육**. 서울: 박영사.

정우현 (1995). **교사론**. 서울: 배영사.

정재철 (1995). **교육실습**. 서울: 교육출판사.

정혜영 (2003). 교육실습생의 갈등에 관한 분석연구. **한국교원교육연구, 20**(3), 277-294.

조벽 (2002). **새 시대 교수법 상담가이드북**. 서울: 한단북스.

조성일, 장선철 (2000). **유아교육기관 운영관리**. 서울: 창지사.

조운주, 최일선 (2004). **유아생활지도**. 서울: 창지사.

진영은, 조인진 (2006). **예비교사 워크북**. 서울: 학지사.

최애경, 김길숙, 김혜윤, 좌승화 (2016). **영유아교사론**. 경기: 공동체.

한국교육문제연구소 편 (1993). **한국교육사: 근 · 현대사편**. 서울: 풀빛.

Almy, M. (1975). *The early childhood education at work.* N. Y. : Mcgrow Hill Book Co.

Anderson, H. H. (1964). *Facilitators of Creative Development in Higher Education*. In Creativity: Progress and Potential, 136-129. New York: Wiley.

Anderson, L. Evertson, C., & Emmer, E. (1980). Effective classroom management at the beginning of the school year. *Elementary School Journal, 80*(5).

Borich, G. D. (2002). Effective Teaching Methods. N.Y.: Prentice Hall.

Brophy,J. E.,& putnam,J. (1979). *Classroom Management in Elementary Graeds*. In D. L. Duke(Ed.). Classroom Nanagement 78th yearbook of National Society for the study of Education, Part 2. Chicago Press.

Buberm, M. (1958). *I and Thou Translated by Ronald Gregor Smith*. N.Y: Charles Scribner's Sons.

Cole, P, G., & Chan, L. K. S. (1981). *Teaching Principles and Practice*. N.Y.: Prentce Hall.

Combs, A. W. et al. 저, 이원필 외 역 (1988). **교사의 전문성**. 서울: 배영사.

Daloz. L. (1999). *Mentor: Guiding the journey of adult learners*(2nd ed.). San Francisco: Jossey-bass.

Flanders, N. A. (1970). *Analyzing Teaching Behavior Reading*. Mass: Addison Wesley.

Herr, E. L. (1979). *Guidance and Counseling is the schools*. Fall Church, VA: American Personnel and Guidance Association.

Hessong, R. E. & Weeks, T. H.(1987). *Introduction to Education*. New York: Macmillan.

Kehas, C. D. (1970). *Education and Personal development*. In B. Shertzer & S. C. Stone(Ed.). Instruction to Guidance: Selected Reading. Boston: Houghton Mifflin.

Deller, J. M., & Kopp, T. W. (1987). *An Application of the ARCS model of motivational design*. In D. M. Reigeluth(Ed.), Instructional thoeries in action, Hillsdale. NJ: LEA.

Kounin, J. S. (1970). *Discipline and Group Management in classrooms*. New York: Hort, Rinehart, & Winston, Inc.

Levinson, D. J. et al. (1987). *The seasons of man's life*. NY: Knopf.

Menacker, J. (1976). *Toward a Therapy of Activist Guidance*. Personnel and Guidance Journal. 54.

Patterson, C. H. (1973). *Humanistic education*. Englewood Cliffs, NJ: Prentice-Hall.

Shertzer, B., & Stone, S. C. (1981). *Fundamentals of Guidance*. Boston: Houghton Mifflin.

Spodek, B. (1989). *Teaching : Foundation for the Principalship*. NASSP Bulletion.

찾아보기

저자소개

■ 김희수

중앙대학교 교육학박사
연세대학교 교육연구소 연구원
고려대학교 사회교육원 외래교수
한국실천유아교육학회 편집위원장
한국열린유아교육학회, 한국보육학회 편집위원
동원과학기술대학교 기획처장, 교무처장
現, 동원과학기술대학교 유아교육과 교수

■ 김용기

중앙대학교 교육학박사
미국 하버드대학교 교육정책연수
국회 교육정책 자문위원
경기도교육청 꿈의학교 운영위원장
한국교원교육학회, 한국교육행정학회 이사
現, 전북과학대학교 유아교육과 교수(학과장)

유아교사론

초판 1쇄 인쇄 / 2025년 2월 24일
초판 1쇄 발행 / 2025년 2월 28일

공저자 / 김희수 · 김용기
발행인 / 이 중 수
발행처 / **동 문 사**

서울특별시 서대문구 홍제원 1길 12
(홍제동 137-8)
Tel : 02)736-3718(대), 736-3710, 3720
Fax : 02)736-3719
등록번호 : 1974.04.27. 제9-17호
가격 : 21,000원

ISBN : 979-11-6328-659-2 (93370)
E-mail : dong736@naver.com
www.dongmunsa.com